Sandra Kaiser

Oh du verfressene Weihnachtszeit

Sandra Kaiser

Oh du verfressene Weihnachtszeit

Christmas-Lifestyle-Romance

Oh du verfressene Weihnachtszeit

Christmas-Lifestyle-Romance

Impressum:
Sandra Kaiser
Weißenfelser Str. 38
06217 Merseburg

E-Mail: physiomerseburg@web.de
Website: www.physiotherapiemerseburg.com

Korrektorat, Buchsatz E-Book & Print:
Stephanie Bösel – www.herzblut-lektorat.de
Innengrafiken: www.shutterstock.com

Inhaltsverzeichnis

Vorwort

Ich habe dieses Buch geschrieben, um dich in Weihnachtsstimmung zu versetzen, etwas Buntes ins Hirn zu beamen, um dir ein wenig den gesunden Lifestyle aufzuzeigen oder dich daran zu erinnern, dass es ihn gibt. Auf dass du immer positiv denken wirst und somit deine Einzigartigkeit festigen kannst!

Schreiben ist wie ein Rausch. Du bist fernab von jeder Realität und tauchst in Welten ein, die himmlisch duften, bunt und voller Glitzer sind.

Sandra Kaiser

Achtung!

Wenn du unter einer Essstörung wie Bulimie oder Magersucht leidest, dann such dir bitte Hilfe. Dieses Buch wird dich aus dieser schlimmen Phase deines Lebens nicht herausbringen, dazu bedarf es einer Gesprächs- und Verhaltenstherapie.
Solltest du so sehr am Boden sein, dass du überhaupt keine Motivation mehr hast und nichts Schönes mehr im Leben siehst, such bitte umgehend einen Psychiater, Psychologen oder Psychotherapeuten auf. Du kannst als Erstes mit deinem Hausarzt sprechen oder mit einer dafür zuständigen Hotline telefonieren.

Diese Geschichte ist vollständig ausgedacht und beruht auf keiner wahren Begebenheit.

Kapitel 1

Frostige Stimmung

-Leni-

Ich laufe durch die kleinen Gassen. Zum Glück wird hier der Wind etwas abgeschwächt. Es ist nicht mehr weit bis nach Hause. Die kleinen Laternen sind mit einem flackernden Licht romantisch beleuchtet. Ich sehe die Fenster und Häuser, die so liebevoll weihnachtlich geschmückt sind. Früher hätte es mich begeistert und mich motiviert, ebenfalls zu dekorieren. Doch ich kann mich daran nicht erfreuen. Meine Stimmung ist bedrückt. Ein schlechter Gedanke jagt den nächsten, ich bin voller Angst, was meine Zukunft betrifft. Was wird Schlimmes auf mich zukommen? Welches Leid werde ich ertragen, welche finanziellen Nöte durchstehen müssen? Welche Krankheiten werden auf mich zukommen? Welche Menschen werden sich noch von mir verabschieden? Werde ich noch einmal stark genug sein, um alles durchzustehen? Werde ich jemals wieder Freude und Leichtigkeit fühlen können? Unbeschwert glücklich sein, ohne sofort danach in ein tiefes Loch zu fallen? Ich habe immer das Gefühl, wenn ich es mir erlaube, glücklich zu sein, in dem Moment, in dem ich an nichts Schlimmes denke, dann trifft mich ein harter Schlag von hinten.

Es ist knackig kalt. Ich ziehe meine Schultern nach oben und drücke meine Arme an mich. Mein Mantel ist dick, doch gerade könnte ich einen zweiten gebrauchen. Ich laufe etwas schneller. Jeden Abend habe ich diesen Zwiespalt: Feierabend zu haben ist toll, doch sobald ich zu Hause bin, verfalle ich immer ins selbe Muster, weswegen ich mich nicht auf zu Hause freue.

Zu Hause angekommen hole ich mir ein Glas Nutella aus dem Vorratsschrank und werfe mich auf die Couch. Ich schalte den Fernseher an und alles scheint für einen Augenblick gut zu sein.

Wenn ich etwas esse, sind diese schlimmen Gedanken wie ausgelöscht. In diesem Moment denke und fühle ich nichts. Manchmal schmecke ich nicht mal mehr etwas, wenn ich mich hemmungslos vollstopfe. Jetzt gerade schmecke ich einfach nur süß. Der gehäufte klebrige Löffel verschwindet immer wieder in meinem Mund. Ich stopfe es schnell in mich hinein, danach ärgere ich mich, weil ich wieder aufstehen muss, um mir etwas Neues zu holen. Mein Bauch spannt an allen Enden und Ecken, nachdem ich zwei Packungen Kekse in mir habe. Mein Gewissen beruhige ich durch Aussagen wie: Heute war es stressig, das hast du dir jetzt wirklich verdient.

Doch bald darauf wenden sich die Gedanken. Ich ärgere mich. Warum habe ich mich wieder einem Fresswahn ergeben? Erschöpft und voller Ärger auf mich lege ich mich ins Bett. Ich weiß, dass es keine schöne Nacht werden wird. Ich liege, bin vollgefressen und kann nicht schlafen. Ein Gedanke jagt den nächsten. Ich nehme mir mein Handy vor und schreibe meinen Ex-Freund Jan an. Es geht hin und her. Nach einer Stunde lege ich es weg, es hat keinen Sinn mehr. Wir können nur noch streiten.

Am Morgen schrillt mein Wecker. Innerlich glühe ich. Es fühlt sich an, als ob eine Erkältung in mir hochkommen möchte. Ich kenne dieses Gefühl, es ist nicht, weil ich krank werde. Mein Körper hat immer noch mit dem Essen von gestern zu tun. Mir ist übel. Ich habe neun Stunden geschlafen und fühle sich völlig fertig und erschöpft. Ich bin nicht ausgeruht. Um zwölf muss ich auf der Arbeit sein, zuvor renne ich mindestens zehnmal aufs Klo. Ich sitze und begebe mich dann wieder zur Garderobe, um meine Jacke anzuziehen. Unzählige Male lasse ich sie fallen und renne wieder zurück zur Toilette. Mein Puls wird schneller, jedes Mal, wenn ich auf die Uhr schaue. Ich habe Angst, zu spät zu kommen. Angst davor, mich den misstrauischen Blicken meiner Chefin aussetzen zu müssen. Sie würde nicht schimpfen, doch die Enttäuschung würde ich spüren. Ich möchte sie nicht enttäuschen. Ich mache mich auf den Weg zur Arbeit, immer mit der Angst, ich muss gleich wieder aufs Klo. Die Schweißperlen stehen mir auf der Stirn. Ablenken … Denke an etwas anderes, sage ich mir immer wieder. Meine Gedanken wandern zu gestern Abend.

Ich habe gestern meinem Ex gestanden, was ich eigentlich habe, und damit habe ich mir wahrscheinlich auch selbst alles erklärt und eingestanden. Ich heiße Leni, bin zweiundzwanzig Jahre alt und leide unter immer wiederkehrenden Fressattacken. Dadurch habe ich einen Reizdarm entwickelt, der mein ganzes Leben einschränkt. Meine Figur ist mollig, hart an der Grenze zu fett, was mich sehr traurig und unzufrieden macht. Ich lebe in Merseburg mit meinem Opa, welcher nach dem Tod meiner Oma vor drei Jahren noch schlimmer alkoholkrank als zuvor wurde. Meine Mutter und mein Vater sind bei einem Autounfall ums Leben gekommen, als ich sechs Jahre alt war. Mein Opa ist seit circa fünfzehn Jahren ein Säufer. Meine Oma schob es immer darauf, dass er mit dem Tod seiner geliebten Tochter, meiner Mutter, nie klargekommen sei. Seitdem meine Oma gestorben ist, geht er kaum noch auf die Straße und verbringt jede Minute in Einsamkeit. Ich habe einige Versuche unternommen, ihn zu motivieren, etwas mit mir zu unternehmen, doch sie scheiterten jedes Mal kläglich.

Ich arbeite in einem kleinen Nobelrestaurant, nicht weit weg von unserem Haus. Aufgrund meiner Fressphasen quillt hier und da Fett über meinen Hosenbund. Täglich mustere ich mich im Spiegel und bin unzufrieden. Ich habe Angst, dass es noch mehr wird. In den letzten Monaten habe ich mich beinahe täglich überfressen. Die Fressattacken passieren vor allem an den Tagen, wenn jemand böse zu mir war, etwas Doofes zu mir gesagt hat oder ich vor Stress auf der Arbeit kaum eine Pause im Restaurant hatte.

Meine ganze Welt liegt in Scherben. Mit meinem Ex-Freund Jan war ich zwei Monate zusammen. Außer, dass sich seine Mutter abwertend darüber geäußert hatte, dass ich ja wohl gar keine Familie mehr habe und dass er mir klar und deutlich gesagt hat, dass es viele Frauen gibt, die eine deutlich bessere Figur haben als ich, hatte ich doch eine Menge Spaß mit ihm. Das erste Mal, dass mich ein Mann vollkommen angetörnt hat und ich quasi dauergeil war. Ich habe ihm gestern Abend geschrieben, um ihm zu erklären, warum ich ihn manchmal nicht sehen wollte. Mal war das, weil ich mich einfach abartig hässlich fühlte oder mein Reizdarm mir wieder einen Strich durch die Rechnung machte, da ich am Vorabend alles Mögliche sinnlos durcheinandergegessen hatte. Dann versuchte ich, ihm zu beichten, warum ich ständig Ausreden suchte, was mein Essverhalten anging. Doch leider ging das deutlich schief.

Er stempelte mich ab und schrieb: »Du hast eine Macke, begib dich in Therapie!«

Nun ja, dies hatte ich ja auch vor, nur hatte ich mir gewünscht, dass er mich jetzt nach meinem Bekenntnis etwas besser verstehen würde und mir vielleicht den

Rücken stützen würde. Nur schlug dies fehl. Vielleicht ist es auch meine Schuld, ich habe die ganze Sache mit ihm beendet, weil ich ihn eigentlich nicht so nah an mich heranlassen wollte. Dann merkte ich, dass ich mehr Gefühle für ihn hatte. Seine Reaktion auf meine ehrliche Offenbarung bestätigte mich, dass er mit meinen Problemen eh nichts zu tun haben will. Was für eine Scheißwelt, immer wieder hauen alle Menschen aus meinem Leben ab. Ob es irgendwann diesen Einen geben wird, der nicht abhaut, wenn es mal schwierig wird oder ich mal nicht so funktioniere wie erwartet?

»Hallo Kleines, kannst du mir beim Dekorieren der Tische helfen?«, begrüßt mich meine Chefin.

»Natürlich, bin gleich da«, antworte ich. Ich ziehe mich um und eile zu ihr. Ich mag meine Arbeit nicht besonders, dafür aber meine Chefin umso mehr. Sie behandelt mich wie ihre eigene Tochter. Es ist ein kleines edles Restaurant, welches liebevoll antik eingerichtet ist. Ich mag die Kronleuchter, den Prunk und das Gold, kombiniert mit dem dunklen Holz und dem gedämmten Licht. Das Team ist bunt gemischt, die Kollegen sind halbwegs nett zu mir, aber es ist niemand dabei, der mir wirklich vertraut ist.

Der Tag vergeht heute schnell, noch eine Stunde bis zum Feierabend. Ich gehe an einen Tisch, an dem ein Pärchen sitzt. »Guten Abend, was darf ich Ihnen zu trinken bringen?« Ich schaue in die strahlend blauen Augen von dem Herrn.

»Ich hätte gern ein Bier, und was möchtest du, Sandy?«

Die Frau rümpft die Nase und mustert mich. »Nun«, sie räuspert sich, »ich möchte einen Château Phélan Ségur aus Saint-Estèphe, haben Sie diesen?«

»Ja, sehr gern.« Mit Wein habe ich nichts am Hut. Ich habe ihn ein- oder zweimal probiert und dachte, mir zieht sich innerlich alles zusammen. Aber unsere

Weinkarte habe ich studiert, damit hat sie offensichtlich nicht gerechnet. Der junge Mann zwinkert mir zu. Er ist sehr attraktiv, die beiden passen nicht zusammen. Ich schätze, sie sind um die dreißig Jahre alt, auf alle Fälle älter als ich. Ihre nächsten Bestellungen nimmt ausnahmsweise meine Kollegin auf, da mein Darm inzwischen wieder Amok läuft. Ich hätte zur Pause nichts essen dürfen, ärgere ich mich.

Die Frau sieht mir auf die unmanikürten Finger, als ich ihre bestellte Paella hinstelle. Angeekelt schaut sie mit hochgerecktem Kinn von mir weg und schüttelt leicht den Kopf. Mist, ich wollte mir eigentlich heute früh noch Nagellack draufmachen, doch das hatte ich durch meine Bauchprobleme vergessen.

Sie beobachtet mich weiter und ich kann ihre Blicke lesen, weiß, was sie über mich denkt. So jung, so fett, die kann sich gar nicht zurückhalten. Kann ich auch nicht, möchte ich Sie gern anschreien. Wenn mein Stresspegel ins Unendliche gestiegen ist und mich Menschen wie diese Frau seelisch verletzen, überwältigt mich der Heißhunger. Anders bekomme ich mich nicht beruhigt. Der junge Mann isst sein Steak. Mir fällt auf, dass er inzwischen schon das dritte große Bier bestellt hat. Ich schaue ihn mitleidig an, seine Frau ist sicher nicht anders zu ertragen. Ihre negative Aura bedrängt mich förmlich. Er lächelt mir wieder zu.

»Wir möchten dann zahlen«, ruft die Frau mir zu, als ich gerade auf dem Weg zu einem anderen Tisch bin. Ich hatte mir vorgenommen, zu ihnen als Nächstes zu gehen, doch sie war schneller. Der Mann drückt mir zwanzig Euro Trinkgeld in die Hand.

Die Frau machte einen Zischlaut und sagt: »Du musst mal wieder übertreiben, Keno.« Sie lächelt ihn kopfschüttelnd an.

»Danke, das ist wirklich sehr lieb«, sage ich zu ihm.

»Ich wünsche Ihnen einen schönen Abend«, sagt er.

Er will gerade aufstehen, als sie ihn anfährt: »Ich möchte noch austrinken, setz dich.″

Ich kann ihre Stimme nicht mehr ertragen, also drehe ich mich schleunigst um und gehe. Wie doof die ist, dann hätte sie doch auch warten können, bis ich zum Bezahlen an ihrem Tisch gewesen wäre.

Ich habe jetzt Feierabend. Schnell ziehe ich mir T-Shirt und Hose aus und eile ins Freie. Durchatmen. Die kühle Luft ist eine Wohltat, im Gegensatz zu der stickigen Küchenluft.

Ich setze mich auf eine Bank, die so steht, dass ich mir jeden Abend den schön beleuchteten Dom ansehen kann. Schnell hole ich mir aus der vorderen Tasche meines Rucksacks einen Schokoriegel raus. Gekonnt wickle ich einen Teil des Papiers weg und beiße einen großen Bissen ab, die Schokolade knackt. Mmm, wie das Karamell auf meiner Zunge schmilzt. Ich lehne mich zurück und der Druck von der Arbeit fällt etwas ab. Hinter mir höre ich Schritte. Sicher sind es Gäste, die das Restaurant verlassen.

»Darf ich mich dazusetzen?«

Ich erschrecke. Der junge Mann mit den blauen Augen lächelt, wie eben zuvor im Restaurant. Wie peinlich, ich sitze hier und stopfe das Teil in mich hinein und der Hübsche bekommt es mit. Verdammt. »Ja natürlich«, stammle ich mit halb vollem Mund. Ich esse jetzt nur noch zaghaft weiter. Er zündet sich eine Zigarette an.

»Beruhigt, nicht wahr?«, frage ich ihn.

»Ja, was will man machen, wenn der Stress zu viel wird?«, antwortet er.

Mit der alten Ziege kein Wunder. »Ich esse in mich hinein«, sage ich leise.

Er hat mich verstanden. »Es ist aber wirklich so ein geiles Gefühl, erst das Knackige und dann das Sanfte von der Kakaobutter und danach den Karamell zu spüren«, raunt er.

Ich lache. »O ja, endlich einer, der mich versteht.«

Er räuspert sich fröhlich. »Jeder hat da so seine Art, wie man seine Gefühle betäubt.«

Ich schaue ihn erstaunt an. So eine ehrliche Aussage habe ich nicht erwartet. »Wenn man nicht so viel Glückliches im Leben erfährt, muss man sich die Momente eben schaffen«, sage ich.

»Nun ja, ich bezweifle, dass unsere Varianten die richtigen sind«, sagt er und betrachtet weiterhin den Dom.

»Das denke ich auch, aber ich gehe arbeiten, ich esse und ich schlafe. Aus mehr besteht mein Leben nicht.«

Er schaut mich entsetzt an. »Aber dies sind doch nicht deine Ziele für dein weiteres Leben?«

»Nein.« Ich schüttle den Kopf. Aber wie ich da rauskomme, weiß ich nicht.

»Wenn du dir etwas wünschen könntest, was wäre das?«, fragt er mich und sieht mich an.

Ich spüre die Blicke, jedoch gucke ich ihn nicht an. »Wenn ich träumen dürfte, wäre ich gern schlank und schön.« Habe ich es ernsthaft laut vor ihm ausgesprochen? Aber die Vibes sagen mir, dass er nicht lachen wird. Und das tut er auch nicht.

»Schön bist du doch schon«, sagte er. »Und wenn du abnehmen möchtest, dann brauchst du mehr Disziplin und ein Sportprogramm.«

Ich antworte nicht, ich nicke nur. Er findet mich schön? Das sagt er doch nur so. Ich bin pummlig, habe eine zu große dünne Nase, flache Brüste und einen breiten Po. Das einzig Schöne sind meine großen braunen Rehaugen und die langen Wimpern. Dieser Mann kann mich nicht schön finden. Und wenn doch?

»Gibt es hier in der Nähe ein paar schöne Orte?«

»Wie meinen Sie das?«

»Sag bitte du zu mir, mit dreißig bin ich, glaube ich, nicht so alt«, scherzt er.

Es sieht wunderbar aus, wenn er lächelt. Seine dunkelblonden Haare sind akkurat gegelt und auch der Schnitt und die Kanten sind profihaft gearbeitet. Er hat einen leichten Dreitagebart, welcher etwas dunkler ist als seine Haarfarbe. Seine Nase passt im Größenverhältnis perfekt zu seinem Gesicht. Darauf sind ein paar winzige Sommersprossen. Im Nasenwurzelbereich macht sie einen leichten Bogen zur Seite – es sieht aus, als wenn sie dort einmal gebrochen war. Ich betrachte sein schönes Gesicht.

»Ich bin mit meiner Arbeitskollegin hier in Deutschland, um uns ein paar Drehorte anzusehen.«

»Für Filme?«, platzt es aus mir heraus. Year, es ist nicht seine Freundin! Innerlich schieße ich Feuerwerksraketen ab.

»Richtig, für Filme. Es soll eine lustige Romanze werden.«

»Das klingt toll! Lass mich kurz überlegen«, antwortete ich plötzlich gut gelaunt und hellwach. »Hier, der Dom ist doch schön.« Er nickt. »Dann das Schloss mit dem kleinen Weihnachtsmarkt innen ist sehr romantisch und die Sixti-Ruine, die finde ich auch prinzessinnen-like.«

Er grinst. »Das ist doch schon mal etwas.«

Er wirkt kühl und geheimnisvoll, jedoch kann ich mir durch das Gespräch vorstellen, dass er eine romantische Ader hat. Er kann schließlich auch Komplimente machen.

»Wäre es möglich, dass du mir mal den Weihnachtsmarkt zeigst? Ich lade dich auch auf einen Glühwein ein«, sagt er schnell hinterher.

»Der beginnt aber erst am Samstag. Zwar ist es dieses Jahr sehr zeitig, wir haben ja erst Mitte November, aber …«

»Kein Problem, wir sind noch bis kurz vor Weihnachten hier, um die Gegend zu erkunden.«

»Okay, gern«, sage ich fröhlich. In dem Moment taucht hinter uns seine Kollegin auf.

»Keno, ich möchte ins Hotel", sagt sie fordernd.

»Gleich", sagt er zu ihr, ohne sie anzusehen. »Gibst du mir noch schnell deine Nummer?", fragt er mich sanft.

Ich zücke mein Handy und lese sie ihm vor. Die Frau lacht missbilligend.

»Ist sie nicht viel zu jung für dich?«

Keno antwortet nicht und tippt stumm meine Nummer ein.

»Ich heiße Leni«, sage ich.

Er schaut nicht auf, nickt und tippt weiter.

»Komm, wir gehen!«, fordert sie ihn nochmals auf.

»Wir sehen uns", sagt er recht kühl zu mir, steht auf und läuft mit ihr davon.

Etwas angepisst von dem Abgang, sonst jedoch fröhlich, laufe ich nach Hause. Ich hoffe, sie hat es jetzt nicht kaputt gemacht und er meldet sich trotzdem wegen des Weihnachtsmarktbesuches bei mir. Er kommt also nicht aus Deutschland … Wenn ich mich nicht täusche, habe ich einen leicht amerikanischen Akzent rausgehört. Das ist so schade, dass er nicht hier wohnt. Aber vielleicht bleibt er ja hier, wenn er sich verliebt. Ich bin so kitschig, ohrfeige ich mich in Gedanken.

Zu Hause angekommen, finde ich meinen Opa sturzbesoffen bei uns im Hausflur liegen. »Ach Mensch, alter Mann, was machst du nur wieder?« Ich schleife ihn auf die Couch. Mein Opa wohnt unten, so muss ich ihn wenigstens keine Treppe raufziehen, was in seinem Zustand auch nicht möglich wäre. Ich decke ihn zu und gehe zu mir hinauf. Ich habe schon Hunderte solcher Vorfälle mit ihm erlebt. Normalerweise hätte ich mich jetzt wieder einem Fressanfall ergeben, doch meine Stimmung ist trotz meines Opas nicht getrübt. Ich freue mich so sehr, dass ich Keno kennengelernt habe. Seinen Namen hat die garstige Frau im Restaurant kurz erwähnt und dann noch mal, als er mitkommen sollte. Solche wichtigen Details entgehen mir nicht. Er weiß auch meinen Namen. Zuvor hat er erfahren, dass ich gern und zu viel esse und keinen Plan habe, was ich mit meiner Zukunft anfangen will. Was für ein Start.

Am nächsten Tag fällt mir die Arbeit viel leichter und auch so ist meine Laune deutlich besser als all die Zeit davor.

»Was ist los, Kleines, du hast auf einmal so ein Grinsen auf dem Gesicht?« Meiner Chefin ist diese Wandlung nicht entgangen.

Ich schmunzle.

»Nicht, dass es mir nicht gefällt, ich würde nur zu gern den Grund erfahren?«

»Nichts weiter«, stottere ich und mache mich an die Arbeit.

»Ja, ja, die Jugend.« Sie lacht mir hinterher.

Kleine Schneeflocken rieseln, als ich nach Hause laufe. Sie kitzeln, als sie mir ins Gesicht wehen. Man erkennt am Lichtschein der Straßenlaternen, wie viele es wirklich sind. Heute kann ich mich sogar etwas darüber freuen. Was hat er nur mit mir gemacht? Ich hoffe so sehr, dass er sich bald bei mir meldet. Heute find ich es nicht so kalt, bin auch nicht von der Arbeit gestresst. Ich mache mir was Schönes zu essen und lasse mich auf die Couch vor dem Fernseher fallen.

Als ich mir die zweite Portion Nudeln mit Tomatensoße hole, reicht es mir plötzlich. Ich bin begeistert. Ich merke heute sogar, dass ich nichts mehr essen mag. Glücklich lege ich mich ins Bett.

Kapitel 2

Aufregung mit Lebkuchenduft

-Leni-

Es ist Samstagmorgen und ich bin voller Vorfreude, dass sich Keno heute melden wird. Ich werde Weihnachtskekse backen. Was für ein toller Einfall! Und schon springe ich energiegeladen aus dem Bett. Eifrig krame ich alles aus meinen Schränken und stelle das von meiner verstorbenen Mama selbst geschriebene Backbuch vor mich hin. Sie ist immer dabei, egal, was ich mache.

Eine Stunde später riecht es im ganzen Haus nach Vanille, Zimt und frisch gebackenem Teig. Alexa spielt mir nebenbei ein paar Weihnachtslieder, ich trällere mit und komme gut in Weihnachtsstimmung. Ich werde für Keno ein Tütchen voller Kekse mitnehmen, grinse ich in mich hinein. Mein Perfektionismus lässt mich jeden einzelnen Lebkuchenmann mit akkurat geschwungenen Zuckergusslinien dekorieren. Ich erlaube mir, keinen einzigen davon zu probieren. Meine Freude und die Gedanken an ihn lassen meinen Hunger im Keim ersticken.

Ich schaue gefühlt alle fünf Minuten auf mein Handy. Grrr, nichts. Hat die zickige Alte mit ihrem Spruch alles zerstört? Ich motiviere mich erneut und nehme mir vor, das ganze Haus zu putzen und zu dekorieren. Man weiß ja nie, vielleicht hat er Lust, nach dem Treffen mit zu mir zu kommen?

Am Abend sitze ich auf der Couch. Ich bin enttäuscht. Ich habe heute so viel gemacht, das Haus glänzt und ist weihnachtlich geschmückt. Selbst vom Opa habe ich die Wohnung geputzt und es nicht an mich herangelassen, dass er keinen Fuß aus dem Bett gesetzt hat. Er hat mich kurz angeknurrt, weil ich bei ihm in der Wohnung die Musik zu laut gedreht habe, doch das habe ich gekonnt ignoriert.

Ich finde unentwegt neue Gründe, warum ich die erste Dose mit Keksen unbedingt jetzt leeren sollte. Schließlich ist Mr. Ichmeldemichnicht schuld daran, dass ich jetzt allein hier sitze. Ich stopfe mich mit Weihnachtskeksen voll und kann auch nicht aufhören. Besonders die Gewürzkekse haben es mir angetan. Ich liebe die Kombi aus Anis, Zimt und Lebkuchen, mit einem Hauch dunkler Schokolade überzogen. Dazu 'ne Weihnachts-Liebesgeschichte auf DVD und ich bin für den Rest des Abends selig. Ich wünschte, Keno wäre hier. Die Romantik zu teilen, mir den Magen nicht ganz so vollzustopfen, sondern das Sättigungsfühl mit Liebesglück zu tauschen, das wäre schon geil. Während des Films zu kuscheln und ein paar liebevolle Sachen zu machen, um dann wieder zurückzuspulen. So etwas möchte ich. Mit ihm früh aufwachen, gemeinsam Sport machen, zusammenzuwachsen und über alles reden zu können, ohne dass sich einer vor dem anderen komisch fühlt. Das ist mein Traum. Wenn es nach mir ginge, würde ich die Kekse und Süßigkeiten gegen eine Beziehung mit Keno tauschen und dort, mit ihm, die süßen Dinge fühlen. Die Kekse würde ich trotzdem backen, da ich dieses Kreative liebe. Aber ich würde sie dann lieber an die Kids in der Nachbarschaft und später an die eigenen weitergeben. Nur, gerade schaffe ich das nicht. Mit der deprimierenden Erkenntnis und all den unerfüllten Wünschen liege ich im Bett. Wie konnte ich denken, dass sich so jemand wie Keno ernsthaft mit mir abgeben würde? Ich umfasse meine Schenkel. Ich bin einfach widerlich dick. Unglücklich schlafe ich ein.

-Keno-

»Keno, kommst du? Wir wollen los!«

Sandy klopft seit ein paar Minuten ungeduldig an meine Zimmertür. »Ja doch, ich komme gleich.« Wie kann ein einziger Mensch so nervig sein? Ich hätte sie nicht mitnehmen dürfen. Seitdem ich sie in meine letzten zwei Filme mit eingebunden habe, weicht sie mir nicht mehr von der Pelle. Unsere Produktionsfirma war so nett und hat sie mir bei dem jetzigen Film gleich wieder zur Seite gestellt. Normal ist sie Regieassistentin, doch mittlerweile habe ich das Gefühl, dass sie meinen Job, für den ich studiert habe, mit ihrem gleichsetzt. Ich trete vor die Tür.

»Keno, du weißt, dass wir mehrere Orte hier in der Umgebung für heute geplant haben und du weißt, dass es schwierig ist, hier überhaupt etwas zu finden. Ich verstehe immer noch nicht, wieso wir eine derartig große Romanze mit Bildungshintergrund gerade hier drehen werden.«

»Liebe Sandy …«, knurre ich gedehnt. »Dieses Fleckchen Erde und die Umgebung haben wunderschöne Plätze, es ist total vielseitig und spannend hier. Merseburg liegt mir am Herzen, und das erhöht meine Kreativität.« Ich bin hier bis zu meinem achten Lebensjahr aufgewachsen, bevor wir in die USA ausgewandert sind. Auch zu Hause sprachen wir weiterhin Deutsch. Sandy ist ebenfalls Deutsche, benimmt sich aber mittlerweile wie fremd hier in dem Land.

Sie schnaubt. »Also, was deinen Geschmack angeht, den haben wir irgendwie in den USA gelassen. Ich verstehe immer noch nicht, wieso du dir von der kleinen

Molligen aus dem Restaurant vor ein paar Tagen die Nummer hast geben lassen.«

»Bist du eifersüchtig?«, ziehe ich sie auf.

»Tzzz, ich bin um Klassen besser als sie. Und das weißt du!«

Sandy sieht mich von der Seite aus fragend an, ihre blonde Lockenmähne wippt bei jedem Schritt mit auf und ab. Ich weiß, dass sie jetzt zu gern eine Bestätigung hören würde, genau wie eine Antwort auf ihre Frage mit dem Mädchen, doch ich antworte nicht. Zu sehen, wie sie innerlich platzt, ist viel witziger.

Leni aus dem Restaurant ist ein liebes junges Mädchen und sie hat mir leidgetan. Wir haben einige Gemeinsamkeiten und ich habe in ihr ein Talent gesehen. Einen Blick für schöne Orte und Romantik. Gerade Menschen, die es nicht leicht im Leben haben, haben ein Gespür für die kleinen Dinge im Leben und sehen die Schönheit der Natur mit anderen Augen. Das ist bei ihnen keine oberflächliche Betrachtungsweise. Ganz anders als Sandy, bei ihr steht Luxus auf die Stirn geschrieben. Sie hat dreimal ihr Zimmer getauscht, bis sie endlich zufrieden war. Sie kann sich durchsetzen, was in einigen Situationen nicht schlecht ist, aber ein Feingefühl für Orte und Empathie für ihre Mitmenschen hat sie nicht. Dies hat Leni und deshalb erhoffe ich mir von ihr ein wenig weibliche Hilfe. Sandy hakt sich bei mir ein. Ich lasse es zu und begleite sie zum Frühstückstisch. Wohl ist mir dabei nicht, doch ich bin auch ein Gentleman. Ihr scheint es zu gefallen, dass man uns als Paar wahrnimmt.

Nach dem Frühstück geht es mit dem Leihwagen los, um die Umgebung auszuchecken. Ende Januar wollen wir mit den Dreharbeiten beginnen. Sandy hat unzählige Prunkbauwerke und Villen in Leipzig auf der Liste, die wir nach und nach abfahren werden. Eine ist unglaublich schön und der ältere Besitzer, offenbar syrischer Herkunft, locker genug, um uns alles zu zeigen. Er hat seine Villa in einem Barockstil in Gold und Dunkelbraun gehalten. An einer Decke befindet sich ein Meisterwerk mit kleinen Engeln. Ein Bad ist völlig in Schwarz gehalten. Kleine gewölbte schwarze Metrofliesen an der Wand und der Boden leicht marmoriert mit ganz dünnen weißen Strichen. Die Toilette, der Schminktisch, die Badewanne sowie das Waschbecken und die Schränke sind schwarz glänzend. Geschmackvolle Deko in Gold rundet den edlen Anblick ab. Dies ist definitiv ein Ort, der mit in den Film muss. Auf dem Rückweg fahre ich durch die Auenlandschaft. Die ist hier unglaublich schön. Gerade, weil es geschneit hat, sieht es winterlich romantisch aus. Sandy sieht darin nichts außer Kälte und weiß.

Als wir wieder in Merseburg sind, fahren wir an einer Werkstatt vorbei. Ich erinnere mich, dass diese einst dem Vater meines alten Schulfreundes Nico gehörte. Ich verlangsame das Auto und parke ein.

»Was hast du nun schon wieder gesehen?«, fragt Sandy genervt.

»Ich kenne hier jemanden«, antworte ich knapp. Ich laufe auf das geöffnete Tor zu und sehe, wie Nicos Vater an einem Auto werkelt. Selbst von hinten erkenne ich ihn. »Hallo, ich bin Keno, Nicos Schulfreund von früher!« Ich bin mir nicht sicher, ob er sich an mich erinnert.

Er lächelt und schüttelt mir die Hand. »Da wird er sich aber freuen. Er arbeitet auch hier und ist hinten. Warte kurz, ich hole ihn!«

Nicos Vater ist gealtert, sieht aber insgesamt immer noch so aus, wie ich ihn in Erinnerung habe. Er geht nach hinten. Kurz darauf kommt ein breit gebauter, durchtrainierter Typ um die Ecke. Ich dachte immer, ich hätte breite Schultern, aber dieser Mann hier schlägt mich um Längen. Er läuft freudestrahlend auf mich zu.

»Keno, bist du es?«

Er klatscht bei mir ein und rammt seine breite Schulter gegen meine. Und sofort fällt sein Blick auf Sandy, die etwas weiter hinten steht. »Wer ist denn die hübsche Dame? Etwa deine Frau?«

Sandy grinst und scheint diese Vermutung in keiner Weise dementieren zu wollen.

»Wir sind nur Arbeitskollegen«, werfe ich ein.

Augenblicklich verzieht sich ihr breites Lächeln zu einem geraden Strich.

Aber meinem Freund hier scheint sie zu gefallen. Er mustert sie nochmals von oben bis unten mit einem gefälligen Machoblick. Sandy ist eine attraktive Frau mit weiblichen, aber auch sportlichen Kurven. Für meinen Geschmack hat sie zu große Brüste für ihren Körper, aber einige Männer stehen ja darauf. Ihr Gesicht ist dem eines Models ähnlich, genau wie ihre Größe von eins fünfundsiebzig. »Darf ich mir mal deine Werkstatt ansehen?«

»Klar doch, ich kümmere mich in der Zeit um deine reizende Begleitung.«

Sandy scheint nichts dagegen zu haben. Ich lache. »Alles klar!«

»Gehen wir heute Abend was trinken?«, ruft er mir zu.

»Gern an 'nem anderen Tag, ich möchte heute Abend mit einer jungen Frau auf den Weihnachtsmarkt.«

»Ich habe leider die nächsten zwei Wochen einen echt vollen Plan. Heute wäre der einzige Tag, an dem es gehen würde«, sagt Nico.

»Nee, dann müssen wir es auf Ende Januar verschieben, da sind wir noch mal hier.«

»Bitte, was?« Sandy hakt sich ein. »Du kannst doch deinem Freund hier nichts abschlagen. Die kleine Mollige hat doch jeden Tag für dich Zeit.«

»Reiß dich zusammen, was du über sie sagst. Ansonsten haben wir sehr schnell ein ernstes Problem!« Meine Stimmlage wird tiefer. Ich bin geladen und gehe ein paar Schritte auf sie zu.

»Ist ja gut, fahr runter«, sagt sie gelangweilt und verdreht die Augen.

»Sorry«, entschuldige ich mich bei meinem Freund. »Lasst uns heute Abend in eine Bar gehen. Dort oben am Schloss ist doch eine.«

»Ja, alles klar. Zwanzig Uhr?«, erwidert Nico.

»Ist gebongt. Übrigens habt ihr eine tolle Werkstatt und ich finde es mega, wie ihr hier alles zu Weihnachten schmückt.«

Nico sieht mich verdutzt an. »Das bin nicht ich!«, wehrt er ab und kreuzt dabei die Hände. »Das ist mein Vater, er hat dafür ein Händchen.«

»Wie auch immer«, sage ich, ich finde, es ist etwas anderes und es macht viel her.«

»Bist du schwul geworden, Bro?«, fragt er mich.

»Nein, aber ich darf doch trotzdem als Mann etwas feststellen. Außerdem dreh ich Filme, ich muss gute Dinge bemerken können.«

»Schon gut, war nicht so gemeint.«

»Bis heute Abend«, sage ich. Etwas enttäuscht gehe ich zum Auto, Sandy trottet hinter mir her. Ich finde Nico sehr einfach gestrickt und hoffe, heute Abend zeigt er sich von einer besseren Seite. Außerdem habe ich ein schlechtes Gewissen wegen Leni … Warum bloß habe ich mich auch wieder so bequatschen lassen?

Es ist bereits Abend, wir laufen zu der kleinen Bar in Richtung des Schlosses. Sandy ist aufgetakelter denn je. Ich finde es lustig, wie sie mit ihren High Heels auf dem Kopfsteinpflaster hier vor der Bar zu kämpfen hat.

»Was schmunzelst du so?«, faucht sie mich an.

»Nichts, nichts, ich freue mich nur auf den Abend.« Mit dieser Antwort scheint sie recht zufrieden zu sein, denn ihr Bulldoggen-Gesicht verschwindet langsam.

»Hey, Keno, ich sitze hier drüben«, ruft mich Nico. »Hallo schöne Frau«, begrüßt er Sandy. Die fühlt sich sichtlich wohl.

»Was möchtet ihr trinken?«, begrüßt uns die Kellnerin.

»Ich nehme einen Sekt halbtrocken«, ordert Sandy.

»Ich ein Bier«, werfe ich ein.

»Ich bitte ein großes Wasser«, sagt Nico.

»Was ist denn mit dir, Alter?«, frage ich.

»Ich habe mich ganz dem Bodybuilding verschworen und somit meine Ernährung und das Trinken angeglichen«, sagt Nico.

»Nicht mal Bier trinkst du?«

»Nee, Bier regt die Nierentätigkeit an und verhindert die Reparaturmechanismen um achtundvierzig Stunden. Es verhindert also mein Muskelwachstum. Es ist nicht gut für mein Aufbautraining, da es dehydriert und die Mineralien herauszieht. Besser ist alkoholfreies Bier. Das ist isoton, aber trotzdem meide ich es.«

»Hast du das studiert?«, unterbreche ich Nicos Monolog, dem ich mit großen Augen gefolgt bin.

Er lacht. »Ich lebe es halt. Ich trinke wirklich nur Wasser, ab und zu mal mit ein paar Zitronenscheiben und beim Sport packe ich eine Messerspitze voll Salz mit rein.«

»Wieso das Salz?«, fragt Sandy.

»Da durch das Schwitzen ein Salzverlust entsteht, kann es zu Herzproblemen und Ödembildung kommen, weil das Wasser sonst nicht richtig aufgenommen werden kann.«

»Interessant, auf was achtest du noch?«, fragt sie.

»Ich gucke halt, dass ich genügend Eiweiß bekomme, esse viel Gemüse und Salat und achte auf die

Kohlenhydratmenge an Tagen, an denen ich nicht trainiere. An den Tagen, an denen ich trainiere, esse ich zwei bis drei Stunden vor dem Sport eine leicht verdauliche Kohlenhydratmahlzeit, um die Glykogenspeicher aufzufüllen.«

»Und was isst man da?«, frage ich.

»Zum Beispiel Milchreis mit Banane«, antwortet Nico.

»Milchreis mit Zucker?«, fragt Sandy.

»Natürlich nicht.« Er grinst sie schelmisch an.

»Okay, krass, ich hätte das jetzt nicht so erwartet.«

»Was denkst du denn, Bro, dass meine Muskeln einfach so da waren?«

»Nein, aber ich hätte nicht gedacht, dass du deinen Lifestyle so penibel durchziehst.«

»Es ist eine Lebenseinstellung, Bro. Nichts, was man nur einen kurzen Zeitraum über macht.«

»Es sieht einfach toll aus«, bestätigt ihn Sandy.

Etwas bröckelt mein Selbstbewusstsein schon, da ich diese Stärke, so zu leben, nicht aufbringe. »Na, dann begieße ich halt allein unsere alte Freundschaft«, murmele ich. Er lächelt und nickte mir mitleidig zu. Scheiße, jetzt bin ich, glaube ich, derjenige, der sich dumm verhält.

Nico hält sich wirklich den ganzen Abend nur an Wasser und ich bin erstaunt, dass man so etwas tatsächlich durchziehen kann. »Arbeitest du Vollzeit in der Werkstatt?«, frage ich ihn. Plötzlich kommt von der Seite ein junger Mann, zieht mir das Handy aus dem Hoodie und hält es mir blitzschnell vors Gesicht. Dann rast er damit aus dem Lokal. Nico ist schon aufgesprungen und rennt hinter ihm her, als ich checke, was hier gerade vor sich geht. Ich stehe auf und eile nach draußen. Dort flucht Nico wie wild herum.

»Tut mir leid, Bro. Der war blitzschnell auf einem Motorrad und weg war er.«

»Hast du ein Kennzeichen?«

»Negativ, es war nach oben gebogen.«

»Was machen wir jetzt, zur Polizei gehen?«

»Das kannst du nachher auch online anzeigen. Die können eh nichts machen.«

»Meinste echt?«

»Wir haben hier gerade das Problem, dass die Handys auch nicht mehr geortet werden können«, erklärt Nico.

»Ach, solche räuberischen Aktionen kommen hier öfter vor?«, fragt Sandy, die herausgestöckelt kommt und wieder mit dem Pflaster kämpft.

»Ja, leider. In der Umgebung rund um Leipzig ist das gerade öfter passiert. Es stand schon mehrfach in der Zeitung«, gibt Nico zu.

»Na, klasse!« Ich seufze resigniert.

»Ja, sorry, Bro«, wendet sich Nico wieder mir zu. »Ich hab mit so was wirklich nicht gerechnet. Wenn du dein Handy offen liegen gelassen hättest, dann wäre es mir sicher wieder eingefallen. Aber dass die hier so dreist vorgehen, hätte ich nicht gedacht.«

»Ja«, sage ich aufgebracht. »Der hat es mir ja aus der Hoodietasche gezogen und vors Gesicht gehalten. Damit hat er es entsperrt, sonst hätten sie damit ja nichts anfangen können. Ist das krank«, wettere ich und zünde mir eine Zigarette an.

Wir gehen zurück in die Bar.

»Haben Sie schon die Polizei gerufen?«, spricht mich eine Dame vom Nachbartisch an.

»Nein, ich glaube, ich erstatte die Anzeige nachher nur online.«

»Dann schreiben Sie unsere Daten mit rein, wir sind ja Zeugen«, sagt die Dame und ihre Freundinnen am Tisch nicken eifrig.

»Oh, danke, das ist sehr nett. Können Sie eine Täterbeschreibung machen?«, frage ich mit aufkeimender Hoffnung.

»Leider nur grob, wir haben auch gerade darüber gesprochen. Es ging zu schnell, als dass man ihn hätte wiedererkennen können.«

»Schade, aber trotzdem danke.« Ich drehe mich zu der netten Kellnerin um. »Ich hätte gern noch ein Bier.«

»Ja, sofort«, ist die aufbauende Antwort. Wenigstens etwas, das läuft.

Nico regt sich immer noch auf, dabei ist der Diebstahl schon eine Stunde her. Ich mag nicht mehr darüber nachdenken und habe mein Handy bereits abgeschrieben. Die drei Bier, die ich in der letzten Stunde getrunken habe, lassen mich langsam spüren, dass ich genug habe.

»Keno, ich möchte gehen.«

Da ist ja schon das Feierabendsignal von Sandy. Wir verabschieden uns von Nico und laufen zum Hotel. Es ist eine schöne alte Gasse, durch die wir laufen. Sandy kuschelt sich an meinen Arm, da ihr auch hier das alte Kopfsteinpflaster zu schaffen macht. Ich lasse ihre körperliche Annäherung wie immer über mich ergehen und werfe mich, angekommen im Hotel, nur noch ins Bett. Was für ein beschissener Abend.

-Leni-

Am nächsten Morgen stehe ich im Bad und bekomme einen Schreck, als ich in den Spiegel sehe. Mein Gesicht ist aufgequollen. Ich habe Augenringe. Dabei habe ich neun Stunden geschlafen und fühle mich wie vom Bus überrollt. Mein Bauch bläht. Ich bin nicht fit und ekle mich vor mir selbst.

Ich spüre, dass mein Körper in der Nacht damit beschäftigt war, mit dem Essen fertig zu werden.

Schon kurz darauf beim Kaffee schürt mein Hirn wieder Ängste, dass ich Geldprobleme bekommen könnte. Dabei kann ich mich gerade nicht beschweren. Ich habe weiterhin mit der Verdauung zu tun. Was sich im Laufe des Tages auch bemerkbar macht, ich gammle nur sinnlos rum. Ich fühle mich nicht frisch und wach, meine Konzentration lässt auch zu wünschen übrig. Als ich ein Buch lese, muss ich eine Seite immer wieder von Neuem anfangen. Ich möchte so nicht leben, ich möchte leistungsfähig, fröhlich und schlank sein.

Plötzlich kommt mir der Einfall, ich könnte doch mal im Internet schauen, ob ich über Keno etwas in Erfahrung bringen kann. Ich finde ein paar kurze Berichte und eine Liste von den Filmen, die er gedreht hat. Ein kleines Foto erscheint und nun weiß ich seinen Nachnamen, Keno Mex. Ob es sein richtiger Name ist? Für mich klingt es wie ein Künstlername. Sein Profil auf Facebook und Instagram sind auf privat gestellt. Er scheint nicht gern etwas über sich Preis zu geben.

Den Rest vom Sonntag gammle ich weiter nur rum, esse, bin traurig, dann esse ich wieder.

Kapitel 3

Hirn offline - Neustart online

-Leni-

Es ist Montagabend und ich stapfe unglücklich nach Hause. Ich bin wütend über mich. Der Tag fing schon beschissen an, als ich zum Frühstück eine ganze Packung mit vier Schokoriegeln in mich hineingestopft habe. Der ganze Tag war da schon im Eimer. Kann ich es denn nicht einmal schaffen, einen Tag lang etwas Gesundes zu essen oder am besten gar nichts? Ich fühle mich wie ein gieriges Fressschwein, das alles in sich hineinstopfen möchte. Wie machen das, bitte, andere? Ich bin nach acht Stunden Arbeit völlig breit. Mein Kopf ist voll, ich bin angespannt. Ich möchte einfach nur essen und etwas gucken, um mich zu entspannen.

Früh bin ich müde, kaputt und fühle mich ausgelaugt. Abends zu meinen Fresszeiten bin ich wach und immer wieder motiviert, in die Küche zu laufen. Bis ich so erschöpft und müde bin, dass ich ins Bett falle und mich ärgere. So kann es nicht mehr weitergehen.

Ich möchte endlich abnehmen, nicht nur für mich. Ich möchte Keno gefallen und attraktiv für ihn werden. Und selbst, wenn er sich nicht mehr meldet, dann möchte ich das alles für einen anderen Mann sein. Ich möchte auch mal die Blicke auf mich ziehen, weil Männer mich heiß finden. Mal an andere Dinge denken außer ans Essen. Ich möchte all die Dinge machen, die normale Menschen tun. Gott, gib mir bitte genug Energie und Willenskraft, um das Abnehmen endlich mal durchzuziehen!

Bing, die Microwelle ist fertig. Ich kippe das heiße Popcorn in eine Schüssel. Popcorn ist okay. Ich mache es mir wie jeden Abend auf meiner Couch gemütlich. Ich ziehe mir auf YouTube ein paar Videos übers Schminken rein. Werbung. Ich hasse Werbung.

»Hey, möchtest du abnehmen und fühlst dich unfassbar müde, schlapp und nicht wohl in deinem Körper?«

Ich sehe eine extrem hübsche Frau mit dunklen, leicht lockigen Haaren. Sie ist perfekt. Klar, dass sich die Werbungmacher so eine dafür aussuchen.

»Ich meine es ernst, ich mach keine leeren Versprechungen. Lass mich dein Coach werden und ich helfe dir, deine Ziele zu erreichen.«

Okay, sie coacht also selbst. Eigentlich genau das, was ich brauche. Aber ob ich so hübsch wie sie werden kann, und ob sie einem wirklich dazu verhilft? Mmh, ich bin hin und her gerissen …

»Ich bin Jasmin und bringe dich step-by-step deinem Wohlfühlgewicht näher. Es ist kein übliches Programm mit Shakes oder Ähnlichem. Ich zeige dir, wie du dich gesund ernährst und stimme die Ernährungspläne passend mit dir ab. Ich bringe dir nach und nach das Thema Sport und Bewegung näher und coache dich mental, damit du eine Glücks- und Wohlfühlebene wieder erreichen kannst.

Melde dich noch heute an und spare mit dem Weihnachtsbonus! Jetzt kommt die Weihnachtszeit. Gerade dann ist es schwieriger als in einer anderen Zeit im Jahr, seine Traumfigur zu erreichen. Mit mir bekommst du einen Willen aus Stahl und einen Body, von dem du träumst.«

Genau das ist es, was ich brauche. Verlieren kann ich nichts. Nach zig Diäten kann mir jetzt nichts Schlimmeres als ein erneuter Reinfall passieren. Aber ein bisschen Hoffnung ist immer dabei. Ich wähle die Nummer. Zu meiner Verwunderung geht keine Bandansage dran – eine weibliche Stimme meldet sich.

»Hey, mein Name ist Jasmin. Nenn mir bitte deinen Namen, dein Alter und deine Beweggründe, warum du dein Leben von mir coachen lassen möchtest.«

»Ähm, hallo …«, sage ich zögerlich. »Ich heiße Leni, bin zweiundzwanzig und meine Beweggründe für diesen Anruf sind: Ich möchte abnehmen, sportlich werden und keine miese Stimmung mehr haben.«

»Okay, Leni, das klingt, als ob du genau wüsstest, was du möchtest. Das ist schon mal gut. Ich erkläre dir nun meine Vorgehensweise.«

»Sind Sie die Frau aus der Werbung?«, werfe ich neugierig ein.

»Ja, genau die bin ich.«

»Ist ja cool.«

Jasmin lacht. »Alles läuft über eine App und ein Erfolgsjournal, was quasi wie ein Tagebuch und Ernährungsprotokoll ist, das du täglich in der App ausfüllst. Und das bitte wahrheitsgemäß.« Sie lacht. »So kann ich sehen, wo du gerade stehst und was ich, beziehungsweise wir, verändern müssen. Wir beide führen einmal in der Woche ein Telefongespräch, in dem wir alles Weitere besprechen. Du kannst mir jederzeit eine WhatsApp schreiben und ich antworte auf deine Fragen, sobald es mir möglich ist.«

»Okay«, sage ich.

»Nun kommen wir zum Preislichen. Das Coaching kostet normal für zwei Monate tausend Euro, da ich nicht viele Personen gleichzeitig coache. Jetzt, da es aber noch härter ist, durch die Weihnachtszeit, habe ich mir Folgendes überlegt: Ihr zahlt nur die Hälfte, bekommt jedoch das gesamte Coaching. Ich besuche jeden Einzelnen ein Mal und ihr bekommt ein zusätzliches Mindset in Form von Weihnachtsgeschichten, die ich nach und nach über die Weihnachtszeit auf die App spiele.«

Ich zögere. Fünfhundert Euro, das ist ganz schön viel Geld.

»Möchtest du erst mal eine Nacht darüber schlafen?« Jasmin hat wohl meine Unsicherheit bemerkt. »Du gibst mir deine Nummer und dann melde ich mich morgen noch mal bei dir.«

»Nein, ich mache es. Ich muss einfach etwas verändern!«

»Gut, dann gib mir deine Mailadresse und ich sende dir den Vertrag. Du unterschreibst, ich schicke dir die Rechnung und dann geht es los.«

»Alles klar. Danke«, sage ich irgendwie erleichtert.

»Dann wünsche ich dir noch einen schönen Abend und wir telefonieren, sobald ich alles von dir habe«, sagt Jasmin mit warmer, beruhigender Stimme.

»Ist okay«, sage ich und »danke und dir auch einen schönen Abend.« Mit gemischten Gefühlen lege ich auf. Hoffentlich wird es mir etwas bringen. So viel Geld. Was das kostet! Aber meine Neugierde ist zu groß, um es nicht zu versuchen. Ich entschließe mich dazu, fix duschen zu gehen, damit ich nicht in Versuchung komme, weiteres zu essen.

Beim Zähneputzen betrachtete ich genau mein Gesicht. Ich bin blass und es sieht so aus, als wenn meine Wangen zwei Pfannkuchen in sich versteckt halten würden.

Unglücklich liege ich im Bett auf der Seite. Sobald ich so liege, quillt mein Bauch hervor, ich kann die dicke Fettwulst greifen. Genauso ist es, wenn ich meinen Oberschenkel anhebe. Wie ein langer Lappen hängt das Fett daran runter. Ich möchte weinen, doch ich kann nicht. Meine Wut und mein Hass auf mich würden lieber sehen, dass ich mir eine klatsche.

Ich will mich so nicht den Menschen zeigen. Ich fühle mich nicht wohl in meiner Haut. Ich bete zu Gott, dass Jasmin mir helfen wird.

Am nächsten Morgen, während ich einen Kaffee trinke, schicke ich Jasmin den unterschriebenen Vertrag zurück und überweise den Betrag per Sofortüberweisung.

Am Abend meldet sich Jasmin. »Hey, Leni, ich habe alles bekommen, danke für die Echtzeitüberweisung. Wäre nicht nötig gewesen, aber so weiß ich, dass du es wirklich willst und das sogar schnell.«

Ich lächle. »Na ja, um ehrlich zu sein, bin ich in allen Dingen immer etwas übertrieben.«

Jasmin lacht laut und fröhlich. »Da haben wir etwas gemeinsam. Ich bin auch in allem immer drüber und übertriebener als die anderen.«

»Ja, genau so«, stimme ich nochmals zu.

»Lass uns als Erstes online miteinander sprechen, sodass wir uns auch mal sehen können. Ich habe einige Fragen an dich.«

»Cool, ich freu mich.« Fix hole ich meinen Laptop und wähle mich mit dem Link, den mir Jasmin per Mail geschickt hat, ein.

Als sie online vor mir erscheint, bestätigen sich meine Gedanken. Sie ist so brutal hübsch. Sie hat sogar vom PC aus eine ergreifende Aura. Ich fühle Neid in mir aufsteigen.

»Hi, Leni«, begrüßt sie mich freundlich.

Ich habe nicht das Gefühl, dass sie von mir angewidert ist.

»Beantworte als Erstes meine Fragen. Nach deinen Antworten richtet es sich, was ich dir auf die App spiele. Es werden Anleitungen sein, wie du deine Ernährungsumstellung erreichst. Wie viel du dann genau zu dir nehmen darfst, um deine Ziele zu erreichen.«

»Okay, werde ich auch an Sport herangeführt?«

»Ja, sehr gut, dass du das fragst. Es werden Übungen darauf gespielt, die du täglich zu meistern hast. Und es wird ein Motivations- und Informationsprogramm auf deiner App geben. Außerdem bekommst du zusätzliche Übungsvideos von mir und zweimal in der Woche machen wir zusammen eine Online-Sportstunde.«

Jasmin ist auf ihre Art sehr aufgeweckt. Ich kann mir schon vorstellen, dass sie mich mitreißen kann. Das freut mich schon mal. »Darf man dich auch so kontaktieren, wenn man Fragen hat?«

»Natürlich, darum geht es, dass wir ein Team werden. Du bekommst jetzt meine Nummer, über die du mich per WhatsApp erreichst. Ansonsten machen wir jetzt einen Tag aus, an dem wir das nächste Mal telefonieren. Die besten Teams sind die, die miteinander kommunizieren. Es ist wichtig, dass du deine Gedanken mit mir teilst.«

»Ich bin jetzt noch schüchtern«, entschuldige ich mich bei ihr.

»Keine Sorge, das wird sich legen«, beruhigt sie mich mit ihrer total angenehmen Stimme. »Ich werde dir jetzt ein paar Fragen stellen. Was ist genau dein Ziel?«

»Ich möchte zwanzig Kilo abnehmen«, sage ich, diesmal bestimmt.

»Okay, lass es uns so nennen, dass du dich um zwanzig Kilo erleichtern möchtest. Sich positiv auszudrücken hilft auf dem Weg zum Ziel.«

»Okay«, sage ich, schon um einige Klassen zuversichtlicher.

»Was hast du bisher für deine Zielerreichung getan?«

»Viele Diäten, die kurzzeitig funktioniert haben, mir dann aber das Doppelte wieder drauf brachten.«

»Wie läuft es aktuell?«

»Nicht gut, so schlimm wie jetzt war es noch nie.«

»Was könnte eine Lösung behindern?«

»Die Gewohnheiten, die sich eingeschlichen haben. Es ist so, dass ich nach der Arbeit sofort anfange zu essen. Das kotzt mich so an, obwohl ich mir täglich vornehme, es heute nicht zu tun, komme ich aus diesem Teufelskreis einfach nicht heraus. Mein Stresspegel ist dann so hochgefahren, dass ich mich anders nicht beruhigt bekomme.«

»Ich finde es sehr gut, wie klar du dich analysierst, um an den Gewohnheiten etwas zu ändern. Ich habe da Tipps für dich.« Sie nickt mir zu und lächelt. »Man darf Gewohnheiten nicht in Kauf nehmen. Wie wäre es, wenn du von der Arbeit kommst und direkt eine Sporteinheit machst?«

»Ich denke, das ist eine sehr gute Idee!«

»Ob du eine Sporteinheit von mir machst, dir eine auf YouTube suchst, in die Schwimmhalle oder ins Fitnesscenter gehst, joggst oder dir eine Poledance-Stange zulegst, das ist vollkommen dir überlassen. Wichtig ist aber, dass du erst stoppst, wenn dein Stresspegel wieder auf *gelassen* zeigt.«

»Das könnte funktionieren«, sage ich, ernsthaft überzeugt.

»Noch ein Tipp von mir. Denk immer dran: Wie würde sich in dieser Situation eine sportliche, schlanke Frau verhalten? Das Verhalten anzunehmen hilft dir, eine neue Identität zu finden.« Jasmin macht eine Pause, um sicherzugehen, dass ich das Gesagte aufgenommen habe. »Was muss ich sonst noch über dich wissen?«, fährt sie daraufhin fort.

»Wie meinst du das genau?«, will ich wissen.

Jasmin fragt und fragt. Meiner Größe, meinem Gewicht, meinem Beruf. Wie meine häusliche Situation aussieht. Wie mein Umfeld. Wie sieht der Gewichtsverlauf der letzten Jahre aus? Wie steht es um meine Gefühle, was habe ich konkret für ein Essverhalten? Was esse ich gern und was nicht gern?

»Hast du Nahrungsmittelunverträglichkeiten?«

»Nein, das wurde getestet, ich habe keine.«

»Was isst du am liebsten und häufigsten?«

»Pizza, Schokolade, Gummibärchen, Lakritz, Wurst, Chips, Cornflakes …«

»Könntest du dir vorstellen, darauf zu verzichten?«

»Ja, wenn ich hundertprozentig wüsste, dass sich ohne dieses Essen mein Leben verändern würde.«

»Welchen Einfluss hat das Essverhalten deiner Kindheit auf dein heutiges Verhalten?«

»Ich musste den Teller immer leer essen und auch so wurde sehr wenig frisches Obst und Gemüse gegessen. Aber das könnte auch daran liegen, dass ich es verwehrt habe, da ich schon immer auf Süßigkeiten stand.«

»Dazu musst du wissen, dass sich deine Darmbakterien und dein Geschmackssinn deinen Ernährungsgewohnheiten anpassen. Schon im Mutterleib werden unser Geschmack und die Bedürfnisse des Embryos durch das Essverhalten der Mutter beeinflusst«, erklärt mir Jasmin.

»Wenn du häufig gesund isst, dann schmeckt es dir auch und du willst das Ungesunde nicht mehr. Die Besiedlung der Darmbakterien ändert sich so, passend zu deiner Ernährung. Das ist auch der Grund, warum du weniger Beschwerden als vorher haben wirst.«

»Wie lange dauert es, bis sich mein Geschmack und die Darmbakterien verändern?«

»Wenn du den Willen hast und die Umsetzung von Anfang an richtig machst, das heißt, ohne Industriezucker lebst, ohne Weißmehl, ohne Alkohol, bist du in drei Monaten aus dem Gröbsten raus. Und dann kannst du darauf bauen, dass es kaum noch Rückfälle geben wird.«

»Wenn man einen Rückfall hat, fangen dann die drei Monate wieder von vorn an?«

»Anfangs leider ja. Deswegen solltest du niemals aufgeben! Ein Rückfall wird bestimmt mal passieren, doch Es gilt, sich zu reflektieren und es beim nächsten Mal besser zu machen. Also konkret, es nicht erst dazu kommen zu lassen.«

»Okay, das habe ich verstanden.«

Jasmin erklärt mir die Teller-Regel, und dass ich mindestens fünf Stunden zwischen den drei Hauptmahlzeiten einbauen muss, um den Insulinspiegel nicht von der Fettverbrennung abzuhalten.

»Die Hälfte vom Teller machst du mit Gemüse oder Obst voll, das ist basisch. Dazu erkläre ich später mehr. Am besten zum Frühstück Obst und mittags und abends eher Salat oder anderes Gemüse. Merk dir bei den Mahlzeiten als Menge an Obst oder Gemüse: Sie sollten jeweils zwei Hände voll fassen. Etwas mehr als ein Viertel sollte dabei aus Proteinen bestehen. Merk dir da als Menge einen Handteller groß. Eine kleine Hand voll Kohlenhydrate darf jeweils mit auf den Teller, das ist der beste Säure-Basen Ausgleich.«

Eiweiß, dunkles Blattgemüse, Avocado zwischendurch als Notsnack wären okay, falls mal wirklich Heißhunger auftritt. Ich sollte aber bloß die Finger von Kohlenhydraten lassen. Okay wären auch: Wasser, Tee, Kaffee, Eier, Fisch, Fleisch und Nüsse. Bei Letzteren aber keine Cashew-Nüsse, weil die Kohlenhydrate enthalten. Optimal wäre es, wenn man mindestens fünf Stunden zwischen den drei Mahlzeiten gar nichts isst.

»Ich rate dir, dein Frühstück zwischen sechs und neun Uhr einzunehmen, denn da arbeitet die Bauchspeicheldrüse auf Hochtouren«, erklärt Jasmin weiter engagiert. »Dann lass bis zum Mittag mindestens fünf Stunden Pause, es kann gern auch mehr sein, und das Gleiche zum Abendbrot. Zum Frühstück sollte am besten zuerst eine halbe Müslischale mit Obst hinein, dann Joghurt oder Milch und eine Hand voll gequillte Haferflocken und gepuffter Amaranth oder Quinoa obendrauf. Das Ganze schmeckt auch toll mit ein paar

Kakaonibs – ohne Zucker natürlich – oder etwas Mandelmus als Topping obendrauf. Die Tellerregel ist dafür da, um ein Gleichgewicht zwischen Säuren und Basen in unserem Körper zu ermöglichen. Basische Lebensmittel sind zum Beispiel Obst, Gemüse, Kräuter, Quinoa, Erdmandeln, Hirse, Kartoffeln, Süßkartoffeln und Wasser. Basisch wirkt auch Bewegung und Entspannung auf den Körper. Eine erhöhte Säurebelastung aufn den Körper lässt irgendwann Erkrankungen wie Arthrose, Nierenproblematiken oder Herz-Kreislauf-Erkrankungen entstehen. Auch Schmerzmittel und Stress fördern diese erhöhte Säurebelastung. Der Ausgleich zwischen Säuren und Basen ist wichtig, um die Säuren zu neutralisieren. Mehr als drei Tassen Kaffee pro Tag schädigen deinen Körper ebenfalls, dadurch wird die Ausscheidung an Kalium, Kalzium und Magnesium angeregt. Er wird dann zum Mineralstoffräuber.« »Das habe ich noch nie gehört, darauf muss ich achten. Und wie kann ich meinen Stoffwechsel ankurbeln?«, frage ich Jasmin.

»Um deinen Stoffwechsel auf Touren zu bringen, könntest du ein Intervallfasten 2/5 zwei zu fünf einbringen. Das heißt, du nimmst an zwei nicht aufeinanderfolgenden Tagen in der Woche nur fünfhundert bis sechshundert Kilokalorien ein. An den anderen fünf Tagen wird normal mit der Tellerregel gegessen. Ich empfehle dir allerdings, dies erst nach ein paar Wochen auszuprobieren. Intervallfasten würde dein Abnehmen beschleunigen, aber das schafft nicht jeder. Ich zum Beispiel habe davon Fressattacken bekommen, aber es gibt Körper, die sind für so etwas geeignet. Proteine sind wichtig für die Sättigung und erhalten die Muskulatur. Es sollte auf eine hohe biologische Wertigkeit geachtet werden.« »Was bedeutet biologische Wertigkeit?«, werfe ich erstaunt ein. Laut Wikipedia ist das ein Maß, mit welcher Effizienz diese Nahrungseiweiße in körpereigene Eiweiße umgesetzt werden. Diese Umwandlung geht am besten in Kombination mit anderen Lebensmitteln. Kartoffeln mit Ei haben z. B. die höchste Wertigkeit, also ermöglichen zusammen die beste Aufnahme von Eiweißen. Weitere biologisch super verwertbare Kombinationen sind Rindfleisch mit Kartoffeln sowie Reis mit Hülsenfrüchten, Ei oder Soja. Auch in Ordnung sind Getreide mit Eiern, Kartoffeln mit Quark und Haferflocken mit Milch. Innerhalb von drei Stunden muss die Kombi gegessen werden, damit die Eiweißaufnahme stattfindet. Aber nach der Tellerregel isst man das ja eh zusammen bei einer Mahlzeit. Ich sage dir aber gleich, dass ich von Milchprodukten abrate, da diese die Talkproduktion in unserem Körper steigert und auch das darin enthaltene Wachstumshormon nicht gut für uns Erwachsene ist. Ich rate eher zu ungesüßter Pflanzenmilch wie Mandel oder Hafermilch.«

»Du nimmst gar keine Milchprodukte zu dir?«, frage ich ungläubig.

»Nein, weder Milch noch Zucker noch Weizenprodukte. Aber ich rate nur dazu, Produkte mit Tiermilch wegzulassen, ob du das umsetzt, ist rein dir überlassen. Tiermilch kann nämlich süchtig machen, sodass man viel zu viel davon trinkt oder Produkte damit isst.«

»Warum isst du keinen Zucker mehr? Ich meine, bei deiner Figur könntest du dir das doch leisten?«, frage ich aufgeregt.

»Ich war süchtig danach, und habe mich, nachdem ich radikal auf Zucker verzichte, um zehn Kilogramm erleichtert. Bei einer Sucht ist es nicht möglich, nur zwanzig Prozent der süchtig machenden Substanz in seine Ernährung zu integrieren und zu achtzig Prozent gesund zu leben. Das Suchtmittel erweckt Glückshormone. Man sagt ja auch keinem Alkoholiker: Bleib bei einem Glas pro Tag. Es würde nicht funktionieren. Was könntest du dir vorstellen für die nächsten zwei Wochen zu verändern?«

»Ich bin bereit, alles zu verändern, was du mir sagst. Ich möchte mein Leben in den Griff und den Reizdarm unter Kontrolle bekommen. Ich bin einfach so unglücklich«, brach es aus mir raus.

»Für den Anfang empfehle ich, unbedingt die Teller-Regel einzuhalten«, sagt Jasmin ruhig und nimmt auf ihre Art Anteilnahme, indem sie mich sanft, aber bestimmt weiter coacht. »Du weißt schon, zu was für einen Anteil welche Nahrungsmittel zu den Hauptmahlzeiten auf deinen Teller kommen. Wichtig ist für dich auch, die Fünf-Stunden-Pause zwischen den Mahlzeiten einzuhalten, auf die biologische Wertigkeit zu achten und zwei Liter Wasser pro Tag zu trinken. Starte eine halbe Stunde vor dem Frühstück mit einem Glas Wasser. Es ist besser, nicht zu den Mahlzeiten zu trinken, weil das deine Verdauung beeinträchtigen könnte. Besser ist es, zwischendurch Wasser zu sich zu nehmen. Abends kann man, muss man aber nicht, die Kohlenhydrate weglassen. Du musst wissen, dass es einen Grund hat, warum dein Darm immer unter Stress gerät. Dieses Bauchgefühl möchte dich schützen. Natürlich werden wir mithilfe der Ernährungsumstellung versuchen, den größten Teil deiner Darmprobleme in den Griff zu bekommen. Ein Teil der Gesundung liegt aber darin, dass wir versuchen müssen, dass du umdenkst und von innen ruhiger wirst. Mein Mentalcoaching wird dir dabei helfen. Du musst wissen, Gedanken steuern die Gefühle und das Verhalten. Daran müssen wir auch arbeiten.«

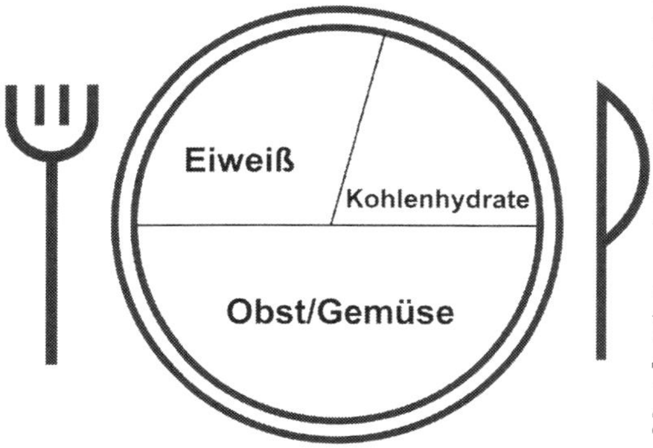

Ich sehe wirklich Land in Sicht. »Du sprichst mir gerade aus der Seele.«

Jasmin lacht auf ihre beschwingte, ansteckende Art. »Ich kann dir all mein Wissen vermitteln, aber du musst den Weg gehen und alles umsetzen.«

»Ja, das möchte ich auch tun«, sage ich bestimmt.

»Welche Pläne und Wünsche hast du für die Zukunft?«

Jetzt ist es an mir, übermütig zu lachen. »Die Liebe meines Lebens zu finden und mit diesem Mann zu einer Einheit zu verschmelzen. Für mich besteht der größte Traum darin, einen Mann zu haben, der mich anziehend und interessant findet. Und mit dem ich dann Ziele wie ein Haus und ein Kind teile.«

»Das hast du schön gesagt und es ist toll, dass du da deine genauen Vorstellungen hast, wie er sein muss. Jasmin macht eine bedeutungsvolle Pause. »Bist du mit deiner Arbeitssituation zufrieden?«

»Also, ich würde lieber etwas machen, bei dem ich mehr Geld verdiene und was mir Spaß macht.«

»Das kann ich gut verstehen. Na, wir werden sehen, ob wir im Laufe des Coachings herausfinden, was deine wirkliche Berufung ist. Wichtig ist, dass du dich nicht stresst oder stressen lässt. Dies ist Gift für deinen Darm. Ruhe, Gelassenheit und keine Angstzustände sind das, was er braucht.«

»Ja, aber wie mache ich das denn?«, frage ich verzweifelt.

»Ich werde dich nach und nach mental coachen. Es ist so, dass wir durch unser Denken und Verhalten sehr Vieles steuern können. Du weißt es, da du durch deine Panik und deinen Stress deinen Reizdarm zum Durchdrehen bringen kannst.«

»Das stimmt, gerade wenn ich unter Zeitdruck stehe, mir eine Person Druck macht oder ich an Orte gehe, an denen ich nicht weiß, ob dort eine Toilette ist.«

»Genau das meine ich. Wie gesagt, alles step-by-step. Einige Dinge spiele ich dir schon in die App, damit du siehst, wohin die Reise einmal gehen wird. Damit meine ich, es sind Ernährungsmuster, die wir einmal erreichen möchten. Damit du dir das Ziel vor Augen halten kannst. Dann schreiben oder telefonieren wir noch mal. Und danach spiele ich dir nach und nach Dinge in die App, die ich genau auf dich abgepasst habe. Du bekommst eine Liste mit Nahrungsmitteln und ein Bild, das dir die Tellerregel noch mal verdeutlicht.«

Wow, das hört sich alles überzeugend an. Bin ich jetzt tatsächlich auf dem richtigen Weg? »Okay, alles klar. Danke«, sage ich begeistert.

»Die Zukunft gehört denen, die an die Wahrhaftigkeit ihrer Träume glauben«, beendet Jasmin das Gespräch mit einem Zitat von Eleanor Roosevelt.

-Jasmin-

Nach dem Gespräch mit Leni bin ich aufgewühlt, jedoch voller Energie und Motivation, ihr zu helfen. Boom, ich werfe die Tür zum Büro auf. Mein Geschäftspartner Evan sieht nicht vom PC auf, er hat nicht mal gezuckt.

»Hey, Perle, was verschafft uns heute deine Energie?«, sagt er fast gelangweilt und schaut unterdessen weiter auf den PC.

Ich grinse und bleibe angespannt neben ihm stehen. »Ich habe eine neue Coachingmission bekommen. Und diese wird, glaube ich, mein schwierigster Fall, den ich bis jetzt hatte.«

»Wieso das?«, will er wissen.

Evan ist sehr attraktiv. Seine arrogante Haltung und dieser Blick dazu, den er fast zu jeder Zeit an den Tag legt, lässt mich ihn öfter fasziniert anstarren. Er kann genauso unglaublich stark ein Arschloch sein. Das ist der

Grund, warum es noch nie bei mir gefunkt hat. Jedes Mal, wenn ich auf ihn heiß wurde, hat ein dämlicher Satz von ihm alles sofort im Keim erstickt. Er steht auf mich, daraus macht er kein Geheimnis, aber genauso oft wie er mit Komplimenten um sich wirft, so oft erzählt er mir auch seine Bettgeschichten. Ich glaube, er will mir damit zeigen, wie begehrenswert er doch ist, und dass ja alle anderen auf ihn stehen. Welche Frau steht bitte auf so etwas? Mein Onkel, Gott hab ihn selig, hat immer gesagt: Geschlechtsteile sind wie eine Seife, die nutzt sich auch nicht ab. Meiner Meinung nach nutzt sie sich ab.

Evan ist hochbegabt. Er kann extrem viel mit Bildbearbeitung und ist IT-Experte. Er bekommt öfter mal Aufträge, mit denen er seines Redens nach viel Geld verdient. Er sagt, es sind Firmen, die Hilfe bei ihrer Software benötigen. Ich denke, er hackt sich irgendwo ein. Auf alle Fälle ist Evan für mich nach jedem Mädel umso uninteressanter geworden.

Er sieht mich durch seine mandelförmigen braunen Augen gespannt an. Mit seinen dunkelbraunen kurzen, perfekt auf Kante geschnittenen Haaren, hat er einen leicht asiatischen Touch. Dies liegt daran, dass seine Mutter eine philippinische Herkunft hat, sein Vater aber Deutscher ist. Evan ist sozusagen ein wunderschöner Mix, der männlich und wahnsinnig anziehend auf die Frauenwelt wirkt. Er hat weiche Gesichtszüge, darauf stehe ich. Mich törnt es eher ab, wenn Männer ein markantes Gesicht mit kantigem Kinn haben. Evan ist vom Aussehen her absolut mein Typ, mit seinen eins dreiundachtzig ist er im Gegensatz zu mir mit meinen eins sechzig sehr groß. Man sieht, dass er es versteht, seinen Körper zu präsentieren. Nur, wie zuvor erwähnt, hat er leider einen Scheiß Charakter.

»Also, pass auf! Ich habe das Gefühl, dass ich mich selbst vor mir habe, nur vor zehn Jahren. Meine neue Klientin hat Ähnliches wie ich durchgemacht und eine vergleichbare Störung. Ich kann mich genau in ihre Situation reinfühlen.«

Evan sieht mich mit diesem hypnotischen Blick aus seinen intelligenten Augen an. »Bist du dem gewachsen? Ich meine, nochmals alles aufgewühlt zu bekommen und dies bei der neuen Frau zu therapieren, wird eine Herausforderung.«

»Ja, ich weiß, aber ich kenne besser als jede andere diesen Weg und ich würde alles tun, um sie aus ihrer Scheiße zu hauen.«

»Okay, musst du wissen«, sagt er kühl. Sogar seine Stimme ist sexy, tief und weich.

»Es ist so, als hätte ich gerade mit mir selbst gesprochen. Ich bin voll Motivation, Leni, der neuen Klientin, zu helfen.«

»Na, dann mach dich ans Werk, Princess!«

Ich nicke und lasse mich hinter meinen PC plumpsen.

Kapitel 4

Shut APP and Learn

-Leni-

Ich öffne die App, die nach Jasmin benannt ist. Als Erstes erscheint ein Zitat von ihr: Weil wahre Schönheit sich von innen und außen vereinen muss. Deine Jasmin.

Ich kann damit viel anfangen, die Worte berühren mich.

Hallo Leni, ploppt es auf. Lies dir die Erklärungen in der App durch, dies wird alles nach und nach auf dich zukommen, damit wir das bestmögliche Resultat erreichen. Es folgen allgemeine Ernährungsempfehlungen, die jeder von uns einhalten sollte, um seinen Körper gesund und fit zu halten.

Wie das funktioniert?

Zuallererst musst du wissen, dass dies eine Ernährungsumstellung ist, mit der du abnehmen wirst, aber auch lernst, deinen Grundumsatz zu steigern und somit dein Gewicht zu halten.

Arztcheck

Ich empfehle dir, einen Termin bei deinem Hausarzt zu machen und mit ihm ebenfalls über dein Vorhaben zu sprechen. Öfter kann eine Gesprächstherapie auch noch zusätzlich helfen, um alles schneller voranzutreiben.

Na super, jetzt denken die auch noch, ich wäre völlig bekloppt. Am Ende werde ich als unzurechnungsfähig eingestuft und mache mir meine ganze Zukunft und Karriere kaputt. Ich lese weiter.

Falls du immer wieder das Gefühl hast, nicht ausreichend versorgt zu sein und dir deswegen Unmengen an gesunden Lebensmitteln hineinstopfst, kann es sein, dass du zwar ein mega Körpergefühl hast, aber trotzdem unter einem Mangel leidest. Ich empfehle dir, ein großes Blutbild machen zu lassen. Dies wirst du leider selbst zahlen müssen. Es gibt sicher ein Labor in deiner Nähe, das dies anbietet. Wenn du Glück hast, macht das auch dein Hausarzt. So weißt du, was dir fehlt, und kannst dementsprechend handeln.

Dagegen rate ich ab, Nahrungsergänzungsmittel auf blauen Dunst zu nehmen. Sie können nicht die Antioxidantien und die sekundären Pflanzenstoffe bieten, die in Obst und Gemüse enthalten sind. Die einzige Ausnahme bieten Omega-3-Kapseln. Diese kannst du nehmen, wenn du es nicht schaffst, diese Fettsäuren mit der Nahrung aufzunehmen. Fisch enthält z. B. viel Omega-3, auch Leinöl, Avocado, Rosenkohl, Walnüsse, Chia-Samen. Von Oktober bis März kann man auch Vitamin D plus K nehmen, da die Sonne hier in Deutschland oft nicht ausreicht, es selbst im Körper zu bilden.

Für das Immunsystem und die Muskelfunktion ist die Aufnahme von Kalzium aus der Nahrung wichtig. Veganer müssten Vitamin B12 nehmen, da dies nur in ausreichender Menge in Fleisch, Milchprodukten und Eiern vorkommt.

Ich stelle eine Zwischenfrage an Jasmin per WhatsApp. »Soll ich den Arztcheck auch machen lassen?«

»Ja, auf alle Fälle. Es ist sinnvoll, ihm davon zu erzählen, was wir vorhaben. Erklär ihm, dass ich Ernährungsberaterin bin und erzähl ihm deine Ziele. Bitte ihn, ein großes Blutbild machen zu lassen, um zu sehen, ob dir Nährstoffe fehlen. Auch eine Magen- und Darmspiegelung kann Aufschlüsse bringen, wie wir mit deinem Problem umgehen können.«

»Das wurde bereits alles gemacht, ohne Befund«, schreibe ich zurück.

»Alles klar, dann sprich mit deinem Arzt oder deiner Ärztin über unser Vorhaben. Des Weiteren empfehle dir, gute Darmbakterien als Pulver zu kaufen und diese jeden Tag früh auf nüchternen Magen in etwas Wasser eingerührt zu dir zu nehmen. Die Firma OMNI Biotic kann ich empfehlen. Dies ist mit hochaktiven Darmsymbionten, deine Darmbakterienzusammensetzung wird somit positiv beeinflusst. Mir haben sie sehr gut geholfen.«

»Ach, du hattest auch einen Reizdarm?«, frage ich Jasmin erstaunt.

»Ja, richtig. Deswegen kann ich dich hier sehr gut coachen, mit allem, was bei mir geholfen hat. Das Motto ist dabei wie meine Ausbilderin einmal sagte: *Gesunde Ernährung kann zur Gewohnheit werden – wie deine jetzige schlechtere Ernährung.*

In der App kannst du jeden Tag eingeben, was du isst. Sie ist für dich und für uns gedacht, damit wir sehen, woran wir noch arbeiten können.«

»Cool, danke Jasmin.«

»You are welcome Darling.«

In der App steht weiter:

Ich gebe dir ein Beispiel für ein gesundes Essen über einen Tag:

Frühstück: Porridge mit gemischtem Obst und circa drei Esslöffel voll Joghurt (vegan ohne Zucker) plus einem Esslöffel Mandelmus. Man kann auch etwas stark entöltes Kakaopulver mit reinmachen oder zuckerfreie Kakaonips. Kakao hilft bei Stress und bewirkt eine innere Zufriedenheit. Man sollte nur nicht jeden Tag Kakao zu sich nehmen, weil darin Oxalsäure enthalten ist, die in hohen Mengen schädlich ist. Kakao ist außerdem ein Eisen- und Kalziumräuber. Ins Frühstücks-Porridge kannst du ruhig ein paar Walnusshälften geben. Die Sättigung durch die Kombination Apfel mit einer Walnuss hält viel länger an als ohne Walnuss.

Mittags: Naturreis kochen, Wildlachs braten, eine Avocado und etwas Gurke dazu auf den Teller. Lecker ist auch Ofengemüse.

Abends: Rote Linsennudeln kochen und mit veganem Feta und Tomaten braten, die eine Hälfte vom Teller mit Blattgemüse füllen und die andere mit dem Nudel-Tomaten-Fetamix oder, wenn du nicht kochen möchtest, sind Bio-Roggenpumpernickel, die nur aus Roggen, Wasser und Salz bestehen, mit geräuchertem Fisch oder veganem Käse und Eisbergsalat, eine gute Empfehlung.

Eiweißquellen. Es ist gesünder, auf pflanzliche als auf tierische Eiweißquellen zu setzen. Unser Darm und unser Gebiss ähneln dem eines reinen Pflanzenfressers und nicht eines Fleischfressers. Wenn du mehrere Veggie-Tage einlegst, prima! Wenn du komplett vegan leben möchtest, dann vergiss nicht, Vitamin B12 zu supplementieren, da wir es nur aus tierischen Produkten erhalten.

Gute Eiweißquellen sind zum Beispiel:

Thunfisch, Lachs, King Prawns, also große Garnelen, Hähncheninnenfilet, Eier, Sojajoghurt und Tofu.

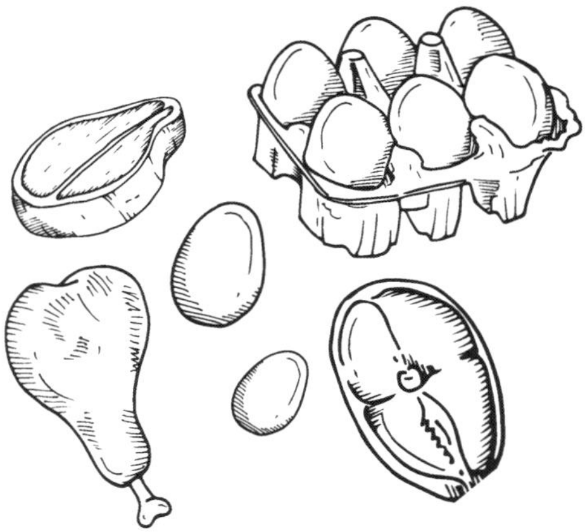

Es wäre besser, auf Milchprodukte zu verzichten. Wenn du nicht darauf verzichten möchtest: Speisequark (Sättigt mit Obst und etwas Wasser, noch besser aber mit Kartoffeln, da dann die biologische Wertigkeit größer ist.)

Körniger Frischkäse (Gurke, Thunfisch und Radieschen beimischen)

Kohlenhydrate sind zum Beispiel:

Reis (wenn, dann nur Naturreis)
Haferflocken, Haferkleie
Kartoffeln, Süßkartoffeln
Nudeln aus Linsen, Kichererbsen, Erbsen, Bohnen
Quinoa oder Quinoa gepufft
Amaranth oder Amaranth gepufft
Bio-Pumpernickel mit Roggen

Obst und Gemüse Beispiele:

Brokkoli frisch oder tiefgekühlt (TK)
Blumenkohl frisch oder TK
TK-Gemüsemischung
Blattsalatmischung-Tüten (am besten immer das dunkelgrüne Blattgemüse wählen)
Tomate, Gurke, Paprika, Avocado
Heidelbeeren, Melone, Kiwi, TK-Obstmischung, Erdbeeren, Apfel, Birne, Himbeeren, Brombeeren, Granatapfel, Bananen, Orangen, Weintrauben (vertragen viele mit Reizdarm nicht, mal an einem Wochenendtag testen)

Gute Fettquellen sind zum Beispiel:
Eier in Bio-Qualität
Lachs
Nussmix

Gute Öle sind zum Beispiel:
für Salat: Leinöl, Walnussöl, Olivenöl
zum Braten: Sesamöl
zum Dünsten: Rapsöl

Gut sind für dich auch folgende Nahrungsmittel: Nüsse und Samen (Paranüsse, Mandeln, Walnüsse, Haselnüsse, Pekannüsse, Pistazien, Pinienkerne, Nussmuse, Hanfsamen)

Etwas Besonderes: Essen bestellen oder Essen gehen: Sushi (im Lokal fragen, ob sie den Zucker im Reis weglassen können)

Um den Omega-3-Spiegel auf ein gutes Level zu bringen, reicht ein halber Teelöffel Algenöl oder ein Esslöffel Leinöl pro Tag.

Hier noch einmal zum besseren Verständnis die Tellerregel:

Um die richtige Menge von Essen zu dir zu nehmen, nimmst du einen Teller und teilst ihn in der Hälfte:

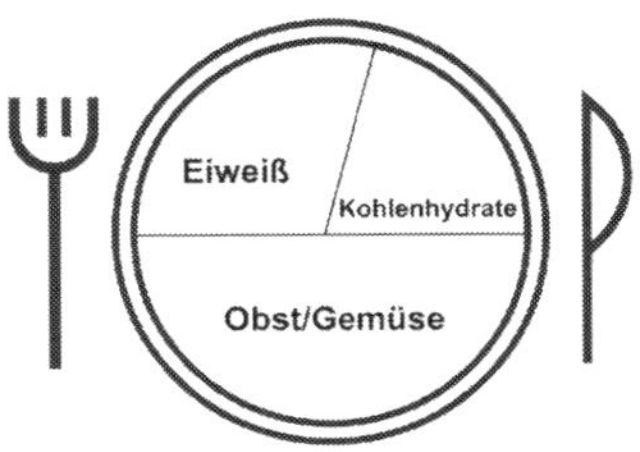

Eine Hälfte des Tellers sollte mit Gemüse und Obst belegt sein. Eine volle Hand Gemüse und eine mit Obst.

Die Kohlenhydratemenge ist eine zusammengekniffene Hand von dir.

Proteine: Nur durch Proteine erreichst du eine Sättigung.

Fleisch macht eine Handtellergröße von dir aus.

Essempfehlungen:
Richte das Gericht schön an und kaufe am besten Essen, bei dem eine Geschichte dahinter ist. Das kann so aussehen, dass du es selbst angebaut hast oder es von einem Bauern kaufst oder von einer Firma oder einem Projekt, bei dem man den Wert dahinter zu schätzen weiß.

Genuss fängt mit Sehen und Riechen an. Schau dir die ersten Bisse an und betrachte sie. Rieche daran, bevor du sie dir in den Mund steckst. Leg nach dem ersten Bissen das Besteck ab und kaue lange. Schaffe eine ruhige Atmosphäre und iss ohne Ablenkung. Schmecke bewusst jeden einzelnen Bissen.

Stopp in der Mitte einer Mahlzeit und fühle nach, wie satt du schon bist. Frage dich selbst: Schmeckt mir das Essen noch? Denke dran, das Sättigungsgefühl stellt sich erst nach zwanzig Minuten ein.

Erlaube dir, nicht immer zu essen, nur eben dann, wenn du Hunger hast. Bei wirklich körperlich spürbarem Hunger iss, bis du zu achtzig Prozent gesättigt bist und hör erst einmal auf. Dann isst du wieder, wenn du Hunger hast, beachte dabei aber, dass mindestens fünf Stunden Pause dazwischen sind.

Iss langsam und kaue wahnsinnig gut!

Den größten Kampf führst du gegen dich selbst.

Auch der Tagesrhythmus ist wichtig: Acht Stunden solltest du möglichst schlafen. Akzeptier dein Bedürfnis nach Pausen.

Mach dich nicht verrückt, wenn du zu viel gegessen hast. Solche Ausrutscher haben ihren Grund. Genieße sie wenigstens, indem du dir währenddessen Genusserlaubnis gibst. Sonst verfällst du in emotionalen Stress und negative Gefühle machen dick.

Wenn es dir nicht guttut, iss es nicht.

Iss das, was auch in der Natur wirklich so aussieht wie das Produkt vor dir. Deine natürlichen Instinkte werden somit verstärkt und du wirst nur noch das Essen, das wirklich gesund ist, zu dir nehmen.

Wenn dein Körper nach einer bestimmten Speise verlangt, iss sie, wenn sie nährstoffreich ist.

Iss niemals etwas nur aus Höflichkeit!«

»Ja, okay. Aber was esse ich? Woher weiß ich, dass mein Körper, wenn er Hunger hat, gerade jetzt bestimmte Lebensmittel braucht?«

»Das, was dir im Kopf rumschwebt, auf das du Lust hast, ist wahrscheinlich gut für dich. Nichts, was du vor Augen hast oder dir zufällig vor die Augen kommt. Das brauchst du dann nicht wirklich.«

»Was wäre, wenn das mit der Tellerregel bei mir nicht klappt zum Abnehmen?«

»Falls das nicht damit funktioniert und du dich nicht an die Tellerregel halten kannst, oder immer zu viel isst, können wir kalorientracken betreiben und genau ausrechnen, wie viel du zu jeder Mahlzeit verbrauchst. Aber dies würde ich erst mal nicht als notwendig betrachten.

Des Weiteren solltest du dich vier Wochen lang täglich wiegen und das Ergebnis jedes Mal in die App schreiben. Das alles, damit wir sehen, ob deine Kilokalorien-Zufuhr die richtige ist, also um einen Durchschnitt ermitteln zu können, um zu sehen, ob du auch wirklich abnimmst.

Grundsätzlich zu vermeiden sind: Industriezucker, Weißmehl, Milch und Milchprodukte. Als Alternative dazu kannst du pflanzliche Milch und Milchprodukte z. B. aus Mandeln zu dir nehmen.

In Ausnahmefällen kannst du mal etwas mit Dinkelmehl backen und auch gelegentlich mal Dinkelnudeln essen: Aber das sollte, wie gesagt, die Ausnahme sein. Ich habe Letzteres für mich abgelehnt, da es mir Wassereinlagerungen beschert und mich aufbläht. Vielleicht geht es dir mit Dinkelprodukten ja anders.

Halte dich bitte daran, so wenig unverarbeitete Lebensmittel wie möglich zu kaufen. Das bedeutet Clean Eating.«

»Was ist Clean Eating?«

»Das bedeutet reines, sauberes Essen. Es geht um vollwertige und unverarbeitete Lebensmittel. Frisches Obst und Gemüse sollten die Basis deiner Ernährung darstellen. Am gesündesten ist dabei dunkelgrünes Gemüse. Verzehr das Obst, wenn möglich, mit Schale, da diese die gesamte Energie der Frucht beinhaltet. Auch gut ist es, die Sprossen, z. B. aus Brokkoli oder anderen Gemüsesorten zu verzehren, wenn man diese selbst gezüchtet hat. Also die Keimlinge essen, da diese eine geballte Ladung Nährstoffe zur Verfügung stellen.

Wie schon gesagt, durch deinen Reizdarm musst du austesten, was dir bekommt und was nicht. An manches gewöhnt sich der Körper erst nach etwas Zeit, z. B. an frischen Salat. Am Anfang kann es sein, dass dein Darm immer mal abdreht, weil er sich erst an das neue Essen gewöhnen muss. Aber das stabilisiert sich und du wirst sehen, dass er bald in einen neuen Rhythmus reinkommen wird. Du wirst sicher nach und nach einige Lebensmittel von deiner Essensliste nehmen, weil sie entweder zu verarbeitet sind oder dir nicht guttun. Die Ernährungsumstellung ist ein Weg.

Leni, glaub mir, ich hätte nie gedacht, dass ich mal alles an gesundem Essen zu mir nehmen kann. Doch mein Darm hat sich durch geregelte Mahlzeiten, den Sport und immer dieselbe Menge an Essen an immer den gleichen Zeiten gewöhnt und nun macht mir meine Ernährung keinen Stress mehr.«

Ich bin motiviert, alles so umzusetzen, wie Jasmin es mir erklärt hat. Ich habe mir eine Einkaufsliste gemacht und kaufe Haferflocken, Obst, Salat, Kohlrabi, Tomaten, Quinoa, Naturreis, Hähnchen und Thunfisch. Ich fühle mich gut dabei, so viele gesunde Lebensmittel im Einkaufskorb zu haben. Irgendwie fühlt es sich überlegen an. Zufrieden schlendere ich nach Hause.

Mein Opa steht im Vorgarten. »Was suchst du denn?«, frage ich ihn.

»Das geht dich nichts an«, schnauzt er.

»Alles klar, dann noch viel Spaß beim Suchen«, sage ich provokant lachend und gehe ins Haus. Mal ist er nett, mal bin ich der letzte Dreck für ihn. Ich stehe am Kühlschrank und räume ein, als er plötzlich hinter mir steht. »Ich habe dich gar nicht hochkommen hören, hast du deine Suchaktion erfolgreich beendet?«, frage ich.

»Hör zu, Kind, du wirst jetzt zur Tanke gehen und mir Zigaretten und eine Flasche Klaren kaufen!«

»Genau, und im Anschluss backe ich dir noch ,nen Kuchen«, erwidere ich. »Geh selbst und kauf dir deinen Stoff allein.«

Er baut sich weiter vor mir auf und greift mich am Nacken. »Noch einen Ton und es passiert hier was. Du gehst ohne Widerworte!«

»Sehr gern«, sage ich. Er lässt mich los und brummt irgendwas vor sich hin. Wie ich es hasse, wenn er so dicht ist. An solchen Tagen würde ich hier am liebsten abhauen und nie wiederkommen. Dann erinnere ich mich zurück und denke an die Zeit, als ich noch klein war und wie lieb er da zu mir gewesen ist. Er hat ja jetzt nur noch mich. Der Alkohol kehrt das Monster in ihm hoch, was früher nicht existiert hat. Ich laufe zur Tanke und kaufe, was er von mir verlangt hat.

Die neue Ernährungsweise funktioniert beim Frühstück und Mittag. Aber dann, nach der Arbeit …

Mein Kopf ist wie blockiert. Ich kann an nichts denken, außer ans Essen. Ich möchte auch nichts Sinnvolles tun. Ich bin innerlich wieder so angespannt. Ich bin zu Hause, stehe vor dem Fernseher und schalte mir auf YouTube ein Zumba- Video an. Nach fünf Minuten habe ich schon keine Lust mehr. Nächstes Video: Power Bauch. Wie kann man, bitte, so was zwanzig Minuten durchhalten? Okay, die Trainerin im Video hat gesagt: »So lange machen, bis du nicht mehr angespannt bist.« Nach fünf Minuten mache ich ein Dehnungsvideo an. Ernsthaft, *das* soll ich jetzt jeden Tag so durchziehen?

Zum Schluss nehme ich mir Jasmins Video vor, es geht zum Glück nur fünf Minuten und die Übungen dort sind tatsächlich angenehm.

Ich schreibe Jasmin. »Ich habe dein Sportprogramm durchgezogen. Aber ganz ehrlich: WIE soll ich das bitte täglich durchhalten, wenn es mir keinen Spaß macht?«

»Ich kann dich gut verstehen«, antwortet Jasmin sanft. »Als Erstes muss ich dir sagen, dass es genauso wie mit der Essensumstellung ist: Der Sport wird dir nach einer Weile die ersehnten Glücksgefühle beschaffen und du wirst, je mehr Veränderungen du an deinem Körper siehst, ihn umso mehr wollen. Schließe Frieden mit der Bewegung! Genauso, wie du es mit der Ernährungsumstellung getan hast. Bewegung ist Leben und gehört einfach dazu. Genau wie Essen braucht dein Körper die Bewegung und die Beweglichkeit, den Muskelaufbau. Ich habe in einem Selbstversuch ein Jahr kein Sport gemacht, da ich wissen wollte, ob ich meinen Körper nur allein von meinem Nahrungsverhalten darauf schulen kann, schlank zu bleiben. Ich habe zehn Kilo zugenommen, war schlapp, lustlos, depressiv und habe angefangen, mich zu hassen. Mein Arsch hat Beulen bekommen, die ich abartig fand. Ich habe keine Lust mehr auf Sex gehabt und glaub mir, mein Sexualtrieb ist sonst sehr ausgeprägt und ich liebe es, mich sexy zu kleiden.« Jasmin lacht ansteckend laut.

Das entspannt mich und ermutigt mich, sie direkt zu fragen: »Und … wurde deine Haut am Po auch wieder besser?«

»Ja, glatt und schön wie ‚n Pfirsich.« Wieder lacht sie ihr unglaublich ausgelassenes Lachen. »Von den Beulen ist nichts mehr zu sehen. Unser Körper ist wahnsinnig regenerationsfähig!«

Ihre Begeisterung steckt mich an. »Bekommt man dann wirklich Glücksgefühle vom Sport?«

»Wenn dir mal wieder alles zu viel wird, kannst du dein Hirn dadurch ganz leicht befreien sowie dich fröhlich stimmen. Ja, die Glücksgefühle werden kommen, ähnlich wie beim Sex. Sport wird dich immer begleiten und ist eine sichere Bank. Genau wie Essen, das nährt deinen Körper und hilft ihm, dass du Leistung bringen kannst und gesund bleibst.

Diese Gefühle lockst du aber nur aus dir hervor, wenn du dich so akzeptierst, wie du jetzt bist. Du wusstest es vorher nicht anders, aber ab jetzt kannst du es besser machen. Fang unbedingt damit an, um dich selbst zu befreien.«

»Was kann ich noch für unterschiedlichen Sporttreiben, damit es nicht langweilig wird?«

»Alles, was dir Spaß macht, liebe Leni. Über Boxen bis Schwimmen. Alles ist möglich. Trau dich zu tanzen. Frei zu tanzen kann jeder! Trau dich, dich dem Rhythmus hinzugeben. Dabei gibt es keine Vorgaben. Trau dich und scheiß auf die Leute, was die denken könnten.«

»Aber wenn sie mich auslachen, wenn ich etwas ungraziös rumhampel?«, frage ich, während in meinem Kopf Filme von lästernden und höhnenden Zuschauern vor der Tanzfläche abspielen.

»Na und? Kannst du bestimmen, was sie denken? Nein. Also, scheiß drauf. Es ist gut, wenn beim Tanzen Leute dabei sind, die dir wirklich nah stehen. Du brauchst nur ein bis drei dir wirklich wohlgesonnene, aufrichtige Freunde. Alles andere sind Bekannte. Und mit Bekannten ist man freundlich, nett und möglichst ebenso ehrlich, aber es kann dir egal sein, was sie sagen. Gefühlstechnisch brauchst du deren Meinungen und Reaktionen nicht zu betrachten. Sie sind ebenso im Lernprozess wie du.

Hör auf, zu viel zu denken. Wenn du ständig darüber nachdenkst: Wie viel Kalorien habe ich zu mir genommen? Und wie verbrennt mein Körper die wieder? Eigentlich müsste ich Sport machen, aber ich habe gerade keine Zeit oder Energie dafür ... Dann setzt du dich unter Stress. Stop thinking! Das, was du zu dir nimmst, nährt dich. Tellerregel und fertig. Lass dich nicht von anderen Diät-Vorschlägen beeinflussen und versuche auch, mit deinem Sportprogramm alles so effektiv wie möglich zu halten.

Als Tipp kann ich dir für den Anfang einen Booster empfehlen: Als Energieersatz nehme ich selten eine halbe Stunde vor dem Training einen Booster. Die Trainingsbooster enthalten meistens Creatin, Koffein, Beta-Alanin, L-Citrullin, L-Tyrosin, Taurin und L-Arginin. Sie können die Wiederholungsanzahl und die Intensität steigern. Die gibt es zuckerfrei von mehreren Firmen. Besser wäre das natürlich ohne. Aber zum Einstieg oder an motivationsfreien Tagen hilft es, damit meine Muskeln besser beim Training brennen und ich wacher bin. Aber du musst wissen, gesund sind viele dieser Booster nicht, durch die hohe Dosis an Koffein. »Wie motivierst du dich sonst noch zum Sport?«, frage ich Jasmin.

»Ich kann dir nur raten: Bleib nicht sitzen und daddel auf dem Handy. Steh auf und mach ein paar Übungen. Die reichen, um sich besser zu fühlen. Du kannst die auch zehnmal am Tag machen. Also immer, wenn du aus Stress oder Langeweile essen möchtest, dann mach ein paar Übungen oder tanze etwas. Es sagt doch niemand, dass du dein Fitnessprogramm in einer kompletten Stunde durchziehen musst. Du kannst die Übungen auch auf kleine Bausteine über den ganzen Tag verteilen.«

Ich bin zwar angetan, aber doch etwas erschlagen von all den eigentlich sehr einleuchtenden und motivierenden Worten. Kleinlaut muss ich Jasmin mitteilen: »Ich habe das Gefühl, mein Gehirn findet für alles eine Ausrede.«

»Es gibt Menschen, die versuchen tatsächlich immer, den leichtesten Weg zu gehen. Egal, wie gut man ihnen die Zusammenhänge erklärt. Aber so bequem bist du nicht gestrickt!« Jasmins fröhliches Lachen gibt ihren Worten eine mutmachende Note. »Es gibt zum Beispiel welche, die würden sich lieber ein teures Ultraschallgerät fürs Knie kaufen, anstatt Sport zu machen und Gewicht zu verlieren. Die meisten Menschen denken, ich gehe öfter zum Arzt, ich lasse mich durchchecken und so bleibe ich gesund. Was für ein Irrsinn. Natürlich sind alle Vorsorgeuntersuchungen gut und sinnvoll. Es kann sein, dass man trotz vorbildlichem Verhalten erkrankt. Aber die Wahrscheinlichkeit, dass so eine Erkrankung eintritt, ist eben umso geringer, umso gesünder und achtsamer ich lebe. Lieber angeschnallt Auto fahren als ohne Gurt. Niemand ist davor gefeit, Krebs oder Ähnliches zu bekommen. Aber umso mehr ich präventiv dafür tue, gesund und fit zu bleiben, desto geringer ist die Gefahr, solch eine Krankheit zu bekommen. Oder sie, im schlimmsten Fall, leichter durchzustehen.

Ich kann dir eines raten: Beobachte deine Gedanken. Für was hast du alles Ausreden parat? Suche keine Ausreden, suche Lösungen! Nimm dies als Grundsatz mit in deine Entwicklung. Umgib dich mit Menschen, die ebenfalls nach Lösungen suchen und arbeite mit ihnen. Halte dich von denen fern, die für alles, was in ihrem Leben schiefläuft, eine Ausrede parat haben. Diese Menschen treten auf derselben Stelle, da sie für ihre Umstände immer andere verantwortlich machen. Akzeptier deine jetzige Situation und bau aus ihr etwas noch Erfolgreiches.«

Ich bin geflasht von dem zugleich informativen wie auch empathischen Appell. Ich glaube, eine Tür zu sehen, zu einer ganz anderen Welt. Dass es so leicht sein kann, sich auf einer anderen Bewusstseinsebene neu zu entdecken, zu entwickeln, zum Positiven reifen zu können. Aber irgendwie glaube ich doch noch nicht so recht daran, dass ich das schaffen kann und frage deshalb profan und aufgeregt: »Ja, aber wie ist das denn jetzt mit meinem Reizdarm? Muss ich mir da mehr Sorgen machen oder vielleicht werde ich irgendwann krank und muss unters Messer?«

»Ändere dein Denken und benutze nie Ausreden,« beruhigt mich Jasmin wieder mit einem sehr sanften Lachen. »Wichtig ist, dass wir für dich den idealen Sport finden müssen. Ich habe meine Erfüllung im Poledance gefunden, da es meinen ganzen Körper trainiert, ich es extrem spüre und es so unglaublich vielseitig ist. Warum probierst du nicht mal ,ne Stunde in einem Studio in deiner Nähe aus? Vielleicht magst du es ja auch.«

Wieder erscheinen mindestens tausend gruselige Filme in meinem angstvernebelten Kopf. »Ich an ,ner Stange, ernsthaft?«

»Glaub mir, umso mehr du machst, umso stärker und graziler wirst du. Es hat eine Sexyness, die auch für Männer anziehend ist.«

Okay, damit hatte sie mich.

»Wenn du dort nicht immer trainieren möchtest, kannst du dir auch 'ne Stange für zu Hause kaufen und ich spiele dir in diese Richtung täglich Videos drauf.«

Ein Selbstbewusstseinsschub überkommt mich bei der Vorstellung, bald mal unglaublich anziehend auf Männer zu wirken. Fast schon trotzig lasse ich Jasmin meine Vorstellungen von meinem zukünftigen Ich wissen. »Okay, ich probiere es aus. Wie würde es denn weitergehen mit dem Essen, wenn ich mein Zielgewicht erreicht habe? Muss ich mich dann weiter wiegen und wie lange Absprachen mit dir einhalten?«

»Ich würde bei zunehmendem Erfolg dann empfehlen, dass man auch mal zwei Teller voll essen kann und abends mal einen Snack am Wochenende.«

Jasmin reagiert, ganz Profi, auf meine Abnabelungstendenzen. Irgendwie ist sie mir etwas unheimlich mit ihrer Sanftmut. Aber wahrscheinlich kennt sie das schon von anderen Klienten.

Freundlich und ruhig wie eben erklärt sie weiter: »Sport solltest du dann weitermachen, damit so das Gewicht langfristig gehalten werden kann.«

Ich merke, dass genug geredet worden ist und es jetzt ans Umsetzen geht. »Alles klar. Vielen lieben Dank, Jasmin!«, schreibe ich ihr in echter Dankbarkeit.

»Kein Thema, mach dir noch einen entspannten Abend. Lenk dich ab«, schreibt mir meine Coachingfrau, die ich gerade echt knuddeln könnte. Wow! Ich fühle mich so beschwingt.

Ich googele und schreibe eine E-Mail an das Studio. Meine Devise war schon immer: Alles gleich erledigen, sonst bewältige ich es nie.

Danach bereite ich das Abendessen zu und versuche, alles Gelernte so umzusetzen, wie es mir beigebracht wurde.

Kein Internet, kein Fernsehen beim Essen. Die Tellerregel beachten. Langsam essen.

Es hat funktioniert.

Das erste Mal seit Langem bin ich stolz auf mich.

Kapitel 5

Weihnachtsmarkt-romantik

-Leni-

Bing, bing mein Facebook ploppt auf.

»Hallo, hier ist Keno. Ich bin der vom Restaurant neulich. Ich wollte mal fragen, ob du noch Lust auf den Weihnachtsmarkt hast?«

Mein Herz macht Sprünge. Ich habe nicht mehr daran geglaubt, dass sich dieser Supertyp bei mir meldet. »Ja, klar, gern. Wie hast du mich auf Facebook gefunden?«

»Es hat ‚ne halbe Ewigkeit gedauert, aber über ein paar Posts auf der Restaurantseite konnte ich dich finden. Man hat mir mein Handy gestohlen, deshalb habe ich deine Nummer nicht mehr.«

Oh, ist das süß! Er hat extra nach mir gesucht. So kann ich ihm auch nicht mehr böse sein, dass er mich versetzt hat. »Wann hast du denn gedacht?«

»Morgen Abend neunzehn Uhr?«

»Ja, das bekomme ich hin. Wollen wir uns am Restaurant treffen und wir laufen dann dahin?«

»Alles klar.«

»Ich freu mich. Bis dann.«

Darauf antwortete er nichts mehr. O Gott, bin ich aufgeregt! Das war genau die Motivation, die ich jetzt für mein Programm gebraucht habe.

Ich schreibe Jasmin. »Du, ich habe morgen Abend ein Date auf dem Weihnachtsmarkt, wie verhalte ich mich zwecks Essen?«

»Hey, das wird dein erster Test werden. Du wirst solche Situationen immer und immer wieder erleben. Nur, wenn du verstanden hast, was gut und was nicht gut für dich ist, wird es auch nicht mehr so schwer sein. Wir gewöhnen uns an alles. Fürs Erste: Iss vorher deinen Teller und stehe es durch. Bleib stark, auch wenn sich die andere Person Ungesundes kauft. Es wird irgendwann Alltag für dich sein und dich nicht mehr stören.«

»Okay, danke«, schreibe ich mit gemischten Gefühlen zurück. »Das heißt, ich muss ihm erzählen, dass ich mich gerade coachen lasse?«

»Ehrlich währt am längsten und so lernst du, dich der Kritik anderer auszusetzen. Diese wird immer und immer wieder auf dich zukommen. Doch auch hier kann ich sagen: Wenn du alles verstehst und annimmst, was ich dir beibringe, wirst du innerlich manchmal schmunzeln. Nicht, weil du es böse meinst, sondern weil du irgendwann etwas klüger bist und selbst einschätzen kannst, ob es Sinn macht, der anderen Person etwas von deinem Wissen abzugeben oder du es sein lässt, da es verschwendete Energie wäre.«

»Jetzt hast du mich neugierig gemacht.«

»Das freut mich. Vieles wird bald mehr Sinn für dich machen, es wird schön. :-)«

»Grins, danke Jasmin.«

»Gern. :-)«

Am nächsten Abend warte ich vor dem Restaurant auf Keno. Weiß ist es auf den Fußwegen, die Autos haben Spuren in den Schnee gefahren. Die kahlen Äste der Bäume tragen tapfer die winterliche Pracht. Ich warte und warte. Ob Keno noch erscheint? Einen Augenblick später kommt er schnellen Schrittes um die Ecke gebogen.

»Ich bin zu spät, das passiert mir sonst nie«, entschuldigt er sich etwas außer Puste. Er begrüßt mich mit einer leichten Umarmung. »Bereit, mir den kleinen Weihnachtsmarkt zu zeigen?«

»Na klar, wir müssen hier entlang«, sage ich.

Es dauert nicht lange, dann erreichen wir das Schloss. Keno hat auf dem Weg hierher noch nicht mit mir geredet. Er war viel zu beschäftigt damit, durch den Schnee zu laufen und nebenbei zu rauchen. Der Duft von gebrannten Mandeln, Glühwein und Tanne steigt mir in die Nase. »Wie ich diese bunten kleinen Hütten, in denen es Lebkuchenherzen, glasierte Äpfel und Lakritz gibt, liebe.«

Keno grinst, antwortet darauf aber nicht.

Mir läuft das Wasser im Mund zusammen. Neben mir noch diese heiße Schnitte von Mann, ich bin im Himmel! Und schon überkommen mich Zweifel. Was möchte er von mir? Ich bin nicht gut genug, um neben ihm an diesem wunderschönen Ort zu sein. Es gibt so viele schöne Frauen, er muss sich doch mit mir schämen.

Dieser kleine Weihnachtsmarkt mitten im Schlosshof strahlt so viel Geborgenheit und Romantik aus. Sanft klingen die Melodien der Weihnachtslieder. Ich denke an meinen Opa zu Hause. Ob er klarkommt? Ich wünschte, er könnte wenigstens versuchen, wieder etwas Spaß am Leben zu haben.

»Erzähl mir etwas über dich«, fordert er mich plötzlich auf.

»Ach, über mich gibt es nicht wirklich viel zu erzählen. Ich habe einen Vierzigstundenjob in dem Restaurant und das ist auch alles, was in meinem Leben passiert. Ich habe keine Freunde, da es schwierig ist, jemanden mit zu mir nach Hause zu nehmen.«

»Wieso das?«

»Mein Opa erlaubt es mir nicht so«, lüge ich. Ich wollte ihm jetzt nicht von den Alkoholausbrüchen meines Opas erzählen und so die Stimmung runterziehen. »Ich kümmere mich um meinen Opa, weißt du.«

Er nickte verständnisvoll. Keno kauft sich einen Glühwein und raucht eine Zigarette nach der anderen. »Erzähl mir mehr von dir«, fordert er mich auf.

»Sorry, ich bin da immer etwas verschlossen. Ich habe Angst, etwas falsch zu machen oder Dummes zu sagen«, entschuldigte ich mich bei ihm.

»Hab keine Angst davor, Fehler zu machen. Nur so kommen wir voran und lernen und entwickeln uns weiter«, sagt Keno mit Glanz in den Augen. »Nur, wenn dir ein Fehler passiert: Sei bereit, ihn dir einzugestehen und beim nächsten Mal nicht zu wiederholen. Sei ehrlich und tu niemandem weh. Und wenn doch, spring über deinen Schatten und entschuldige dich.«

»Ja, so was sagt Jasmin auch zu mir.«

»Wer ist Jasmin?«

»Ach, ich habe mich da bei so ‚nem Programm angemeldet. Um abzunehmen …«, sage ich und sehe betrübt nach unten.

»Dafür musst du dich doch nicht schämen. Ich finde es gut, wenn Leute etwas machen, um sich zu verändern, wenn sie sich unwohl fühlen. Wer ist nun Jasmin?«

»Jasmin ist die Erfinderin der App und sie coacht mich. Ich darf sie auch anrufen und per WhatsApp kontaktieren, wenn ich Probleme habe.«

»Wie heißt denn die App?«

»Jasmin, heißt die App.«

»Ah, okay, verstehe.«

»Jetzt bist aber du dran, mir von dir etwas zu erzählen.« Ich lächle ihn an.

»Na ja, wo soll ich anfangen?« Keno sieht sich kurz um. »Ich bin ein Grinch, was Weihnachten angeht«, platzt es aus ihm heraus.

»Du bist was?« Ich lache übermütig. »Obwohl, ich muss zugeben, dass ich mittlerweile auch nicht mehr so weihnachtsbegeistert bin ...« füge ich hinzu.

Keno nickt. »Wieso bei dir?«, fragt er.

»Es ist so, dass meine Ängste überhandgenommen haben. Es fällt mir schwer, Freude zuzulassen, da ich in jedem Moment das Gefühl habe, es wird mir wieder etwas Schlechtes widerfahren, wenn ich mal mich über etwas freue.«

»Aber so darfst du nicht denken«, hakt Keno ein.

»Ich weiß, aber jedes Mal, wenn das so war, passierte etwas Schlimmes in meinem Leben.«

»Du musst lernen, umzudenken«, sagt Keno besorgt.

»Ja, deswegen hab ich ja jetzt Jasmin, sie möchte ebenfalls an meinem Mindset arbeiten.«

»Hey. Das ist gut so. Da! Der Weihnachtsmann«, ruft er euphorisch.

»Ich hatte früher so einen Schiss vor ihm«, sage ich.

»Und wie ist es heute?«, fragt Keno.

»Nee, heute komm ich auf ihn klar.«

»Okay, gibt es sonst noch etwas oder jemanden, vor dem du heutzutage Angst hast?«

Verwirrt sehe ich ihn an. Wieso fragt er mich das? »Na ja«, stammele ich. »Ich habe da so einen Gast, der kommt einmal pro Woche zu uns ... Ich habe regelrecht Angst vor ihm. Er hat einen stoppligen Bart und sieht unheimlich aus.«

»Stell dir vor, er hat eine Igelfamilie verschluckt und die Stacheln ragen jetzt aus seiner Haut ...« Keno schmunzelt.

»Was?«, frage ich grinsend.

»Ehrlich!« Keno feixt. »Stell dir vor, die kleben jetzt alle an seiner Mundschleimhaut vorn rum. So schaut er doch gleich nicht mehr grimmig aus und die Angst vor ihm verfliegt.«

»Hör auf, ich stell mir alles bildlich vor.« Ich muss lachen.

»Siehst du, so machst du es jetzt immer, wenn du jemanden zum Gruseln findest. Erzähl dir eine witzige Geschichte, wenn du Frust oder Angst vor jemandem hast.«

»Weißt du, du und Jasmin, ihr seid beide so gestandene Leute.«

Er schüttelt den Kopf. »Stell dich nicht immer so schlecht hin. Und glaub mir, das scheint nur so. Jeder hat sein Päckchen zu tragen, es ist dabei die Sache, wie man damit umgeht.«

»Ja, aber meine Welt ist grau und dass, obwohl die Weihnachtszeit naht … Ich habe die früher so geliebt.«

»Was nervt dich denn an deiner Arbeit am meisten?«

»Ich hasse es, wenn Menschen mich hinstellen, als wäre ich dumm. Und das nur, weil ich eben lieb und höflich bleibe, auch zu denen, die es absolut nicht verdient haben.«

»Ich weiß, was du meinst, aber auf Arbeit muss man das ja so machen«, beruhigt mich Keno sanft.

»Mach ich ja auch, nur manchmal ärgere ich mich, dass ich nicht wenigstens etwas Bissiges antworte, so fürs eigene Ego. Leider schaffe ich das aber nicht.«

»Du scheinst den Ort hier zu mögen«, lenkt er ab.

»Ja, sollte es nicht so sein?«

»Ich dachte, es wäre typisch deutsch, auf alles zu schimpfen.«

»Na ja, zugegeben, ich sehe vieles negativ und schimpfe innerlich darüber, aber Merseburg find ich doch ganz schön. Mich stört viel mehr, wie die Leute die Stadt schlecht reden.«

»Was meinst du?«, hakt Keno nach.

»Na, wie sich die Merseburger hier verhalten. Die sind so wenig stolz darauf, hier zu leben. Dabei gibt es schöne Flecken hier. Die Gotthardstraße z. B., die mag ich sehr. Das ist eine Fußgängerzone mit vielen Läden und wunderschönem altem Pflaster … Schade aber, dass es nicht mehr viele kleinere Läden gibt, und sich mehr und mehr die großen Ketten breitgemacht haben.«

»Hm, verstehe …«, murmelt Keno. »Was baut dich auf, was gefällt dir?«

»Das einzige Fest, das mich immer aufgebaut hat, war Weihnachten. Doch jetzt motiviert mich selbst das nicht mehr. Ich lebe in einer grauen Endlosschleife und funktioniere. Ohne eine einzige Person, die mir wirklich nahesteht.«

»Das ist sehr schade … Ich habe mir nur als Kind wirklich etwas aus Weihnachten gemacht. Irgendwann ist das Gefühl und die Freude daran verloren gegangen. Aber sag mal … Was ist mit deinem Opa?«, fragt Keno.

Leni senkt den Kopf. »Mein Opa ist nicht mehr er selbst. Ich mache in seinen Augen alles falsch und bin nicht gut genug. Er erwartet von mir, dass ich alle Aufgaben so perfekt meistern müsste, wie meine Oma es getan hat. Sie ist vor drei Jahren an Krebs gestorben.«

»Aber du bist doch sein Enkelkind? Das mit deiner Oma tut mir leid.«

»Danke. Ja, aber das sieht mein Opa anders. Er denkt, er ist krank und ich muss mich kümmern. Dass ich selbst mit mir zu kämpfen habe und es mir nicht immer leichtfällt, jeden Tag aufzustehen und etwas zu tun, das sieht er nicht. Und er will auch nichts von mir wissen. Alle, die mir lieb und teuer waren, sind gestorben. Meine Freunde habe ich durch die Depressionen verloren. Ich habe mich nicht hübsch gefühlt. Ich konnte mich ihnen so nicht zeigen. Ich hatte Angst davor, sie könnten vielleicht schlecht über mich denken. Aber, echt jetzt, ich hoffe, ich zieh dich nicht runter, wenn du so viel Schlechtes hören musst«, entschuldige ich mich für meine Offenbarungen.

»Nein, nein, ich würde dir gern helfen, dass es dir besser geht.«

»Ich möchte nicht, dass du dich zu irgendetwas gezwungen fühlst«, sage ich.

»Es zwingt mich niemand. Aber du musst doch irgendetwas haben, was dich tröstet, wenn du traurig bist«, sagt er.

»Meinen einzigen Trost suche ich immer wieder im Essen. Es fühlt sich so elend an, wenn der Magen bis zum Rand gefüllt ist, du willst dann wieder leicht sein. Es drückt an allen Ecken und Enden und man ist noch schwerfälliger, langsamer und unmotivierter als zuvor.«

»So geht es mir auch, wenn ich früh am Morgen aufwache und den Abend zuvor zu viel getrunken und geraucht habe. Mir ist schlecht, mein Körper fühlt sich ungesund und schwach an«, offenbart sich Keno.

»Ja, ich weiß, ich bin ganz schön kaputt«, bringe ich verzweifelt heraus.

»O Mann, Kleines«, sagt er gepresst. »Denkst du, Jasmin wird dir helfen können?«

»Ja, ich lege meine ganze Hoffnung in ihr Coaching.«

»Okay«, sagt er. »Hier, das ist meine neue Nummer … Du kannst dich jederzeit bei mir melden, wenn du reden möchtest.«

»Danke, das ist lieb von dir!«

»Ich muss jetzt los«, sagt Keno abrupt. Er umarmt mich und geht schnellen Schrittes davon. Währenddessen zündet er sich wieder eine Zigarette an.

Ich ärgere mich, als ich wieder zu Hause bin. Jetzt habe ich ihm zwar 'nen Seelenstriptease hingelegt, aber eben nur Negatives von mir erzählt. Ob er deswegen so schnell die Flucht ergriffen hat? Ich habe zwar das Gefühl, ich könnte ihm alles anvertrauen, aber will er so 'nen Pflegefall wie mich überhaupt?

Ich schreibe ihm, nachdem ich eine Weile überlegt habe, doch eine WhatsApp: »Danke für den schönen Abend, du bist ein toller Mann.«

»Danke, das ist nett von dir. Ja, der Abend war gut. LG«

Am nächsten Tag bin ich voller Freude und Hoffnung, dass sich Keno meldet. Bis abends kommt nichts. Bei mir staut sich dadurch so viel Frust und Traurigkeit auf, dass ich mich einem Essanfall hingebe.

Ich werde Jasmin davon erzählen, nehme ich mir vor, als ich mit Selbstzweifeln und Hass gegen mich vollgefressen auf der Couch liege. »Hallo Jasmin. Ich weiß nicht so recht weiter.«

»Hey, Leni. Scheu dich nicht davor, mir etwas Privates von dir zu erzählen. Es bleibt bei mir. So kann ich besser feststellen, wo es alles bei dir klemmt und kann dich besser coachen. Trau dich!«

»Okay … Jasmin, ich hatte einen Rückfall. Zwei Tage lebe ich jetzt ohne Schokolade und vorhin habe ich sechs Puddings in mich reingestopft. Aber das ist ja nicht weiter schlimm, oder?«

»Du musst dein Verhalten reflektieren und dir selbst Vorschläge machen, wie du es verhindern und besser machen kannst. Du begreifst dann, warum es so wichtig ist, Emotionen zuzulassen und seine Gefühle nicht ins Essen zu stecken. Fühl nach, wie es deinem Körper nach dem Anfall geht …«

Sie bleibt heiter und gelassen, das beruhigt mich.

»Wie hast du denn die Tage dein Frühstück, Mittagessen und Abendbrot gestaltet?«

»Na ja, ich habe zum Frühstück Haferflocken mit Erdbeeren gegessen, aber die waren mit Zucker. Also, die hatte ich schon da, bevor ich mit unserem Coaching angefangen habe. Und ich dachte, ich nehme die erst mal, bis ich dann neue ohne Zucker kaufe. Die habe ich mit Wasser und Zimt verrührt anstatt mit Milch. Das war so unangenehm und hat voll bitter geschmeckt. Gibt es irgendeine Süße, die ich daran machen kann?«

»Du hattest Zucker und Obst daran und fragst mich nach noch was Süßerem?« Jasmin schickt einen Smiley, der schmunzelt. »Dein Geschmackssinn ist aber ganz schön drüber.«

Ich ignoriere den Kommentar.

»Es ist so, dass du dich daran anpassen wirst, ohne Zucker zu leben und dein Geschmackssinn ebenso. Hab Vertrauen und Geduld. Mach unterschiedliches Obst daran, wie süße Äpfel, Melone und Beeren.«

»Also, ich glaube schon, dass ich im Prozess bin … Aber man kann es doch angenehmer machen?«

»Versteh, dass Nahrung dazu da ist, um dich zu nähren. Die Stimme im Kopf hat tausend Ausreden, immer wieder eine neue, in der sie dir glaubhaft versichert, dass es einen sinnvollen Grund hat, dir gerade jetzt etwas zu gönnen. Lass dieser Stimme keine Tat folgen und du wirst sie nach und nach immer leiser hören, bis sie irgendwann nicht mehr da ist und keine Ausreden mehr hat.«

Wieder muss ich mich beschweren. »Aber ich habe noch nie so schlecht gegessen wie die letzten Tage!«

»Deine Einstellung ist die verkehrte. Wenn du wüsstest und verstehen würdest, wie schlecht du zuvor gegessen hast, würdest du so etwas nie mehr sagen. Dahin kommen wir aber noch, wenn du dein Ziel wirklich erreichen möchtest. Welches ist dein Ziel?«

»Mich erleichtern und ohne Reizdarm leben«, schreibe ich mit mürrischer Laune.

»Genau, also bleib cool. Reflektiere, warum du die vielen Puddings gebraucht hast und was du hättest besser machen können. Warst du innerlich so hochgefahren, dass du dich hättest auspowern müssen? Oder warst du wirklich hungrig, weil du zu wenig Eiweiß hattest? Dein Frühstück hat deinen Insulinspiegel auf alle Fälle schon mal aus der Bahn geworfen. Es war auch keine richtige Eiweißquelle zur Sättigung dabei. Wie wäre es beim nächsten Mal mit gepuffter Quinoa zusätzlich daran? Oder du isst ein Ei dazu. Es ist auch grundfalsch, alles aufzubrauchen, was man noch dahat. Dann kauft man es garantiert wieder. Mach für dich jetzt einen Schlussstrich und verschenke alles ungesunde Zeugs. Kauf neu ein und trau dich, Angefangenes wegzuwerfen, wenn du es nicht verschenken kannst. Mach dir klar, alles ist besser, als den Müll in sich hineinzuessen und sich innerlich zu verschmutzen. Damit lässt du deinen Körper hängen, weil er jetzt das Problem hat, den ganzen Trash wieder loszuwerden. Hab Achtung vor deinem Körper, okay?«

Ich antworte erst einmal nichts. Fühle mich irgendwie schuldig, obwohl das Null ihr Anliegen war.

»Kopf hoch, Kleines, alles wird sich zum Guten wenden.« Jasmin scheint zu spüren, was in mir vorgeht. »Es hat einen Grund, warum du noch nicht aus diesem Teufelskreis rausgekommen bist. Um das zu schaffen, musst du die Ausreden lassen, deinem Körper trauen und seine Anzeichen beachten. Das ist härter gesagt, als ich es meine. Aber du darfst darauf vertrauen, dass ich es zu hundert Prozent ehrlich mit dir meine. Es ist besser, in solchen Situationen, in denen es in dir hochkocht, Sport zu machen. Wenn du gerade keinen Sport machen kannst und der Stress aufploppt, du überfordert, wütend oder traurig bist und du die innerliche Anspannung fühlst, dann nimm dir zehn Minuten und schreib deine negativen Gefühle und Gedanken auf. So kannst du sie von außen betrachten. Oder mach kurz die Augen zu und spüre deinem Atem nach. Konzentriere dich nur auf die Ein- und Ausatmung. Viel Sex zu haben wäre auch gut und bringt einen runter, aber dies ist uns beiden im Moment ja leider nicht gegönnt.«

Ich schicke mehrere Lachsmileys.

»Nee, leider nicht. Sich um seinen Körper zu kümmern ist wichtig. Genauso, sich von Schmerzmitteln oder anderen Tabletten, die nicht verschrieben wurden, zu distanzieren. Wir wollen den Körper nähren und eben nicht emotional an Essen binden. Dies ist keine echte Befriedigung. Emotional befriedigt man sich durch Liebe, Sex, Freundschaften, die mit weiterbringenden Gesprächen und Spaß miteinander zu tun haben. Alkohol als Grundlage für Gespräche oder Partys zu nehmen, ist für mich ein Zeichen von innerlicher Verklemmtheit. Durch Sport kann man negative Gefühle ab- und Glücksgefühle aufbauen. Hab Freude an kleinen Dingen im Leben und lebe den Moment, fühle ihn. Viele Menschen trauen sich nicht mehr, einen Moment zu genießen, weil ihnen im nächsten Moment etwas Negatives widerfahren könnte. Erfolg und die Anziehung von etwas Gutem geschehen nur durch Dinge, die dir am Herzen liegen und einen gewissen Grad an Selbstlosigkeit beinhalten, damit anderen auch etwas Gutes widerfährt.«

»Danke für diese Worte, Jasmin.«

»Gern geschehen. Liebe Grüße.«

Kapitel 6

Motivation ersetzt jeden Glühwein

-Leni-

Am nächsten Morgen wache ich auf und schaue auf mein Handy. Ich habe Keno gestern eine Nachricht geschrieben. »Ich hoffe, du hattest einen schönen Tag. Hast du schon ein paar Orte für den Film gefunden? Viele Grüße, Leni.«

Er hatte mir doch gesagt, dass ich mich melden kann. Ich bin einfach traurig und enttäuscht, dass keine Rückmeldung, geschweige denn, etwas von ihm aus kommt. Mein Reizdarm tut sein Übriges. So schlimm, dass ich kaum gerade stehen kann. Ich schreibe Jasmin, während ich auf Toilette sitze. »Guten Morgen! Ich habe schon wieder eine Frage an dich. Wie merkt man, ob ein Mann Interesse an einem hat?«

»Huhu, Liebes, erzähl mir bitte erst mal etwas über ihn.«

»Er ist wunderschön. Circa eins achtzig groß. Seine Haut ist makellos und glatt rasiert, er hat extrem weiße Zähne, leicht gebräunte Haut, blaue Augen und er ist dunkelblond.«

»Okay, das meinte ich zwar nicht, aber klingt wirklich nach ‚nem tollen Mann. Wieso hat er leicht gebräunte Haut um diese Jahreszeit?«

»Keine Ahnung. Vielleicht geht er ins Solarium. Ob er immer so gebräunt ist, kann ich nicht sagen. Du gehst doch bestimmt auch ins Soli, oder?«

»Nee, ich hab ‚ne Creme, die mich leicht dunkler macht. Soli ist mir zu ungesund.«

»Ah, okay. Könntest du mir mal schicken, was das für eine Creme ist?«

»Klar doch. So, erzähl mal, wie er so vom Charakter her ist.«

»Er ist sehr lieb und hat mir auch ein paar Tipps gegeben, wie ich nicht mehr so viel Ängste haben muss.«

»Okay, klingt gut.«

»O ja!«

»Und er hat dir schöne Augen gemacht?«

»Hmm, nicht direkt. Er war nur nett zu mir.«

»Schade. Aber vielleicht kommt das ja noch. Zumindest klingt es nicht so, als ob er ein Draufgänger wäre.«

»Das stimmt.«

»Seht ihr euch wieder?«

»Dazu hat er nichts gesagt.«

»Verstehe. In diesem Fall wüsste ich auch nicht, ob er Interesse hat oder nicht. Ich würde an deiner Stelle erst mal abwarten, ob er sich noch mal meldet. Nerv ihn auf keinen Fall. Wenn sich Männer bedrängt fühlen, hauen sie sofort ab.«

»Okay, danke für den Tipp.«

»Gern.«

Mir ist heute so schlecht und ich habe solche Probleme, dass ich bei meiner Ärztin anrufe und mir den Krankenschein online schicken lasse. Sie geht echt cool mit mir um und hat mir das Online-Verschicken für Tage angeboten, an denen es wieder schlimm ist. So wie heute. Den Rest des Tages faulenze ich herum.

Als ich am nächsten Tag wieder auf Arbeit ankomme scheint alles wie immer zu sein. In dem Moment kommt meine Kollegin auf mich zu.

»Na, auch wieder da? Hattest du gestern einen entspannten freien Tag?«

Wie angewurzelt bleibe ich stehen. Bin ganz perplex wegen der unverschämten Unterstellung und weiß nicht, was ich antworten soll.

»Wir haben momentan immer volles Haus. Es wäre schön, wenn du mal weniger an dich denkst und einfach da wärst. Zum Faulenzen haben wir Urlaubstage.«

Sie lässt mich stehen, ohne meine Antwort abzuwarten. Der Tag ist gelaufen. Bei jedem Gang, bei dem ich nichts anderes zu tun habe, als die Teller oder Gläser wegzubringen, muss ich wieder an dieses Gespräch denken.

Am Abend rufe ich Jasmin per Videotelefonie an. »Hallo, Jasmin. Bei mir gab es heute einen Vorfall auf Arbeit. Meine Kollegin hat mich angeschnauzt, weil ich gestern zu Hause war. Sie weiß allerdings nichts von meinem Reizdarm.«

»Oh, okay, wieso haste nichts gesagt?«

»Sorry, hab mich nicht getraut.«

»Verstehst du dich sonst mit deiner Kollegin?«

»Eigentlich mochte ich sie, aber jetzt weiß ich ja, wie sie über mich denkt. Wie bekommst du denn heraus, wer gut für dich ist und wer nicht?«

»Ich wurde von so vielen Menschen enttäuscht, denen ich offen begegnet bin. Entweder haben sie mich gedanklich wegen meiner verspielten Art als dumm hingestellt, was ich immer sehr gut in ihren Blicken lesen konnte. Oder sie haben es vor anderen kommuniziert, dass sie mich nicht für ganz hell im Kopf halten. Auch, wenn ich es rausbekommen habe, habe ich nie etwas gesagt. Und dies war der Fehler, der mich weiter in die Fresssucht getrieben hat«, erzählt Jasmin offen.

»Okay, aber wie grenzt du es nun ab?«

»Warte, lass mich zu Ende erzählen. Das war übrigens auch so ein Fehler, den ich früher öfter gemacht habe, ich habe Leute nicht zu Ende erzählen lassen. Und manchmal habe ich nicht richtig zugehört und war nebenbei mit anderen Gedanken oder Dingen beschäftigt. Das ist so ein Respekt-Ding, das ich erlernen musste.«

»Oh, sorry, das wollte ich nicht.«

»Nicht schlimm, ich wollte es dir nur mitteilen. Also, andere Menschen, denen ich blind vertraut habe, haben mich beklaut oder um Geld betrogen. Dies ist der Grund, warum ich so wenig Menschen um mich habe. Ich hatte es irgendwann satt, dass über mich gelästert, ich kopiert oder als Mittel zum Zweck benutzt wurde. Trotzdem bin ich nach wie vor nicht misstrauisch oder voller Zweifel, wenn ich jemanden kennenlerne. Ich bin überzeugt davon, dass es noch viele andere gibt, mit denen ich tatsächlich auf einer Welle bin und sie nur noch nicht kennengelernt habe. So, und jetzt erzähle ich dir, wie ich es herausbekomme.«

Ich nicke.

»Ich gehe sacht vor und lerne die Leute langsam kennen. Ich bleibe anfangs sehr distanziert. Byron Katie hat gute Tipps zum Kennenlernen von neuen Leuten in ihrem Buch *The Work*. Sie schreibt, man soll sich selbst daraufhin beobachten, ob man versucht, andere Menschen zu beeindrucken. Versuche ich, sie zu manipulieren, damit sie etwas Gutes von mir denken? Habe ich in dem Gespräch übertrieben? Habe ich der Person zugehört oder ging es nur um mich? Versuch, darauf zu verzichten, um Liebe und Anerkennung zu betteln. Du wirst niemanden beeinflussen können, was er von dir denkt und wie er dich behandeln wird. Du musst akzeptieren, wenn eine Person anders ist. Leben und leben lassen, aber begreife, dass man sich nicht mit jeder Person gefühlsmäßig verbinden und freundschaftlich tiefer verstehen muss. Lerne, dich abzugrenzen und eine gewisse Mauer aufbauen zu können. Mein Tipp: ähnliche Ziele, eine ähnliche Lebensweise und ähnlicher Humor sind Dinge, die auf lange Zeit binden. Es ist nicht so, dass sich Gegensätze anziehen. Irgendwann gehen in solchen Beziehungen dann die Gesprächsthemen aus und man wird sich nicht mehr einig, was man zusammen erleben möchte. Wenn es um die große Liebe geht, hilft es sehr, sich vorzustellen, wie Freunde für einen sein müssen. Welche Charaktereigenschaften sind dir bei ihnen wichtig? So kannst du filtern, wen du in deinem Leben näher haben möchtest und wen nicht. Gut verstehen und lachen kann man trotzdem mit jeder Person. Für die Liebe musst du nichts tun, sei du selbst und die richtigen Menschen werden dich lieben.«

Nach dem schönen Gespräch hole ich mir etwas zu essen. Das erste Mal, dass ich mich nicht einfach nur vollstopfe, sondern dabei überlege, dass ich gerade wieder in mein Muster gefallen bin.

-Jasmin-

»Jasmin, ich habe mich heut Morgen gewogen. Ich wiege zwei Kilo mehr als vor zwei Tagen. Ich hab den ganzen Tag mit mir gekämpft, doch ich war so wütend auf mich, dass ich vorhin einen Rückfall hatte.«

»Kleines, dein Gewicht kann Schwankungen von bis zu drei Kilo plus oder minus unterliegen. Das ist völlig in Ordnung und darf dich nicht aus dem Plan werfen. Es gibt viele Gründe dafür: Prämenstruelles Syndrom, die Regel, zu viel Alkohol am Vorabend, zu viel Salz gegessen. Zu spät gegessen. Der Darm ist noch voll. Dann ändern wir den Plan etwas, damit es dir leichter fällt und du dich nicht weiter verrückt machst. Denn auch durch den Muskelaufbau kannst du etwas zunehmen. Ich rate dir also, wieg dich ab jetzt nur einmal im Monat. Du wirst sehen, dass du abnimmst und dich veränderst.«

»Okay.«

»Ich kenne das«, spricht Jasmin weiter. »Wenn ich mich früher morgens wog, war bei mir der ganze Tag im Arsch und dabei weiß kein Mensch, wie viel du wiegst und kann es auch nicht schätzen. Ich hatte schon Situationen, in denen mich Menschen gefragt haben, ob ich abgenommen hab. Dabei war ich gerade an diesen Tagen so unglücklich, weil ich drei Kilo zugenommen hatte. Du solltest für dich dein Wohlfühlgewicht bestimmen, es in deinem Hirn behalten und danach streben. ABER: Beobachte deine Veränderung lieber im Spiegel. Das ist auch das, was die Leute sehen.«

»Ich schaffe es auch nicht, so viel zu trinken«, antwortet Leni.

»Trink in den fünf Stunden Essenspause, so denkst du auch weniger ans Essen. Wasser trinken ist wichtig, damit der Kopf klar bleibt.«

»Soll ich das Intervallfasten, an dem ich zwei Tage in der Woche nur fünfhundert bis sechshundert Kilokalorien zu mir nehme, ausprobieren?«

»Kannst du. Die Tage sollten nicht aufeinander folgen. Wenn du dich allerdings nicht gut dabei fühlst und den ganzen Tag nur ans Essen denken musst, ist es nicht das Richtige für dich. Gerade Leute, die unter Binge Eating also emotionalem Essen leiden, begeben sich so in eine Heißhungergefahr und riskieren einen Rückfall. Also, noch einmal, liebe Leni: Entspann dich und nimm den Druck raus. Die Kilos werden dann nur so purzeln. Du hast einen Plan und der ist gut. Das, was du innerlich noch begreifen musst, ist, dass du dich durch Bewegung nicht abnutzt.«

Wieder lachen wir beide spontan übermütig los.

»Entspannung kommt von innen. Das, was dich altern lässt, ist die Unzufriedenheit und der Stress, den du dir innerlich machst.«

»Okay, muss der Sport wirklich sein?«, fragt Leni tatsächlich.

»Es wird nichts ohne Sport«, erkläre ich wieder geduldig, diesmal mit anderen Worten. »Sport ist wichtig, damit der Grundumsatz vom Körper, also das, was er am Tag verbraucht, nach oben geht. Je niedriger der Grundumsatz wird, desto weniger kannst du essen. Sobald du normal isst, nimmst du zu. Du kannst den Grundumsatz nur durch Sport hochhalten, genauer gesagt, durch Muskelaufbau.«

»So, dass mein Körper schneller und mehr verbrennt und nach der Diät kein Jo-Jo-Effekt stattfindet?«, fasst sie zusammen.

»Genau! Nimm die Regel an, zwanzig Minuten Sport pro Tag müssen sein, alles andere ist freiwillig. So entwickelst du eine Gewohnheit. Trainierst du und baust Muskeln auf, wirst du deinen Grundumsatz steigern, sodass du nach der Diät etwas mehr essen kannst und nicht in Gefahr bist, in diesen Effekt zu fallen. Deine Muskeln verbrauchen mehr und du verbrauchst durch den Sport mehr. Du siehst frischer, fitter aus und bist straff. Anders als die Skinny-Fat-Leute, die dann sofort nach ihrer Diät in den Jo-Jo-Effekt verfallen, da sie natürlich nichts haben, was mehr verbraucht. Mach Sport zu deinem Lebensbegleiter und du wirst nicht wieder dick.«

»Das möchte ich so sehr!« Leni seufzt aus tiefsten Herzen.

Das rührt mich, erinnert es mich doch an meine Hoffnungen und Ängste früher. »Noch ein Tipp: Konzentrier dich während jeder Übung auf genau die Muskeln, die du trainieren willst. Dann ist die Muskelaktivität auch höher, wie mehrere Studien beweisen. Vor dem Spiegel die Übung wiederholen, verbessert die Nervenbahnen und wir bekommen ein besseres Körper-Raum-Gefühl. Gleichgewichtsübungen fördern das Zusammenspiel von Muskeln und Kopf. Du wirst mit der Zeit von ganz allein den Willen zum Sport entwickeln, da du immer mehr nach deiner eigenen Perfektion streben wirst. Und dies ist völlig legitim. Du möchtest schön sein, dann gib bitte alles dafür. Ernährung macht achtzig Prozent für eine gute Figur aus. Dazu ist es wichtig, dass du einen Sport findest, der dein Interesse weckt. Sei es ein Mannschaftssport, Fitnessstudio, Outdoor oder zu Hause. Mach etwas, was für dich akzeptabel ist und wo du dranbleiben kannst. Bewegung und Sport geben dir dein frisches junges Aussehen zurück. Es fördert deine Regeneration und entfacht Glückshormone. Es nimmt dir dein Grübeln, es befreit dich und ist etwas, was immer dableiben wird und dir Halt in den schwierigsten Situationen gibt, um deine Nerven zu behalten. Zusätzlich empfehle ich die Dehnungsübungen, die ich dir schicke. Viel an der frischen Luft zu laufen, befreit zusätzlich deine Seele und reduziert Stresshormone. Untermale alles mit motivierender Musik, dann wird deine Welt noch bunter und es fördert deine Energie.«

»Gut, ich werde alles daransetzen, es hinzubekommen.«

»Genau, so muss das klingen. Achte auf deine Körperhaltung, wenn du nach außen trittst. Schultern nach hinten unten. Kinn in Richtung Doppelkinn und nach unten. Bauchnabel reinziehen und die Brust raus. Popo zusammenkneifen.«

»Okay!« Leni lacht.

»Vertrau mir, die aufrechte Körperhaltung wirkt sich positiv auf unsere Psyche, auf die Ausstrahlung und unser Selbstbewusstsein aus.«

»Was ist, wenn ich nicht mehr abnehme?«

Nach dem Begeisterungsschub kommt wieder die verzagte, kleine Leni zum Vorschein. »Dies wird erst nach circa sechs Monaten passieren. Dann setzen wir neue Reize, wenn du bis dahin nicht dein Zielgewicht erreicht hast. Wir machen es mit Carb Cycling so, dass du nie die gleiche Anzahl an Kohlenhydraten hast. Dann wird es an Trainingstagen mehr Kohlenhydrate und an trainingsfreien Tagen weniger geben. Ein Kaloriendefizit ist wichtig, dies haben wir schon, wenn du die Tellerregel einhältst. Du bleibst bitte nur bei der Menge ein Teller mit den zwei Händen voll Gemüse oder Salat. Eine Hand groß ist die Eiweißportion auf deinem Teller und wie eine zusammengequetschte Hand die Kohlenhydratportion. Es ist wichtig, abzunehmen und gleichzeitig, Muskeln aufzubauen. Der Körper kann beides, er hat genug Reserven, auf die er dabei zurückgreifen kann.«

-Leni-

Meine ganze Welt wird gerade im Guten auf den Kopf gestellt. Was ist diese Jasmin für eine interessante Frau. Ich frage sie ganz direkt. »Wie bist du zu dem Ganzen gekommen? Ich meine, ein Coach zu werden?«

»Mein Körper ist mir seit meiner frühsten Jugend extrem wichtig. Und – ja, auch meine Schönheit. Ich musste lernen, mit meinem Körper gut umzugehen und mich gesund zu ernähren, da mich ein emotionales Essen sowie ein Reizdarmsyndrom so fest im Griff hatten, dass ich Züge einer Depression, eine Angststörung entwickelte. Zu den schlimmsten Zeiten verließ ich meine Wohnung nicht mehr, da ich mich schämte und nicht mehr anderen Leuten zeigen wollte.«

»Und dann hast du angefangen, dich mit der Ernährung zu beschäftigen?«, frage ich.

»Ich habe alles Mögliche selbst probiert, habe mir Essenspläne inklusive Zeitpläne erstellt, wann ich was zu essen habe. Dies klappt jedoch nur zeitweise. Ich fasste ansonsten jeden Tag einen anderen Entschluss, z. B. morgen esse ich erst ab zwölf oder nur einmal oder gar nicht. Morgen mache ich dies oder jenes. Das war alles Bullshit. Ich konnte mir nichts auferlegen. Es ging einfach nicht. Warum ging es nicht? Ich hatte keine Ahnung von meinem Körper. Ich hatte keinen Plan, welcher Ernährungsstil wichtig und sinnvoll für mich ist. Ich war einfach nicht mit meinem Körper im Einklang. Ich verließ nur für die Arbeit und zum Einkaufen meine Wohnung. Es musste auch in meinem Hirn etwas passieren. Erst meine Ausbildung brachte mir die nötige Erkenntnis und somit war die Kombi: Wille, Sport und Ernährungsplan das, was mir meine Erlösung gebracht hat. Ich habe vorher alles Mögliche an Fatburnerkapseln und Fatburnprogrammen durchlaufen, habe unterschiedliche Diäten probiert. Habe unterschiedliche Ernährungsweisen wie OMAD, Fasten, Intervallfasten, Keto, Low-Carb, High-Carb und Low-Fat getestet …«

»Kannst du mir etwas übers Fasten und OMAD erzählen?«, unterbreche ich aufgewühlt.

»Ich habe Fasten ausprobiert. Was ich sagen kann, ist, dass sich die meisten Menschen dies aufzwingen, um abzunehmen. Die Wenigsten machen es, um ihren Körper sich selbst reinigen zu lassen, was das Wort Autophagie beschreibt. Wenn unser Körper fasten möchte, dann wird er es dir zeigen. Jedes Kind kennt es: Wenn es krank ist, hat der Körper auch weniger Hunger. Du isst automatisch weniger bis gar nichts. Und genauso gibt es Phasen, in denen wir mal weniger und mal mehr essen. Das ist natürlich. Klar, unsere Vorfahren haben manchmal tagelang nichts zu essen bekommen. Dann hat der Körper sich allerdings genau auf diese Lebenssituation eingestellt.«

»War es dir beim Fasten genauso wichtig, schlank zu sein, oder besser gesagt, zu bleiben?«

»Ja, das war es. Ich fühle mich nicht wohl mit zehn Kilo mehr auf den Rippen. Das hatte ich schon und es macht mich langsamer.«

»Ich verstehe, dass du nun glücklich bist«, sage ich.

»Nein, das hat nichts damit zu tun. Das erkläre ich dir aber alles noch. Es ist so: Heutzutage, in einem Land voller Überernährung, heißt es, sich ebenso anzupassen. Wenn du durch die Straßen läufst und Menschen mit hängenden Mundwinkeln und einer blassgrauen Haut mit nichtglänzenden Haaren und voller Speckfalten siehst, weißt du, dass sie nicht glücklich sind. Und das in einem Land voller Luxusproblemen. Wie kann das sein? Nun, sie haben verlernt, auf sich selbst zu hören. Auf ihren Körper zu vertrauen, sich keine Sorgen zu machen. Sie erschaffen ihre Welt gedanklich. Es gibt ebenso Menschen, die das schon vollends verstanden haben, aber dieser Anteil ist noch zu gering, um die anderen mitzuschleifen. Die meisten Menschen schätzen kaum noch etwas und erfreuen sich nicht an kleinen Dingen. Sei dankbar.«

»Okay.«

»Hast du noch eine Frage an mich?«

»Nicht direkt. Ich mache mir immer noch unterschwellig Sorgen, ob ich bei dem Essen jetzt alles bekomme, was ich brauche.«

»Trenne dich von Gedanken, der Körper würde unterversorgt werden! Mit der Tellerregel bist du bestens versorgt. Es gibt genug Menschen, die ohne irgendwelche Probleme einen Monat lang fasten und denen es wunderbar damit geht. Aber lege dir das nicht auf, nur weil du abnehmen möchtest. Es gibt Tage, da isst man von allein weniger. Wenn du unbedingt das Intervallfasten machen möchtest, das mit den zwei Tagen in der Woche, die nicht aufeinander folgen, dann kannst du es tun. Man nimmt an einem Tag nur fünfhundert bis sechshundert Kilokalorien zu sich, verteilt auf zwei oder drei kleine Mahlzeiten. Zum Beispiel ist Haferkleie dafür gut geeignet. Man kocht sich dreimal achtzig Gramm Haferkleie mit Wasser zu Haferschleim auf. Aber meine Erfahrung ist, dass sich der Körper von sich aus immer mal allein fordert, ohne dass ich es mir willentlich auferlege. Ich vergleiche es mit den Urzeitmenschen. Diese haben gegessen, wenn sie etwas gefunden haben, es wurde manchmal tagelang gehungert. Dieses Verhalten ist uns angeboren. Essen ist zu einem viel zu großen Bestandteil in unserem Leben geworden und dabei sind wir evolutionsbedingt gar nicht so veranlagt, da es nur dazu da ist, uns zu nähren.«

Ich bekomme wieder Bedenken gegen das neue Lifestyle-Projekt. »Ich habe das Gefühl, ich werde die ganze Freude am Essen verlieren.«

»Nein, ich nehme dir weder dein Leben noch deine Freuden. Ich zeige dir, was du wirklich brauchst und was wirkliches Glücklichsein bedeutet. Besser gesagt … dein Körper wird es dir zeigen und du wirst fühlen, wirklich spüren, was gut für dich ist … Erinnerst du dich, wie es war, richtig verliebt und glücklich zu sein? Ich bringe dir das Gefühl zurück. Vertraue einfach. Medien und Sprüche schüren nur unnötige Zweifel an allem und jedem. Versuch, deine Zweifel zu lassen und einfach zu vertrauen.«

»Ich vertraue dir, Jasmin. Ich war lange Zeit wie blockiert, weil so viel Schlimmes passiert ist.«

»Lerne abzuschließen und das Leben als Geschenk zu sehen und nicht zu denken, dass es nichts Schönes mehr gibt, nur weil wichtige Menschen gestorben sind. Du musst dir deine Freude am Leben wieder zugestehen und es zulassen.«

»Ich weiß, sie hätten es ja auch nicht gewollt, dass es mir schlecht geht. Ich hab da noch eine Frage … Was ist mit nur manchmal Süßigkeiten und Alkohol?«

»Es ist so, dass man nach zwei bis drei Tagen Zuckerentzug Kopfschmerzen, Muskelschmerzen oder Müdigkeit verspürt. Wenn du immer mal Alkohol trinkst, dann kommen die Glückshormone in dir ebenso auf. Du wirst locker und jedes Mal, wenn diese Anlässe kommen, möchtest du wieder etwas trinken. Kannst du dir vorstellen, warum?«

»Nein.«

»Weil du dir vorgaukelst, nur mit Alkohol locker in diesen lustigen Situationen sein zu können. Meine Empfehlung: Lass es sein. Komplett. Glücksgefühle und Stärke kommen von innen heraus und du kannst auch so übertrieben Spaß haben und witzig sein. Alkohol ist ein Nerven- und Zellgift. Es tötet Zellen ab dem ersten Schluck ab. Alles, was du zum Thema ungesunde Lebensmittel wissen musst, ist: Kaufe sie erst gar nicht. Eine adipöse ältere Klientin von mir saß einmal vor mir und sagte, für sie wäre das Freude und Genuss, jeden Abend ein Glas Wein zu trinken. Für mich haben diese Menschen noch nie wirklich gefühlt und Emotionen gelebt. Trauer genau wie Freude gehört zum Leben dazu, man muss es fühlen und zulassen. Mal ist man überschwänglich, mal ist man einen Tag nicht gut drauf. Man muss einfach nach Lösungen suchen und sich neu motivieren. Nun ja, einfach ist es nicht, aber diese Tage bzw. Stunden braucht es, um wieder neue Ideen und Freude in sich aufzubauen. Fühl den Glitzer, die Freude und die Motivation. Besonders zu Weihnachten sind die Herzen weit, überall funkelt es, sieht und spürt man Freude, das Strahlen. Behalte dieses Gefühl immer und strahle selbst.«

»Aber wie bekomme ich meine Gefühle ausgelebt?«

»Das Problem ist, dass viele Menschen nicht gelernt haben, mit negativen Gefühlen richtig umzugehen. Dazu zähle ich auch mich und dich. Wenn Menschen negative Gefühle nicht aushalten können, betäuben sie diese. Zum Beispiel mit einkaufen, essen, rauchen, Videospielen, Alkohol, sich selbst zu verletzen oder Drogen. Es ist quasi eine Suche nach Kompensation, einer positiven Ausschüttung von Gefühlen.

Ich erkläre dir jetzt die Bedürfnis- und Gefühlspsychologie nach Maslow.«

»Okay …«

»Sich negativ zu fühlen, bedeutet zum Beispiel, wütend, kraftlos, überfordert, unruhig, enttäuscht, ärgerlich zu sein. Hinter diesem Gefühl, das auftaucht, steckt immer ein Bedürfnis, etwas, das wir in dem Moment lieber hätten. Bedürfnisse sind zum Beispiel der Wunsch nach Anerkennung, Wertschätzung, Hilfe, Respekt, Ordnung, Schönheit, Aktivität, Liebe, Gemeinschaft.

In diesem Moment, in dem ich nicht erkenne, was ich genau jetzt brauche, versuche ich, mein wahres Bedürfnis zu übertünchen. Dann beruhigt mich das Essen. Ob fettig, salzig oder süß, es bewirkt eine kurzfristige Dopaminausschüttung. Meine Willenskraft nach zum Beispiel dem Abnehmen kann nicht aufrechterhalten werden. Es dauert nicht lange, bis Schuldgefühle auftauchen bis hin zu Selbsthass, da ich meinem Körper wieder geschadet habe, meine Willenskraft nicht ausgereicht hat und ich wieder in alte Muster gefallen bin.«

»Ja, genau so ist es.«

»Es ist ein schreckliches Gefühl. Ich weiß. Dieses Übertünchen ist nicht zielorientiert und erfüllt meine Bedürfnisse nicht. Hat es in der Kindheit an Liebe gefehlt, hat man im Erwachsenenalter ein höheres Geltungsbedürfnis und der Status gewinnt an Bedeutung. In der Bedürfnispyramide nach Maslow werden Grundbedürfnisse beschrieben. Wenn diese nicht befriedigt werden, kann sich der Mensch nicht selbst verwirklichen.«

Kapitel 7

Selbstbefriedigung kommt auch gut

-Leni-

»Was würde dich so beruhigen?«, fragt Jasmin.

»Hm, momentan fällt mir nur schwer etwas ein. Ich denke, es wäre schön, wenn sich die Situation zu Hause verbessern würde und mein Opa mir mehr helfen würde.«

»Das verstehe ich gut.«

»Vielleicht könntest du mal in den Momenten, in denen er nichts getrunken hat, versuchen, mit der Gewaltfreien Kommunikationsstrategie nach Marshall Rosenberg zu punkten.«

»Noch nie gehört, wie geht das?«

»Die Gewaltfreie Kommunikation nach Rosenberg beinhaltet vier wichtige Punkte, die du anbringst, um eine Bitte zu äußern, ohne dass dein Gegenüber böse wird, sich auf den Schlips getreten fühlt oder wegrennen wird.«

»Klingt interessant.«

»O ja, das ist es. Als Erstes sagt man ruhig und bestimmt, ohne Entschuldigung oder Rechtfertigung, was man sieht oder wie die Sachlage ist. Bewerte oder beurteile nicht dabei. Ich nehme jetzt ein Beispiel. Du sagst:

Opa, ich sehe, der Rasenmäher steht im Garten.

Als Zweites sagt man, warum man spricht. Deine Gefühle dabei, also keine Gedanken oder Interpretationen. Kritisiere die Person nicht, sondern das Verhalten:

Ich bin traurig darüber, dass du ihn heute noch nicht in die Garage gebracht hast.

Als Drittes redest du ihn in der Ich-Form an, was du möchtest und wozu, und das so konkret wie möglich. Du sprichst also deine Bedürfnisse an. *Ich habe ihn erst letzten Monat gekauft. Ich möchte nicht, dass er verwittert oder geklaut wird.*

Und als Viertes sprichst du die Bitte aus.

Könntest du ihn, nachdem du ihn benutzt hast, wieder in die Garage stellen?

Es ist so, dass sich andere Personen dann einfühlen können, wenn ich meine Gefühle und Bedürfnisse beschreibe. Es kommt weniger Gegenwind, mehr Verständnis auf beiden Seiten und vor allem: Es kommen keine schlechten Gefühle auf.«

»Das klingt toll. Ich werde es ausprobieren.«

»Ja, dies bedarf ein wenig Übung, aber es ist sinnvoll, um sich selbst weiterzuentwickeln.«

»Wenn eine Person dir gegenüber wütend oder frustriert ist, versuch, dich in die Person hineinzuversetzen. Fühle dich in die Person hinein und hab Verständnis für ihre Gefühle. Vereinbart Maßnahmen, die euch beide zufrieden machen. Anders ist es, wenn dein Bedürfnis nichts mit einer Person zu tun hat, sondern damit, dass du gern jetzt etwas anderes tun würdest und dieses Bedürfnis nicht erfüllt wird.

Versuche, deine Gefühle zu deuten und zu hinterfragen. Wenn du deine Gefühle nicht deuten kannst, gibt es Gefühlskärtchen, auf denen alle Gefühle, die es gibt, stehen. Diese helfen dir, das Gefühl zu finden, das du gerade verspürst. Genauso gibt es Bedürfniskärtchen.«

»Muss ich gleich nachher mal googeln«, sage ich begeistert.

»Sehr gut, Kleines. Versuche auch, herauszufinden, warum du dieses oder jenes gerade isst, wenn ein Rückfall kommt. Diese werden im Laufe der Zeit immer weniger. Überlege, wozu ist es gut, dass du das gerade isst? Also, warum beruhigt es dich? Habe ich so etwas in der Kindheit gegessen, in der Zeit mit meinen Eltern oder in einer anderen Situation? Versuche, das Bedürfnis dahinter zu sehen. Das, was du jetzt wirklich bräuchtest. Dein Körper ist dafür da, dass du ihn gut nährst. Übertünchen hilft uns nicht.«

»Du hilfst mir so extrem!«

»Dafür bin ich da.« Jasmin lacht fröhlich. »Du selbst bist der wichtigste Mensch für dich. Du bist liebenswert.«

»Das so zu empfinden, fällt mir schwer.«

»Trenne dich von der Grundannahme, es nicht zu sein. Du musst es nicht allen recht machen, um gemocht zu werden. Du musst lernen, dich selbst zu lieben und zu wertschätzen. Gib dir unabdingbare Liebe, dann kannst du sie auch anderen geben und empfangen.«

»Vielleicht geht es dann besser, wenn ich erst mal abgenommen habe?«, mutmaße ich.

»Du musst nicht abnehmen, um unbedingte Liebe zu empfangen. Du musst dafür nicht so oder so aussehen.
»Meine Selbstzweifel sind einfach so groß«, bricht es verzweifelt aus mir heraus.

»Jeder Mensch hat Selbstzweifel, jedoch sind das nur auferlegte Grenzen und diese sind nicht real. Kommuniziere liebevoll mit dir selbst.«

»Ich habe das Gefühl, ich bestrafe mich dann immer sogar mit dem Essen.«

»Schreib eine Liste, mit den Dingen, die du am liebsten tust. Nimm dir öfter am Tag kurz Zeit und geh in dich. Was macht dich glücklich? Sind meine Bedürfnisse erfüllt? Tust du das alles, weil du es wirklich so möchtest oder wird es von dir erwartet, dass du es so tust? Bist du gestresst, wütend oder angespannt? Was brauchst du in diesem Moment eigentlich und was würdest du lieber tun? Schau auf die Liste, wenn du in Gefahr bist, rückfällig zu werden. Gibt es andere Dinge, die Kraft geben oder zur Entspannung führen? Ertrage dein Gefühl und warte ab, bis es abflacht. Steh für deine Bedürfnisse ein«, appelliert Jasmin mit Herzblut an mich.

»Was machst du denn immer so, wenn alles zu viel wird?«

»Wenn ich überfordert bin, mache ich zum Beispiel Sport, um mein Hirn wieder freizubekommen. Noch ein Tipp: Hör dir Affirmationen an. Das sind positive Sätze, die uns und unsere Selbstliebe stärken. Deine innere Stimme, die für alles was du gerade Essen solltest, eine Erklärung dafür findet, muss gebändigt werden. Lass negativen Gedanken keine Taten folgen. Hör nicht auf die Ausreden, die sie dir liefert. Sei höflich zu dir und sage, nein. Die negative Stimme wird im Laufe der Zeit immer schwächer. Ausreichend Selbstliebe muss wieder aufgebaut und die Körper- und Seelenbedürfnisse gehört, gefühlt und verstanden werden.«

»Ich verstehe, Emotionen ins Essen zu stecken ist also ein Riesenfehler«, fasse ich zusammen.

»Genau. Es nimmt dir deine Lebensfreude, die du sonst woanders reinstecken würdest. Der Stress danach und die Gewissensbisse führen dazu, dass man nicht abnimmt. Übrigens, bei mieser Stimmung helfen Algen, Amaranth, Cashewkerne, Spinat und Vollkornreis, welche du in eine von den drei Mahlzeiten integrieren kannst, da diese Lebensmittel alle Magnesium liefern.«

»Okay«, sage ich nachdenklich. »Was hast du?«, fragt mich Jasmin. »Kennst du das nicht? Mich kotzt es an, schöne Frauen zu sehen! Ich bin dann so neidisch, wenn ich mit meinem Hagelschaden an den Beinen daherkomme«, lasse ich meinen ganzen Frust raus.

Jasmin muss lachen. »Doch, das kenne ich sehr gut. Das wird dir egal, sobald du etwas für dich tust und dich selbst annimmst und wieder lieben lernst. Du musst an deinem Körper feilen, aber niemandem nacheifern. Lass dich von Vorbildern inspirieren, aber kreiere dein eigenes Ding daraus. Du bist einzigartig – dein Körper sowie dein Charakter. Die Welt braucht keine Kopien. Dein Sinn für dein schönstes Körperbild muss gefördert werden. Du musst dich selbst am geilsten finden, nur dann kannst du andere betrachten und ohne Neid über sie sagen: *Was ist das für eine schöne Frau!* Du musst dich annehmen und lieben, auch wenn du in deinen Augen noch nicht perfekt bist.«

»Jasmin, das, was du gerade alles gesagt hast, baut mich unheimlich auf.«

»Ja, aber dies kannst du auch selbst schaffen, von innen heraus. Tu dir etwas Gutes. Behandle dich, wie du ein Kind behandeln würdest. Dem würdest du zum Frühstück auch keine Berge an ungesundem Essen vorsetzen. Sei sensibel, nimm Spannungen in deinem Körper wahr. Denn sonst werden später daraus Schmerzen. Gönn deinem Körper Ruhe, wenn er erschöpft ist. Hol die Power aus dir, wenn du voller Energie bist und mach Yoga, wenn du Schmerzen spürst. Wohlfühlen ist der Schlüssel und es wird nur mit dem Abnehmen klappen, wenn keine Stresshormone mehr ausgeschüttet werden. Schau dir deinen Körper realistisch an. Schau dir an, was du magst und was nicht. Findest du deinen Popo oder Bauch zu dick?«

»Ja, auf alle Fälle.«

»Dann musst du mental dort ansetzen und dir immer wieder vorstellen, wie du die Stellen haben möchtest. Pflege sie. Jeder Mensch hat Makel und die dürfen auch Aufmerksamkeit bekommen. Trainiere die Stellen besonders.«

»Und diese fünf bis sechs Stunden zwischen den Mahlzeiten sind wirklich gut, auch wenn ich da gern was essen wollen würde?«, frage ich, in der Hoffnung, Jasmin würde das endlich verneinen.

»In Hungerphasen bist du leistungsfähiger und glücklicher. Steinzeitmenschen wären sonst depressiv gewesen und ihr Hirn wäre auch nicht leistungsfähig genug gewesen, wenn sie zu viel gegessen hätten. Mit zu vielen Pfunden wären sie mit Sicherheit verhungert, weil sie keinen Antrieb bekommen hätten, auf die Jagd und auf die Suche nach Essen zu gehen. Auch die Fortpflanzung hätte nicht funktioniert.« »Gut, ich denke, ich werde jetzt aufhören mit Zweifeln.« »Ja genau, das klingt voll danach«, zieht Jasmin mich auf.

Am nächsten Morgen machte ich mir eine Liste, was ich tun werde, wenn ein Rückfall droht. Ich notiere Dinge, die mir Spaß machen und eine mit Tätigkeiten, die ich mir vornehme: jahreszeitenabhängig dekorieren, basteln, tanzen, Fingernägel schön machen lassen, ein gutes Buch lesen, Affirmationen anhören, telefonieren, Haare färben, Sport machen, Kleiderschrank aufräumen, ins Kino gehen, spazieren, einen Film schauen, Springseil springen, Trampolin springen, in die Schwimmhalle oder an den See.

Bei extremem Verlangen, viel in sich reinzustopfen, notiere ich mir: an einer Zitrone lecken oder einen schwarzen Kaffee trinken.

Nach dem Abendessen erdrückt mich die schlechte Laune. Ich habe mehr gegessen, als ich sollte. Ich merke es, weil mein Magen voll ist. Und mit voll meine ich damit, dass es wirklich wehtut. Allerdings bestand mein Essen aus Naturreis, Fisch und Salat, war also kein ungesunder Kram. Trotzdem war das alles wohl zu viel und ich bin nicht zufrieden mit meinem Verhalten. Aber das ist auch die Erkenntnis für mich: Es bringt mir nichts, mich vollzufressen, meinem Körper geht es dann nicht gut, trotz des gesunden Essens. Ich nehme mir vor, am nächsten Tag darauf zu achten, wann ich wirklich satt bin und wann ich Hunger habe. Am Morgen und zum Mittag fallen mir die Mahlzeiten immer leicht, da halte ich die Tellerregel ein.

Ich gehe duschen und fühle mich unwohl. Am liebsten hätte ich mich übergeben, weil alles so spannt. Zu viel mehr bin ich nicht mehr imstande. Ich räume den Geschirrspüler aus und gehe ins Bett.

Am nächsten Morgen wache ich auf und nichts spannt mehr, das ist schon mal ein gutes Gefühl. Vorgenommen hab ich mir ein 20-minütiges Workout heute Abend. Ich bin gespannt, ob ich es ab jetzt durchziehen kann.

»Rundum versorgt zu sein, alle Nährstoffe zu bekommen, die für meinen Körper wichtig sind und ein gutes Maß an Bewegung zu finden, das ist mein absolutes Ziel. Das ist das, was du brauchst, um lange und glücklich zu leben«, schrieb mir Jasmin den Tag zuvor. »Ohne ständig ans Essen zu denken, ohne zu hungern, hast du den Kopf frei für neue Dinge. Setze dir Ziele, sei kreativ, auch mit deinem Kleidungsstil und deiner Selbstliebe. Überrasche dich mit schönen Momenten und wende deine Gedanken immer zum Positiven.«

Als ich die App wieder öffne, sind schon wieder neue Informationen darauf gespielt:

»Gute Infos für dein Ziel:

Essen gehört zu den menschlichen Bedürfnissen. Du musst deinem Körper Essen zuführen, bevor du den

Kopf für andere Dinge frei hast. Du bist durch unseren Plan rundum versorgt, dadurch, dass du etwas isst, das Nährwerte hat. Die unverarbeiteten gesunden Lebensmittel, woran du immer wieder denken musst, nicht das Essen, was du aus Zufall oder permanent vor Augen hast, DAS ist das was dein Körper wirklich braucht.

Dein Körper muss sich darauf verlassen können, dass er jederzeit etwas zu essen bekommt. Nur dann beruhigst du deinen Körper, deine Seele und deinen Geist.

Zwischen emotionalem Hunger und körperlichem Hunger zu unterscheiden, wirst du recht schnell lernen. Da du jedes Mal, wenn du traurig bist, Langeweile hast oder dich belohnen möchtest, dich zum Essen aufforderst. Lerne, der Stimme im Kopf keiner Folge zu leisten.

Unser Körper ist nicht dafür gemacht, dass wir ihn ignorieren. Wenn er zeigt, dass er müde ist, heißt es nicht, du sollst einen Energydrink oder Kaffee trinken. Es heißt stumpf, dass er mehr Pausen und Ruhe braucht.

Unser Körper ist nicht so konzipiert, dass wir chemisch verändertes Essen oder leere Energie ohne Nährstoffe zu uns nehmen sollen.

Wenn der Körper Schmerzen anzeigt, heißt es eben nicht, dass er eine Schmerztablette braucht, sondern dass die Ursache für die Symptome gefunden werden muss und so die Ernährung, die Bewegung oder die Psyche oder alles drei an die neuen Anforderungen angepasst werden müssen.

Betrachte deine körperliche Energie als Maßstab für deine körperliche Gesundheit. Dein Körper ist dein größtes Heiligtum! Du musst dein Gefühl für deinen Körper schärfen. In dich hineinfühlen. Du bist schön, mach dir das klar. Hasse auch nicht die Stellen, die du noch nicht so schön an dir findest. Entspann dich, alles wird so, wie du es möchtest. Und zwar, wie DU es wirklich möchtest, nicht, wie eine andere Person aussieht.

Arbeite an deinem Körperbild. Du musst eine gesunde Wahrnehmung für dich entwickeln.

Sieh es so, du bist perfekt! Das Ganze kann man auch damit vergleichen, wie dein Charakter funktioniert. Du bist perfekt, wir werden wachsen und dazulernen und genauso ist es mit deinem Körper. Wir verbessern uns, sind aber jetzt schon richtig. Lehne dich nicht ab, liebe dich so, wie du bist. Du bist einzigartig!

Rückfallthema: Manchmal wirst du dich erwischen, wie du gerade wieder wahllos etwas in dich hineinstopfst. Lerne, dich zu bremsen! Schmeckt mir das gerade so wie am Anfang? Sag nein zu deiner Stimme im Kopf! Sag dir: Ich bin rundum versorgt. Meine Lust zu essen war sicher Durst. Trinke etwas Wasser und warte ab.

Wenn du an einem Tag zu viel gegessen hast, überdenke den Tag. Warum ist es so gelaufen? Wann warst du unzufrieden und gestresst? War dir langweilig? Wie hättest du die Situation verändern können? Wann war der Zeitpunkt, an dem es dir egal war, wie viel du isst und warum?

Erinnre dich daran, wie du in deiner Kindheit warst und was du gedacht hast. Du warst fokussierter auf Spaß, auf dich und das, was du wirklich möchtest. Du hast weniger auf andere geachtet und was die denken könnten. Du konntest dein Essen stoppen, weil du genau wusstest, wann du satt warst. Du hast nicht immer deinen Teller aufgegessen, bis irgendwelche Erwachsene dich darauf aufmerksam gemacht haben, dass du doch deinen Teller aufessen sollst, oder? Meine Eltern waren zwar nie so, doch ich erinnere mich an einen Urlaub, in dem meine Tante und mein Onkel mit waren und sich dermaßen darüber echauffiert haben, dass alles aufgegessen werden muss und meine Eltern mir keinen Nachtisch kaufen sollten, wenn ich nicht mal den Hauptgang komplett aufgegessen habe. Ich hab sie als

Kind so doof gefunden und doch hat es so viel mit mir gemacht. Ich konnte ewig nicht stoppen, wenn ich das Gefühl hatte satt zu sein. Ich habe trotzdem aufgegessen und somit den Punkt übergangen, wo ich gemerkt habe satt zu sein. Nachdem ich mir die Tellerregel angenommen und Sport getrieben habe, habe ich plötzlich in mir geruht. Ich habe mich fit und fröhlich gefühlt. Ich konnte mich endlich wieder anderen Dingen widmen. Und dann habe ich auch gelernt in mich zu hören, wenn ich satt war.

Einen guten Tagesrhythmus zu finden, ist wichtig. Du solltest lernen, bewusst zu erkennen, wenn wieder ein Essanfall kommen wird. Welches Gefühl steckt dahinter? Mit welcher Aussage versuche ich gerade, die Lust auf dieses Essen zu entschuldigen?

Geh vorher die Konsequenzen durch! Wie schlecht du dich sonst immer nach diesem Vollessen gefühlt hast und wie schlecht es dir nach bestimmten Produkten ging. Versuch mit aller Kraft, diese Trigger zu überwinden und dich aus der Situation zu begeben. Durch einen Raumwechsel z. B. indem du Sport mit Musik verbindest oder statt Essen etwas Kreatives machst. Diese gewohnte Verbindung wird sich nach und nach lösen. Gib niemals auf! Beginne jeden Tag von Neuem und rede dir nicht ein, ab jetzt würde das emotionale Essen nie wieder stattfinden. So beschäftigst du dich nur noch mehr damit, wenn du dir jeden Tag etwas Neues, was mit essen zu tun hat, vornimmst. Es gibt die Tellerregel, es gibt den Sport, der wichtig ist, und fertig. Der Rest vom Tag ist für dich ohne essen angedacht.

Gibt es eine Person, die versucht, dein Verhalten zu sabotieren, weil sie sich nur gut fühlt, wenn sie dir deinen Plan schlechtredet? Das macht sie nur, weil sie es selbst nicht schafft, ihr Essverhalten zu verbessern und sich deswegen ungut fühlt. Filtere so ein Verhalten heraus und nimm es dir nicht an.

Lass zwei Monate keine Ausnahme von deinem neuen Esskonzept zu. Zum Sport: Immer klein anfangen und sich steigern. An Tagen, an denen das geplante Pensum einmal nicht einzuhalten ist, wenigstens ein Minimum davon machen. Das hilft psychisch, am Ball zu bleiben und Routine reinzubringen.

Wenn du zum Beispiel so etwas liest: Studien haben ergeben, dass das Risiko für Übergewicht durch täglich eine Handvoll Nüsse gesenkt wird, sei achtsam. Es stimmt zwar prinzipiell, nur bau so etwas nicht zwischendurch ein, sondern bei einer deiner drei Hauptmahlzeiten. Du kannst die Nüsse auch mit über dein Porridge machen oder über deinen Salat.

PORRIDGE

Löse dich von dem Gedanken: Wer einmal dick ist, bleibt dick. Achte darauf, dir die Portionen so einzuteilen, dass du dir nicht noch mehr auf den Teller und in die Müslischale machst. Du kannst zum Frühstück auch zwei Roggenpumpernickel mit veganem Frischkäse auf Mandelbasis essen oder Ei zur Abwechslung. Dazu kannst du dir Kohlrabi, Gurke, Tomaten, Avocado oder Karotten schneiden. Es muss also nicht jeden Tag Porridge sein.

Richte dein Essen immer hübsch, bunt und attraktiv für dich an.«

»Meinst du echt? Für mich allein?«

»Ja, natürlich! Du musst lernen, dass du das wert bist. Ich dekoriere mein Porridge öfter mit Mandelmus, gerösteten Kakaonips oder getrockneten Aprikosen oder Datteln. Davon aber nicht mehr als drei Stück.

Kinder haben eine starke somatische Intelligenz. Sie können die Nährstoffe herausfiltern, die sie gerade brauchen. Du kannst diese Fähigkeit wiedererlernen, wenn du dich in deinen Körper hineinfühlst. Wenn deine Gedanken dahin gehen, dass du satt bist und es sind nur noch drei Bissen darauf, dann lass sie liegen!«

-Keno-

»Soll ich dir nachher mal den Weihnachtsmarkt hier zeigen?«, frage ich Sandy beim Abendessen.

»Ja, kannst du machen«, antwortet sie sichtlich beeindruckt, dass ich freiwillig etwas mit ihr machen möchte.

Sie zieht sich im Eiltempo um und ist kurz darauf bereit, mit mir hinzulaufen. Na, wenigstens etwas.

Der kleine Weihnachtsmarkt ist wieder gut besucht. »Riech mal«, sage ich, als wir an einem Stand mit Räuchermännchen vorbeikommen. »Das riecht hier nach Orangen. Das erinnert mich an früher. Mein Opa hat immer Orangenschalen auf den Ofen gelegt, damit es im Wohnzimmer weihnachtlich riecht.«

»Aha«, sagt sie.

Alles klar, warum erzähle ich ihr eigentlich etwas?

»Orr, da drüben gibt es Lebkuchenherzen«, sagt Sandy. »Kaufst du mir eins?«

»Sehr gern«, antworte ich. Ich hoffe, sie hört meine Ironie heraus. Fehlanzeige. »Na, such dir eins aus«, fordere ich sie auf.

»Ich möchte, dass du mir ein Schönes heraussuchst.« Das hätte ich nicht zu mir gesagt, aber hey, klar doch. Leider gibt es hier nur Nettes zu lesen, also versuche ich, heil aus der Sache herauszukommen und suche schlichtweg *Frohes Fest* heraus.

»Was? Nee, das will ich nicht!«, sagt sie trotzig.

»Dann such du dir selbst eins aus«, sage ich angepisst. *Für meinen Engel.* »Von mir aus«, ich zahle und reiche es ihr, ohne sie anzuschauen. In mir bricht gerade etwas. Wären Balken über mir, würden die sich jetzt ohne Vorwarnung biegen und dann vor lauter Lügen einstürzen. »Du siehst dich als Engel?«

»Ja, natürlich, ich sehe nicht nur wie einer aus, findest du nicht auch?«

Ich tue so, als wenn ich einen Hustenanfall habe, um nicht antworten zu müssen. Dies versteht sie allerdings und tut ebenfalls dumm mit mir. Wir laufen eine Weile stumm nebeneinander über den Markt. So habe ich etwas Zeit, das schöne Ambiente vom Weihnachtsmarkt auf mich wirken zu lassen. Das letzte Mal habe ich mich völlig auf Leni fokussiert und alles ist an mir vorbeigegangen. Die kleinen Hütten im Hof des Merseburger Renaissance-Schlosses haben wirklich etwas Besonderes. Der Duft der Feuerzangenbowle vermischt sich mit der knackig kalten Winterluft, als mir ein Einfall kommt. »Was hältst du davon, wenn wir eine Weihnachtsgeschichte aus dem Film machen?«, frage ich.

»Ach, so ein Aufwand mit der ganzen Deko«, sagt sie genervt.

»Stell dir vor, wir könnten hier noch überall große königliche Kerzenhalter aufstellen lassen«, versuche ich, sie zu motivieren.

»Die Kerzen würden immer wieder ausgehen«, bemerkt sie.

»Schon mal was von batteriebetriebenen Kerzen gehört? Von Weitem sieht man nicht, dass die nicht echt sind. Ich stell mir noch an den Wänden übertrieben große, hängende Weihnachtsgestecke mit goldenen Nüssen, Kerzen und Sternen vor.«

Sie sieht mich unberührt an. Ich bemerke erst jetzt, dass sie sich das Lebkuchenherz umgehängt hat und so die ganze Zeit neben mir hergelaufen ist. Zum Glück kennt mich hier keiner mehr. Sandy hat null Sinn dafür, sich in etwas hineinzuversetzen und gar keine Fantasie. Memo an mich: *Meine zukünftige Frau wird ganz viel Fantasie besitzen.*

Ich spendiere ihr einen Glühwein nach dem anderen, in der Hoffnung, dass Sandy dadurch mal etwas lustiger wird. Aber außer, dass sie noch anhänglicher wird, passiert da nichts. Ich bringe sie in ihr Zimmer zurück und habe meine Mühe, dort hinauszukommen. Am liebsten würde sie mich sofort klarmachen.

Kapitel 8

Arschfax zurück zum Absender

-Leni-

Ich bin beim Einkaufen, es sind heute deutlich mehr Menschen hier. Dieser Zustand ist nicht wie immer, etwas verunsichert mich. Mein Darm beginnt, einen Druck aufzubauen. Mein Atem wird schneller, ich verkrampfe, meine Hände werden heiß. Schweiß kommt aus all meinen Poren, mir schnürt es die Kehle zu. Der Drang, aufs Klo zu müssen, wird stärker. Vor meinen Augen flimmert es.

Ich gehe schnurstracks zur Kasse, habe noch einige Dinge auf meiner Liste. Doch wenn ich hierbleibe, mache ich mir in die Hose. An der Kasse kann ich erstmals durchatmen. Als ich draußen bin, kann ich mich entspannen und der Druck verschwindet. Ich gehe nach Hause. Sobald ich hinter mir die Tür zumache, muss ich nicht mehr aufs Klo. Das ist doch paradox. Immer, wenn ich runterfahre und keinen Stress mehr habe, brauche ich nicht ständig eine Toilette bei mir.

Ich nehme das Handy und rufe Jasmin an und erzähle ihr, was passiert ist.

»Lass mich dir etwas über den Darm erzählen«, sagt sie ruhig.

»Sehr gern.«

»Viele Menschen sagen, der Darm sei wie die Wurzel vom Baum. Wenn die Wurzel nicht gesund ist, kann der Rest auch nicht funktionieren. Wenn sich ein Fötus entwickelt, teilt sich die Zelle. Ein Teil Darm, ein Teil Gehirn. Ähnliche Zellen wie im Gehirn sind im Darm. Es ist ein hochsensibler Trakt, der über den Vagusnerv mit dem Hirn verbunden ist. Die Darmbakterien warnen uns auch vor schlechtem Essen. Deshalb gilt: erst daran riechen, dann essen!

Für den Reizdarm ist es wichtig, dass du viel trinkst, denn zu wenig Flüssigkeit führt zur Verstopfung und es verhindert das Ausscheiden von Giften.

Wichtig ist auch, dass du dich viel bewegst und Ballaststoffe zu dir nimmst. Du kannst den Stuhlreflex trainieren. Trinke ein großes Glas Wasser am Morgen im Bett. Lege dich wieder hin, stell deine Füße auf und mach eine Darmmassage, indem du von rechts unten startest und im Darmverlauf Richtung Ausgang links unten massierst. Nimm dir dafür Zeit, der Stuhlreflex wird kommen. Irgendwann reicht es, dass du nur dein großes Glas Wasser leer trinkst und der Stuhlreflex wird ausgelöst.«

»Aber was ist, wenn ich wieder so aufgelöst und gestresst bin?«

»Der richtige Umgang mit Stress ist sehr wichtig. Plane bei Situationen, die schwierig werden könnten, schon einmal voraus. Steht ein Konzertbesuch an, wo du zum Beispiel vorher nicht weißt, was auf dich zukommt und wo die Toiletten sind? Lass die letzten zwei Mahlzeit davor ausfallen. Dies beruhigt dich und du kannst stressfreier dahin.«

»Okay, hast du noch irgendwelche Tipps für mich?«

»Na ja, nimm keine Medikamente, die nicht zwingend notwendig sind. Damit meine ich, keine, die nicht vom Arzt verordnet wurden. Denn jedes Medikament verändert unsere Bakterienzusammensetzung im Darm, verändert das Mikrobiom. Nimm keine konservierten Lebensmittel mehr zu dir. Das Mikrobiom kann unsere Psyche beeinflussen. Es hat Einfluss auf unsere

Gesundheit. Deshalb ist es nicht schlecht, wenn du in deinen Depriphasen gute Darmbakterien über zwei bis drei Wochen zu dir nimmst. Dies ist mit ausschlaggebend für deine Stimmung. Die Nerven des Darms produzieren mehr Serotonin als das Gehirn.«

»Okay. Erzähl bitte weiter, das ist echt interessant für mich.«

»Na gut. Darmbakterien spielen auch motivierend eine Rolle. Man kann bei einer günstigen Zusammensetzung stressresistenter, weniger ängstlich und lösungsorientierter sein. Wenn wir die schlechten Darmbakterien füttern, vermehren die sich sehr stark. Und die kommunizieren mit unserem Gehirn, es fördert somit den ungesunden Konsum.

Die ersten zwei Wochen der Umstellung sind allerdings sehr schwer, das weißt du ja bereits.«

»Ja, das weiß ich auf jeden Fall«, sage ich und seufze.

»Du solltest die richtigen Bakterien anfüttern. Wenn wenig Ballaststoffe in deinem Essen sind, nehmen die Milchsäurebakterien ab. Im Darm muss ein saures Milieu herrschen, sonst wird es dort basisch und die schlechten Bakterien nehmen zu. Das kann zu Entzündungen und Krankheiten führen. Die Bakterienzusammensetzung bestimmt auch mit, ob wir schlank bleiben oder nicht. Deswegen muss eine Ernährung lebenslang gut sein. Eine gute Darmflora verbessert die Vitalstoffaufnahme und verhindert die Giftaufnahme. Der Darm wird durchlässiger bei zu viel Weizenkonsum. Iss mehr Kartoffeln, Reis oder Hafer. Letzterer ist zinkreich. Achte darauf, Ballaststoffe mit in deine Ernährung einzubauen.«

»Welche Lebensmittel wären das?«

»Obst, Gemüse, Hülsenfrüchte, Nüsse und Vollkorn. Diese verkürzen die Transitzeit und erhöhen das Stuhlvolumen. Auch resistente Stärke ist super für den Darm. Diese entsteht, wenn Kartoffeln und Reis gekocht und über Nacht im Kühlschrank gelagert werden. Du kannst diese dann so essen oder eben wieder aufwärmen, dabei geht die resistente Stärke nicht verloren. Beim Abbau von resistenter Stärke entsteht im Dickdarm eine Fettsäure, die das Krebszellenwachstum hemmt.«

»Woher weißt du das alles?«

»Das habe ich auf meinen Fortbildungen, unter anderem bei einer studierten Ernährungswissenschaftlerin, gelernt.«

»Toll, ich muss darauf achten, alles umzusetzen, sonst werde ich meinen Reizdarm nie los. Kannst du mir sagen, welche Lebensmittel ich genau kaufen sollte?«

»Ja, zum Beispiel ballaststoffreiches Gemüse wie Schwarzwurzel, Pastinake, Blumenkohl und Brokkoli. Roggen hat den höchsten Ballaststoffanteil im Getreide, auch Gerste, Hafer, Hirse, Leinsamen, Sonnenblumenkerne, Weizenkleie und Vollkorn sind super. Wie auch Süßkartoffeln, Chicorée, Porree, Zwiebeln und Artischocken. Leckerbissen für den Darm sind auch Erbsen, Gurken, Kartoffeln, Kichererbsen, Knoblauch, Linsen, Kopfsalat, Mais, Paprika, Rote Bete, Petersilie, Pilze, Sauerkraut, Sojabohnen, Spargel, Spinat, Avocado, Kiwi, Orangen, Erdnüsse und Pistazien. Hin und wieder mal ein schwarzer Kaffee ist auch nicht schlecht für den Darm.

Und noch ein Tipp: In deinen Porridge kannst du zum Frühstück auch Carobpulver einrühren, das beruhigt den Darm. Ich nehme davon nur einen halben Teelöffel mit rein, ansonsten ist der Geschmack zu derb.«

»Toll! Danke, dass du mir das alles sagst.«

»Gern.«

»Was hältst du eigentlich von Superfood?«

»Für mich haben diese Lebensmittel den Namen Superfood verdient, da sie sogenannte Alleskönner sind: Kurkuma wirkt entzündungshemmend, Granatapfel hat wertvolle Antioxidantien. Auch Leinsamen, Oregano, Heidelbeere, Grünkohl, Stangensellerie, Himbeere, Brokkoli, Avocado, Physalis und Datteln haben den Titel Superfood verdient. Man sagt, drei Datteln am Tag sichern das Überleben, da sie so nährstoffreich sind. Da fällt mir noch ein: Iss Früchte immer in ganzer Form und nicht in Form von Saft.«

»Warum denn?«

»Da der Saft anders verstoffwechselt wird. Der Zucker gelangt so viel schneller ins Blut, das lässt den Insulinspiegel fix ansteigen. Außerdem verfettet die Leber bei zu viel Fructose. Dein Körper zeigt dir durch den Reizdarm, dass er genug hat. Dass du dein Verhalten ändern musst. Vielleicht auch, dass du auch noch mehr Methoden zur Stressbewältigung lernen solltest. Er zeigt dir, dass er brennt.«

»Ja, das stimmt, es tut öfter krampfartig weh, als ob mein Darm ein Strang wäre und dann macht er eine Komplettentleerung. Manchmal wird mir direkt schlecht vorher und ich bekomme Kreislaufprobleme. Manchmal hab ich nur links im Bauch immer diesen Schmerz. Öfter hab ich Blähungen und einen vorgewölbten Bauch. Es wechselt zwischen Verstopfung, wenn ich nichts mache und zu Hause bin und Durchfällen, wenn ich einen Termin habe oder zur Arbeit möchte.«

»Siehst du, dein Körper zeigt dir, dass dein Verhalten nicht gut ist. Lerne, auf deinen Körper zu hören und nicht andersherum. Er wird nur rebellieren und dich im schlimmsten Fall mit einer Krankheit bestrafen. Nun nimm diese Weisheit und ändere dein Leben und schick den Reizdarm ins Jenseits!«

»Ja, aber wie denn?«

»Du darfst dich nicht zusätzlich unter Stress setzen. Du musst dein Hirn beruhigen. Das heißt, geh früher los zur Arbeit. So, dass du dort noch genügend Zeit hast, um noch mal auf Toilette zu gehen. Pack dir Wechselsachen ein, das stellt eine zusätzliche Beruhigung dar. Es gibt Leute, die sind grundsätzlich zu spät dran. Für mich hat dies etwas mit mangelnder Disziplin und ‚nem verschobenen Zeitplan zu tun. Ich bin grundsätzlich eine Viertelstunde vor dem Termin da. Für mich bedeutet dies weniger Stress, weniger Reizdarmsymptome. Atmung beruhigt auch ungemein, besonders, wenn du bei Stress tief durchatmest.

Unserem Körper ist es egal, ob wir nur daran denken, in Hektik zu verfallen oder tatsächlich in Zeitnot stecken, da wir zu spät dran sind. Die Hormonausschüttung im Körper ist die gleiche. Genauso bei dem Gedanken an etwas Schönes oder wenn wir uns gerade einen neuen Sportwagen gekauft haben. Wieder ist die Hormonausschüttung dieselbe. Genauso bei den Gedanken an deinen Reizdarm. Redest du dir permanent ein, nachher in Stress zu verfallen, da du an einen bestimmten Ort musst, wird dein Darm reagieren. Er verfällt in die gewohnten Muster und schüttet dieselben Stresshormone Adrenalin und Cortisol aus. Ebenso kannst du deine Gedanken stimulieren, positiv zu bleiben und bei jedem schlechten Gedanken, der aufkommen möchte, eine Mauer davor zu schieben und umzudenken.«

»Danke, du bist wahnsinnig toll! Du holst mir die Dinge vor die Augen, die ich eigentlich wissen müsste, nur irgendwie nicht wahrhaben wollte. Ich habe immer das Gefühl, dass ich alles an mich heranlasse und jeder Blick oder jedes komische Wort verletzen mich.«

»Es gibt eine Grenze zwischen dir und anderen Personen. Zieh sie. Sei nicht angreifbar und offen für jeden. Alles sind Momentaufnahmen und jeder sagt mal etwas Doofes. Wichtig ist, dies zu reflektieren. Nicht sauer auf sich zu sein, es jedoch beim nächsten Mal besser und klüger anzustellen. Stell dein Verhalten infrage, nicht dich.

Wenn Leute zu mir sagen, das ist dein Lebensstil oder ich interessiere mich nicht für so was, dann belächle ich es ein wenig und sage dann: Wir sind körperlich gleich aufgebaut, du wie ich. Unsere Körper funktionieren ähnlich. Dein Körper braucht Nährstoffe und Bewegung genau wie meiner. Wie kannst du also sagen, es wäre mein Lebensstil, wenn wir vergleichbar funktionieren?

Es ist nichts, was ich mir erdacht habe, ich habe nur meinen Lebensstil meinem Körper besser angepasst, damit er gesund ist und ich glücklich.«

»Ich denke auch, dass ich da noch einiges lernen muss. Du gehst so toll mit dir um.«

»Ich musste es lernen, da mein Körper mir ebenfalls Grenzen gesetzt hat. Mutet man dem Körper zu viel zu, sei es mit ungesunden Lebensmitteln, zu wenig Bewegung, mit zu viel Essen, mit Rauchen oder Alkohol, wird dein Körper dir die Quittung dafür geben. Du wirst früher oder später die ersten Anzeichen spüren, das ist so sicher wie das Amen in der Kirche.

Egal, welche Interessen du hast, welchen Beruf oder welche Vorlieben … Unsere Körper funktionieren ähnlich, das sagte ich bereits. Deswegen ist es so wichtig, sich damit auseinanderzusetzen, seinen Körper gut zu behandeln. Gesund zu essen, ausreichend zu schlafen, sich zu bewegen. Es sollte eine ausgewogene Kombination zwischen Beweglichkeit, Ausdauer und Muskelaufbau geben. Für Körper, Seele und Geist ist es von großer Bedeutung, sich zu lieben und das zu tun, was einen glücklich macht. Auch, seine Ziele zu verfolgen.«

»Beweglichkeit und Dehnung muss ich nicht extra trainieren, ich bewege mich im Alltag schon genug.«

»Dies ist eine der häufigsten Ausreden, keinen Sport zu machen. Hab keine Ausreden, finde Lösungen! Lebe!«

»Ja, ich denke auch, dass ich in Zukunft meine Tage besser nutzen werde.«

»Halte keine besondere Kleidung zurück, mach dich schön. Egal, ob du nicht vorhast, das Haus zu verlassen oder ob du auf Arbeit gehst. Mach dich hübsch. Was auch immer du für Sachen aufgehoben hast. Nutze sie. Warte auf nichts. Es heißt nicht umsonst, nutze den Tag! Sei dir wichtig genug, um jeden Tag das Beste aus dir herauszuholen.

Zieh natürlich nur das an, was du wirklich cool findest, Kopien gibt es schon ausreichend. Alles ist erlaubt, nur gib dir genug Mühe für dich. Damit meine ich nicht, dass du dein Geld sinnlos für Klamotten rauswerfen sollst. Nein, ganz und gar nicht. Nutze die Dinge, die bei dir im Schrank hängen und werde kreativ. Kauf dir ab und zu was Neues und mach dich somit glücklich. Lass zum Beispiel deine Nägel, Wimpern oder Haare schick machen, lebe deine Schönheit.

Ich habe mich früher genauso oft schlecht gefühlt wie du. So, als wenn ich alles, was ich mir eigentlich wünsche, nicht verdient hätte.«

»Ja, genau. Irgendwie fühle ich mich weniger gut als andere …«

»Doch wir haben exakt das alles verdient, wie jeder andere Mensch alles verdient hat. Du bist gut und liebenswert und fleißig, somit hast du genau das verdient, was andere mit diesen Werten verdient haben.«

»Wie motivierst du die Klienten, wenn sie ihren Schweinehund nicht überwinden können?«

»Ich lebe vor, was ich den Leuten verspreche. Die meisten Menschen sind sensibel genug, um herauszufiltern, ob man die Wahrheit spricht und es selbst so lebt oder nicht. Ich begegne den Leuten freundlich, so wie ich es ihnen gegenüber auch wirklich fühle. Das motiviert sie, danach zu streben, genauso viel Glück wie ich zu empfinden. Mein Motto ist dabei: Hilf gut und oft. Nur das ist der einzig richtige Weg.«

»Das merkt man und das versprühst du mit deiner Art.«

»Danke, Kleines! Ich arbeite daran, für mein Empfinden, meinen Körper und meine Vorstellungen perfekt zu werden. Du wirst denken, o Gott, niemand ist perfekt und wie überheblich sie ist! Du hast recht, niemand ist perfekt, weil niemand alles kann. Daran arbeite ich auch nicht. Ich arbeite nur an meinen Zielen und darin möchte ich aus mir eben das Perfekte herausholen. Es ist mein ganz normaler Anspruch an mich. Das erwarte ich von jedem Menschen. Dass er für die Dinge, für die er am meisten brennt, alles gibt und noch ein bisschen mehr.«

»Nein, ich finde den Anspruch an dich überhaupt nicht überheblich. Es zeigt, wie stark du bist. Du bist wie ein Karamellbonbon.«

Jasmin prustet laut los. »Wie, du vergleichst mich mit einem Karamellbonbon? Ich versuche, dir den Zucker abzugewöhnen und du vergleichst mich mit Karamell?«

»Ja, dein Charakter ist so butterweich und du bist so liebevoll soft zu den Menschen. Wie wunderbares Karamell eben ist, samtig weich und glatt.«

Jasmin lacht nun noch viel mehr und aus vollem Herzen. »Was mir gerade noch einfällt, ich habe in der App gesehen, dass dein Schlaf sehr unterschiedlich ausfällt.«

»Ja das ist richtig. Ich gucke manchmal sehr lange fern. Ist das schlimm?«

»Dein Schlafrhythmus ist äußerst wichtig für deine Regeneration und deine Schönheit. Acht Stunden sollten dabei das Minimum sein. Das weißt du doch bereits. Als die goldene Zeit der Regeneration beschreibt Herr Yoshinori Nagumo in dem Buch *Ein leerer Magen macht gesund* die Zeit von zehn bis zwei Uhr nachts.«

»Gut, dann ist das also auch etwas, worauf ich achten werde. Ich hab das Gefühl, du machst aus mir einen neuen Menschen«, scherze ich.

»Nur einen besseren für dich selbst«, sagt Jasmin.

»Ich muss jetzt auf Arbeit«, entschuldige ich mich.

»Alles gut, geh nur. Wenn ich es schaffe, dann komme ich zum Abendessen vorbei«, sagt Jasmin.

»Ich würde mich total freuen!«

»Na, dann vielleicht bis später!«

-Jasmin-

Kurz vor dem Feierabend wende ich mich an Evan, der völlig vertieft auf den PC starrt. »Ich habe mir heute vorgenommen, Leni mal auf der Arbeit zu besuchen.«

»Ernsthaft?«, fragt Evan und mustert mich auf meinem Bürosessel. »Du lässt dir die Mehrarbeit nicht bezahlen und das stört mich. Meinst du nicht, du übertreibst es mit ihr etwas?«, wettert Evan.

»Nö, tschüss.« Ich lasse ihn unbekümmert allein im Büro zurück.

Im Restaurant angekommen sehe ich Leni, sie bedient gerade zwei andere Gäste. Als sie mich sieht, kommt sie gleich auf mich zu.

»Das ist ja 'ne Überraschung!«

Sie drückt mich. »Ich dachte, ich guck mir mal deine Arbeit an.«

»Toll, sehr gern. Nimm den Tisch hier, in der Nische ist es sehr gemütlich.«

»Danke, Leni.« Sie bringt mir, ohne dass ich danach gefragt hätte, ein Wasser. »Perfekt, du kennst mich einfach.« Ich grinse sie an.

Sie nickt. »Ich mach es ja jetzt nicht anders.«

Es dauerte nicht lange und ein sehr attraktiver Mann und seine Freundin kommen herein. Leni läuft rot an und wirkt nervös. Was hat sie nur?

Als sie wieder zu meinem Tisch kommt, um meine Essensbestellung aufzunehmen, frage ich sie direkt: »Leni, wer ist das?«

Leni seufzt. Ich erwarte ungeduldig ihre Antwort.

»Der da drüben, das ist Keno. Mein Date, mit dem ich auf dem Weihnachtsmarkt war«, erzählt sie verlegen.

»Oh, verstehe. Ist das seine Freundin?«

»Nee, nur eine Arbeitskollegin.«

»Ach so! Da hast du dir aber einen Hübschen gesucht.«

»Ja, finde ich auch.« Sie strahlt.

»Er beobachtet uns«, flüstere ich ihr zu. Leni ist kurz vorm Durchdrehen. »Er schielt hin und wieder zu uns. Bleib cool, die Kollegin von ihm scheint sehr bissig zu sein. Sofort, wenn er zu uns schaut, kommt offensichtlich ein Spruch von ihr.«

»Ich mag sie auch nicht«, flüstert Leni. »Aber ich muss jetzt erst mal weitermachen.«

»Alles klar.« Ich zwinkere ihr verschwörerisch zu. Ich bin beeindruckt, was für einen Mann Leni angezogen hat. Er scheint auch eher in meinem Alter zu sein. Als Leni weg ist, wagt er trotzdem hin und wieder einen schüchternen Blick zu mir. Als sich unsere Blicke treffen, geht das tief in mich hinein. Uhh, er ist wirklich sehr schön … Er erwidert meinen Blick.

Er trinkt Bier, das törnt mich etwas ab.

Sandy quatscht mich voll, doch die Frau schräg gegenüber zieht meine Aufmerksamkeit zu hundert Prozent auf sich. Ihre Präsenz ist unwiderstehlich für mich.

»Was guckst du denn nur immer? Ah, verstehe!« Sandy lugt über meine Schulter. »Die hübsche Schwarzhaarige, wa?« Sandy schaut nochmals. »Na ja, also wenn ich sie genau betrachte, die hat definitiv einen Mann.«

Selbst Sandy findet keinen Makel an dieser wunderschönen Frau, den sie preisgeben könnte. Deswegen muss sie mit diesem leeren Satz um die Ecke kommen. Sie stiert und stiert und versucht weiterhin, etwas Negatives zu finden. Ich feiere innerlich. Wie diese kleine Frau da drüben den Raum mit ihrer Aura füllt und selbst Sandys Blicke magnetisch anzieht. Unfassbar!

»Leni, wer ist deine Freundin da drüben?«, frage ich sie beim Bezahlen. Leni sieht so aus, als hätte ich ihr gerade einen Schlag verpasst.

»Das ist Jasmin, mein Coach.«

»Toll, dass sie dich hier besucht«, lenke ich schnell ab. »Wie gehts dir sonst so?«

Sie scheint erleichtert zu sein, dass ich nicht mehr wissen will. Diese Info reicht mir eigentlich auch.

Als ich im Hotelzimmer bin, google ich nach der App, von der mir Leni erzählt hat.

Jasmin. Und prompt taucht ein Bild von ihr auf. Sie coacht. Das ist sie! Ich juble laut auf, wegen meines Erfolgs. Ich spüre ein Feuer, das habe ich schon ewig nicht mehr gefühlt. Jetzt fehlt mir nur noch die zündende Idee. Was kann ich machen, um ihre Aufmerksamkeit auf mich zu ziehen?

Jasmin begleitet mich nach der Arbeit nach Hause. Ich glaube, Keno hatte Interesse an ihr, aber das erzähle ich ihr nicht. Ich möchte ihn doch so gern für mich haben. Ich habe schon ewig keinen Besuch mehr bei mir zu Hause gehabt, und hoffe, mein Opa rastet nicht aus. Besser wäre es, er bekommt es nicht mit. Ich nehme mir vor, bei mir oben zuzuschließen.

»Und Kleines, wie läuft es?«, fragt Jasmin, als sie bei mir auf der Couch Platz nimmt. Mein Opa scheint nichts mitbekommen zu haben.

»Weißt du, wie schwer ich es habe, ein normales Essverhalten hinzubekommen? Ohne immer mehr zu fressen, um mich damit zu bestrafen. Weißt du, wie schwierig es ist, wenn man weder ein Sättigungs- noch ein Durstgefühl merkt? Es ist sehr schwer. Ich fühle mich unmenschlich. Als ob jeder außer mir ein normales Verhalten hat!«

»Das ist Quatsch.«

»Es fühlt sich aber so an! Alle, die ich beobachte, bekommen es geregelt, ihr Essverhalten normal zu gestalten und trotzdem dünn zu bleiben. Mein Körper fühlt sich ständig gebläht, aufgequollen und schlapp an.«

»Das wird sich legen, sobald sich alles eingespielt hat«, beruhigt mich Jasmin mit einem sanften Lächeln.

Ich bin wieder etwas besser drauf. »Erzähl mir von deiner Ernährungsumstellung.«

»Es geht mit Hochs und Tiefs voran. Du musst dich sehr oft selbst beobachten, wie du fühlst und warum du wie handelst, was dein Körper dir sagt und wie er auf bestimmtes Essen reagiert. Es gibt öfter Rückschläge, doch dann geht es wie gewohnt am nächsten Tag mit dem Plan weiter. Reflektier nach so einem Rückfall, warum der so zustande kam, such Lösungen und hak den Vorfall ab.

Den größten Fehler, den ich damals gemacht habe, war, dass ich die überschüssige Energie ins Essen gesteckt und nicht wegtrainiert habe. Ich habe versucht, mich zu beruhigen und das mit Essen. Mein Verdauungssystem hat das alles nicht verkraftet. Der ganze Teufelskreis hat mir Depressionen und Unwohlsein gebracht und es hat mir jegliche Freude am Essen genommen. Ich habe es sogar als Feind gesehen, da überall die Gefahr lauerte, dass, sobald ich wieder anfing zu essen, nicht mehr stoppen konnte. Das ging so lange mit dem Essen, bis mein Körper nicht mehr anders konnte und den Reizdarm entwickelte. Dar war ein Geschenk.«

»Es war WAS?!«

»Ein Geschenk«, wiederholt Jasmin. »Denn nur so wurde ich zum Handeln gezwungen und habe zugleich meine Berufung gefunden. Gott würfelt nicht. Es hat alles einen Sinn im Leben. Jedes Schlechte bringt immer etwas Gutes, indem wir uns weiterentwickeln und daran wachsen. Du musst aufhören zu denken, du könntest mit etwas deinen Körper verarschen, um heimlich zu planen, es irgendwann dann doch wieder anders zu machen. Der Körper ist ein komplettes System. Gedanken und die Funktionen, das gehört zusammen und es arbeitet zusammen. Selbst Schmerzen kann man durch Denken anziehen. Somit ziehst du genau dein Nichtabnehmen an, wenn du planst, deinen Körper dann doch wieder zu verarschen, der bunkert genauso heimlich. Du musst dich genährt fühlen und dem Körper zeigen, dass immer wieder die Nährstoffe, die er braucht, verlässlich zugeführt werden. So kann er auch überflüssige Fettansammlungen loslassen. Dein Körper ist wahnsinnig belastbar. Sei mental stark, hab Selbstbewusstsein! Liebe dich! Sei aktiv und nähre deinen Körper. Dann bist du unbesiegbar. So, und jetzt machen wir Sport!«

»Wir machen WAS?« Leni lacht.

»Auf gehts! Jetzt trainieren wir. Wir starten mit etwas Aerobic Dance zur Erwärmung.«

»Ich bin beeindruckt! Leni, du gibst ja echt Gas.« Jasmin freut sich.

»Ja, meine Ausdauer hat sich jetzt schon verbessert«, bestätige ich.

»Wie machst du es sonst?«

»Na, mit YouTube. Mal Bauch, Beine, Po, mal Aerobic, mal Dehnung.«

»Sehr gut. Lass uns bissel twerken, also zur Musik gekonnt mit dem Arsch wackeln«, sagt sie.

»Oooookay, weil du es bist«, sage ich schmunzelnd.

»Fühle das Kribbeln in dir. Lächle!«, motiviert Jasmin weiter. »Das Leben ist so schön und es hat so unendlich viel zu bieten. Mach dein Hirn durch Sport frei. Wenn du es schaffst, dich so beim Sport anzustrengen, dass die Endorphine wie nach 'nem Orgasmus sprießen, das weißt du, sind Gefühle geiler, als was dir Schokolade oder sonst was bieten könnte. Aggressionen treibst du beim Sport aus oder Sex, Sex hilft auch.«

»Okay, dann muss es erst mal beim Sport bleiben.« Ich lache. »Ich hoffe nur, dass der innere Schweinehund mich nicht einholt.«

Jasmin bleibt kurz stehen. »Der Schweinehund ist unser Unterbewusstsein, es möchte uns schützen. Der ist nett und lieb. Er ist im Hier und Jetzt, denkt nicht an die Zukunft. Er nimmt alle Erfahrungen aus der Vergangenheit. Wie ihn überzeugen? Gehe so mit ihm um:

1/3 würgen, also seinem Willen nicht stattgeben,

1/3 freier Schweinehund lassen, also seinen Willen akzeptieren,

1/3 Kompromiss, also einen Zwischengrad zwischen würgen und lassen finden.

Er hat trotzdem ein Bedürfnis, deswegen müssen wir mit ihm eine Lösung suchen. Wichtig ist, dass du dein

Sportprogramm jeden Tag beibehältst. Und wenn es den einen Tag nur fünf Minuten an Sport sind, immer machen! Das hilft deinem Hirn, es beizubehalten und die Gewohnheit weiterzuführen.«

»Ich bewundere dein Durchhaltevermögen so sehr, Jasmin!« rufe ich erleichtert aus.

»Viele meiner Klienten haben mich öfter gefragt: Wie machst du das, dass du immer frisch, fröhlich und gelassen jeden Tag auf Arbeit bist? Ganz einfach, ich habe meinen Tagesablauf so gestaltet, dass er effektiv und sinnvoll ist, mich fordert, aber mich nicht stresst und ich die Dinge machen darf, die ich liebe. Dies hat einige Zeit gedauert, da ich testen musste, was mich wirklich glücklich macht, wie es am besten funktioniert und zeitlich effektiv ist.

Und auch in der nächsten Zeit wird an einem perfekten Tagesablauf gefeilt, da ich mich immer weiterentwickeln möchte. Ich möchte mal eine kluge Oma sein, die vor ihren Enkeln mit Wissen glänzen kann. Und nicht im Schaukelstuhl sitzend über das Wetter reden muss, weil mir nichts einfällt oder ich in dieser aktuellen Zeit gedanklich nichts mehr mitkomme.

Das ist mein Ansporn an mich. Ich habe eine Klientin, die ist als Oma total stylisch gekleidet, ist liebenswert, immer noch wissbegierig und im Reinen mit ihren Lieben. Sie ist mein Vorbild.

Der Schlüssel zum Erfolg ist, bekomm es hin, auf die Art Geld zu verdienen, die dir Spaß macht. Und nicht so, dass du morgens früh schon einen Kotzkrampf bekommst, wenn der Wecker klingelt. Und wenn es andere schaffen, sich, was Ernährung und Sport betrifft, mehr zu disziplinieren, sei nicht neidisch oder skeptisch. Nimm sie als Vorbild und werde auch erfolgreich. Wie schon gesagt: Nicht dadurch, dass du sie kopierst, sondern durch die Verfolgung deiner ganz eigenen Berufung. Die, die du im Herzen trägst.«

»Ich möchte es auch schaffen und so erfolgreich und so schön sein!«

»Das wirst du! Jeder Mensch kann schön sein. Kümmere dich ausreichend um deinen Körper. Lerne, dich zu lieben, zeige, dass du schön bist und du dich schön findest. Ich mach mich jetzt los und du gehst schön schlafen, okay?«, verabschiedet sich Jasmin liebevoll.

»Okay, danke Jasmin!«

»Gern!« Sie umarmt mich und macht sich auf den Heimweg.

Kapitel 9

Männer wollen erobern

-Leni-

Bing, bing, macht mein Handy und weckt mich. Ich traue meinen Augen kaum, als ich die Nachricht lese.

»Hallo, hier ist Keno. Sorry, dass ich mich länger nicht gemeldet hab, ich hatte viel zu tun. Hast du Lust, mit mir heute einen Kaffee trinken zu gehen oder musst du arbeiten?«

»Ja, klar gern! Ich habe heute frei.« Mein Herz schlägt wild und ich stürme ins Bad. Ich verbringe den Vormittag mit 20-minütigem Sport und sortiere dann meinen Kleiderschrank um, um mich vorzubereiten.

-Keno-

Als ich das Café betrete, wartet Leni schon an einem Tisch auf mich.

»Hallo«, begrüßt sie mich schüchtern.

Wir plaudern ein wenig über das frostige Wetter und meine Arbeit.

»Bist du eigentlich selbstständig?«

»So in der Art, ja«, antworte ich.

»Findest du das besser, als angestellt zu arbeiten?«

»Na ja, ich finde, egal, ob Arbeitnehmer oder Geber, man sollte wissen, wie man sich richtig verhält.«

»Was meinst du damit?«

»Wenn man Arbeitnehmer ist: Überlege, wie du dem Unternehmen von Nutzen bist und der Firma mehr Geld einbringen kannst. Nur so wirst du eine Anerkennung erfahren. Sei pünktlich, sei strebsam, so bekommst du auch Sonderkonditionen eingeräumt. Besonders wichtig ist es, freundlich und ehrlich zu sein. Lästere nicht mit anderen Mitarbeitern über deinen Chef. Da kannst du dann nämlich sicher sein, dass er sensibel genug ist, Mitarbeiter zu erkennen, welche sich von vorn herum einschleimen und solche, die wirklich hinter ihm stehen. Wenn du mehr Geld möchtest: Schlage dies deinem Chef vor, aber nicht ohne eine sinnvolle Idee zu haben, wie du der Firma mehr Geld einspielen kannst. Nur nehmen und nichts geben, das wird nicht funktionieren. Dein Gehalt wird sich mit den Jahren, bei disziplinierter Arbeit oder eben bei mehr Leistung, steigern.

»Und wie ist das, wenn man selbstständig ist?«, fragt Leni.

»Wenn du es satt hast, dass dein Chef mehr Geld verdient als du, dann mach dein Ding und mach dich selbstständig. Entweder, du nutzt die Methode oben und bist ein zufriedener Arbeitnehmer. Wovon es wirklich viele gibt und dem nichts abzusprechen ist, wenn es den Menschen ausfüllt und er glücklich damit ist. Oder du machst eben dein eigenes Ding und nimmst dafür deine Energie. Hauptsache, du bist glücklich und verschwendest deine Zeit nicht mit Blablabla und schlechtreden. So was fällt am Ende auf dich zurück. Du stellst dich ins schlechte Licht und niemand anderen.

»Du coacht genauso gut wie Jasmin«, sagt Leni.

»Das war doch die schwarzhaarige Lady mit der du dich im Restaurant unterhalten hast.« Endlich kommen wir zum Thema, weswegen ich eigentlich hier bin.

»Ähm, ja …«, antwortet Leni.

»Woher kommt sie denn?«, frage ich. Leni scheint das gar nicht zu gefallen, dass ich etwas über sie wissen möchte.

»Jasmin kommt nicht von hier, sie lebt in Leipzig.«

»Ach, das ist doch nicht weit«, schießt es aus mir heraus.

Leni verzieht sichtlich getroffen ihr Gesicht.

»Und wie macht ihr das so, dass sie dich coacht?«

»Na, sie gibt mir Tipps, was das Abnehmen, den Sport und die Umstellung meines Lebensstils betreffen.«

»Oh, okay, das ist interessant! Und wie macht sie das?« Ich wollte einfach mehr von Jasmin hören. Leni ist genervt.

»Sie hat eine App, das habe ich dir schon auf dem Weihnachtsmarkt erzählt«, sagt sie kurz.

»Eine App?« frage ich erstaunt.

»Ja, ich habe es im Fernsehen gesehen und es hilft mir sehr.« Sie verdreht leicht die Augen.

»Wie heißt die App noch mal?«, frage ich.

»Jasmin.« antwortet Leni. »Wollen wir dort drüben noch in die Sushibar?«

»Gern!«

Gedankenversunken stopfe ich mir das Sushi rein. Ob Jasmin wohl einen Mann hat? Ich traue mich nicht, Leni danach zu fragen, ich musste ihr ja schon die Infos vorhin regelrecht aus der Nase ziehen. Leni löchert mich mit Fragen, über mein Leben in den USA und über mein Denken über Beziehungen. Ich habe das dumme Gefühl, dass sie etwas von mir will. Ich winde mich wie ein Fisch und versuche, das Gespräch immer wieder auf Jasmin zu lenken. Doch Leni blockt komplett ab. Schließlich gebe ich auf. Ich beantworte all ihre Fragen, bis ihr nichts mehr einfällt. Dann zahle ich für uns beide und verabschiede mich freundlich. Sie will mich drücken, ich lasse das bereitwillig zu. Doch wohl fühle ich mich dabei nicht.

Wieder im Hotel durchdenke ich meinen Plan. Anfangs wollte ich vorspielen, dass ich mich zwecks meines Films für Jasmins App interessiere. Doch Jasmin klingt sehr intelligent, zumindest das, was ich bis jetzt über sie gehört und gelesen habe. Sie würde den Braten sofort riechen.

Ich rufe im Büro bei Jasmin an. »Hallo, hier ist Evan! Was kann ich für Sie tun?«

»Ich würde gern mit Jasmin sprechen.«

»Tut mir leid, sie arbeitet heute nicht. Es ist Samstag und Sie rufen außerhalb unserer Geschäftszeiten an.«

»Das tut mir leid«, stottere ich.

»Vielleicht kann ich Ihnen ja auch weiterhelfen«, sagt Evan. Er ist offensichtlich Jasmins Geschäftspartner und er klingt skeptisch. Er ahnt womöglich, dass ich mehr Interesse an Jasmin als an der App habe. »Ich habe Interesse daran, mich coachen zu lassen.«

»Was wollen Sie verbessern?«

»Ich möchte Muskelaufbau betreiben und meine Ernährung umstellen«, behaupte ich. Das ist nicht ganz gelogen. Die Vorstellung, dass ich nur noch Salat essen soll, lässt mich allerdings erschaudern.

»Gut, ich gebe es an Jasmin weiter. Sie wird sich bei Ihnen melden.«

»Vielen Dank.«

Den ganzen Tag wartete ich ab und abends bekomme ich dann eine WhatsApp. »Hallo, mein Name ist Jasmin. Mein Kollege sagte, Sie interessieren sich für ein Coaching?«

»Hallo, ja, das ist richtig! Ich möchte Muskeln aufbauen und meine Ernährung umstellen.«

»Wie haben Sie denn von mir erfahren?«

»Ich kenne jemanden, den Sie coachen. Wir haben uns auch schon mal im *Belladonna* in Merseburg gesehen.«

»Ah, alles klar. Wäre es okay für Sie, wenn wir telefonieren, um alles abzustimmen?«

»Das können wir auch gern bei einem Kaffee besprechen. Ich würde auch nach Leipzig in ein Café kommen. Darf ich Sie dann einladen?«

»Na gut. Eigentlich mach ich das nicht mit Fremden, aber ich denke, ich kann Ihnen vertrauen.«

»Ich möchte nur reden und Kaffee trinken. Sie brauchen keine Angst zu haben.«

»Okay. Morgen Nachmittag um drei im *Café Birkley*?«

»Alles klar. Ich habe es gegoogelt. Ich freu mich!« Darauf antwortet sie nichts mehr. Es reicht jedoch, dass ich mit einem fetten Grinsen zum Abendessen gehe und mich selbst Sandy nicht mehr von dieser Stimmung abbringen kann.

-Jasmin-

Ich fasse es nicht, dass sich dieser heiße Typ bei mir gemeldet hat und von mir gecoacht werden will. Ich stehe vor dem Café und keine Minute später taucht er auf. O mein Gott, ich falle gleich um. Cool bleiben, Jasmin. »Hey«, begrüße ich ihn.

»Hallo, Jasmin«, sagt er ganz vertraut und gibt mir einen sanften Wangenkuss.

Prima, läuft klasse, in dem Moment laufe ich nämlich hochrot an. Ich merke die Hitze im Gesicht. Er strahlt etwas aus, dass ich mich in seiner Gegenwart plötzlich sehr wohl fühle, denn ich spüre, dass er mindestens doppelt so aufgeregt ist, da er total still und in sich gekehrt wirkt. »Komm, lassen Sie uns reingehen«, sage ich fröhlich. Ich übernehme das Zepter und meine Aufgeregtheit verfliegt, während ich einen Platz anvisiere.

»Ich würde gern mehr über Ihre App erfahren«, sage ich.

»Ich dachte, Sie möchten sich coachen lassen?«

»Ja, das ist richtig. Dazu finde ich Ihren Auftritt sehr präsent und anders als das, was ich sonst so auf Social Media sehe. Womöglich würde ich gern davon etwas in meinem neuen Film einbauen. Aber vorrangig, das ist schon ganz richtig, möchte ich etwas für meine Gesundheit tun.« Ich könnte kotzen, als ich sie anlüge. Und auch das mit dem Film wollte ich doch eigentlich nicht raushauen. Sie macht mich so nervös. Aber ich weiß auch, dass ich sie ohne solche Tricks nicht kennenlernen kann.

»Okay, worum geht es denn in Ihrem Film?«

»Es ist eine Liebesgeschichte mit etwas Bildungshintergrund, alles soll darin vorkommen. Neuzeitcharme wie Höfliches. Von daher lasse ich mich gern von Menschen und Bauten inspirieren.«

»Verstehe, wie Leni also.« Jasmin lächelt breit. »Ich sehe in Leni meine kleine Schwester, die ich nie hatte. Ich merke, dass man ihr helfen muss.«

Ich sage ehrlich überzeugt: »Ich bin sehr zuversichtlich, dass Sie das tun werden.«

»Ich gebe mein Bestes«, sagt Jasmin.

Es war mir klar, dass sie mir keine Details erzählen wird.

»Was wollen Sie gesundheitlich verbessern?«

Mist, ich dachte mir, dass sie diese Frage stellen wird. »Na ja«, stottere ich, »ich kenne mich nicht besonders mit gesunder Ernährung aus. Vielleicht können Sie mir da etwas zu erzählen?«

Sie sieht mich skeptisch an. »Was soll man da sagen? Keine Ahnung, was Sie hören möchten …? Haben Sie ein Ziel?«

Ich bin verwirrt, weil ich alles doppeldeutig verstehe. So sehr, wie ich an Jasmin interessiert bin. »Ein Ziel?«

»Ja, wollen Sie abnehmen, zunehmen, haben Sie eine Krankheit oder wollen Sie im Sport weiterkommen?«

»Ich würde gern mehr Muskeln aufbauen.«

»Trainieren Sie?«

»Ab und zu mit Hanteln. Ich mache ein paar Liegestütze, Klimmzüge und ein paar Dips in meiner Wohnung in New York.«

»Sie wohnen in den USA?«

»Ja, richtig. Ich bin erst mal nur bis Weihnachten hier.«

»Okay, ich kann Ihnen Ernährungstipps in die App spielen und auch Übungen. Nur, um wirklich Muskelaufbau zu betreiben, werden Sie irgendwann Gewichte brauchen.«

»Das ist kein Problem, wenn Sie mich coachen würden?«

»Gut.«

»Erzählen Sie mir von Ihren Zielen«, bitte ich Jasmin, um möglichst schnell einen Themenwechsel hinzubekommen.

»Meine Ziele?«, fragt sie verwirrt.

»Ja, ich möchte auch wissen, mit wem ich es zu tun habe«, kontere ich.

Sie grinst. »Ich möchte möglichst vielen Menschen einen gesunden Lebensstil nahebringen und mich körperlich und geistig weiterentwickeln.«

»Ich glaube, körperlich sind Sie perfekt«, flirte ich. »Nein, das hab ich nicht wirklich gesagt«, nehme ich das gleich wieder zurück, erschrocken darüber, dass ich meine Faszination für diese Frau so gar nicht verbergen kann.

Sie lacht. »Danke für die Blumen.«

»Was ist eigentlich mit Ihrem Kollegen? Er wirkte so skeptisch und unfreundlich, als ich mit ihm telefoniert habe«, wechsle ich schnell das Thema.

»Ach, Evan«, sie verdreht die Augen. »Anfangs wollte ich mal was von ihm und dann er von mir, zeitversetzt.

Wir sind aber nur Geschäftspartner. Wir arbeiten manchmal bis tief in die Nacht und haben einen Riesenspaß miteinander.«

»Das klingt, als wären Sie beide füreinander geschaffen«, stichle ich.

»Nein, das Beziehungsthema ist zwischen uns tabu.«

Mehr möchte sie offensichtlich nicht darauf eingehen.

»Ich habe momentan ein anderes Problem mit ihm …«, erzählt sie mir ganz offen.

»Möchten Sie es mir erzählen? Vielleicht kann ich einen Tipp geben.«

Sie lässt sich nicht lange bitten. »Es ist so, dass ich einen Adventskalender in Form von Mindset-Geschichten für die App geschrieben habe. Evan gehört jedoch die Hälfte der App und wir kommen einfach nicht auf einen Nenner.«

»Wieso, ist er nicht zufrieden mit den Geschichten?«

»Ach, ich bezweifle, dass er sie überhaupt gelesen hat. Evan findet die Idee zwar doof, die Message in Geschichten zu verpacken, doch für mich war es total geil, da ich meine komplette Fantasie hineinstecken konnte und das Ganze einen sinnvollen Hintergrund hat.«

»Dann klingt es richtig und sehr bunt«, bestätige ich sie. »Ich habe bis jetzt zwei Drehbücher geschrieben und es ist das Schönste, wenn man in so einer Arbeit völlig aufgeht.«

»Ja, genau, das macht mich auch glücklich«, bestätigt sie mich mit einem wundervollen Lächeln.

Ich darf nicht mehr darüber nachdenken, wie gern ich sie küssen würde. »Man hätte die Mindset-Geschichten auch in Kurzfilmen inszenieren können, doch um so viele Geschichten abzudrehen, fehlt uns die Zeit.«

»Ja, das wäre total geil und lustig gewesen«, platzt es aus ihr heraus.

»Wollen wir nicht du sagen?«

»Ja, sehr gern. Ich bin Jasmin.«

»Mein Name ist Keno. Freut mich Jasmin.«

-Jasmin-

Sein Lächeln ist bezaubernd, es hat diesen Hauch von Arroganz, bei dem man eigentlich nur flehen möchte: »Nimm mich jetzt! Sofort!« Super, mein Hirn hat sich meiner Geilheit hingegeben. Wie soll man da normale Fragen stellen können? »Erzähl mir von deinen Ängsten, Süchten und sonst so Dingen, die du sonst nie an einem ersten Kennenlerntag erzählen würdest.« Ich muss diese Frage stellen, um meinem Kopfkino ein Ende zu setzen. Er lacht. Wie er mich ansieht, er ist so ein schöner Mann. Seine Art zu sprechen und seine perfekt geformten Lippen, die wie gemalt sind, machen mich wahnsinnig.

»Ich habe panische Angst vorm Zahnarzt«, platzt es aus ihm heraus.

»Verstehe ich gar nicht, du hast so megaweiße Zähne.«

»Danke.« Er grinst.

»Nein, wirklich!«

»Okay, wenn du in der Zeit, in der du noch hier bist, zum Zahnarzt musst, komme ich mit und halte Händchen«, verspreche ich.

»Das ist sehr großzügig«, scherzt er.

Allein seine Stimme und sein Blick lassen meinen Herzschlag fester werden. Mir steigt schon wieder die Röte ins Gesicht. Während ich mich abwende, sage ich mir: Das ist nicht gut. Keno möchte eine Frage stellen, aber ich falle ihm ins Wort. Ich habe es also immer noch nicht im Griff, andere Leute ausreden zu lassen. Er schenkt mir mit einer Handbewegung das Wort. »Wie sieht es aus mit Süchten? Rauchst oder trinkst du?«

»Ja, ich rauche und Bier trinken tue ich auch öfter. Aber das hast du sicher schon im Restaurant letztens gesehen.«

»Nein, darauf hab ich nicht geachtet«, lüge ich. Natürlich habe ich es gesehen, doch ich gebe hier doch nicht meine Stalking-Fähigkeiten preis.

»Lass uns ein wenig spazieren«, fordert er mich auf.

»Okay«, sage ich gut gelaunt.

»Erzähl mir etwas über deine Familie«, sagt er, als wir draußen sind. Er zündet sich eine Zigarette an. Ich rücke ein Stück weg von ihm.

»Na, da haben wir ja noch was vor uns, was Gesundheit betrifft«, stichle ich. »Okay, also etwas über meine Familie. Schon meine Mutter und meine Oma hatten einen verkorksten Essensstil. Beide sind am Darmkrebs gestorben. Ich habe durch meine Lebensweise, die ich bis zu meinem achtzehnten Lebensjahr von ihnen kopiert habe, einen Reizdarm entwickelt und fühlte mich immer schlapp und müde. Beide haben sich nicht gut ernährt und keinen Sport gemacht, ich wollte diesen Fluch unterbrechen und gesund bleiben. Das ist meine einzige Chance, Krebs später leichter zu überleben oder gar nicht erst zu bekommen.

Meine Mutter hat bei einem Bäcker gearbeitet und allen Süßkram und Brot ständig mit nach Hause gebracht. Meine Oma hat Bonbons geliebt, genauso Eis und Schokolade. Sie waren beides tolle Menschen, charakterlich bombenfest, aber vom Lebensstil her kann und will ich mir an den beiden kein Beispiel mehr nehmen. Was ist mit deiner Familie? Bist du ein Familienmensch?«

»Ja, das bin ich. Meine Mutter lebt mit mir in New York.«

»Wohnt ihr zusammen?«, frage ich etwas misstrauisch.

»Nein.« Er lacht. »Ich bin kein Muttersöhnchen, wenn du darauf anspielen wolltest.«

»Man weiß ja nie.« Ich grinse. »Manche Menschen besprechen dann am Ende mehr mit der Mutter als mit der eigenen Frau.«

»O nein, für mich gibt es da klare Abgrenzungen. Ich liebe meine Mutter, aber eine Frau zu haben, spielt für mich in einer anderen Liga!«

Ich schmelze und schwöre, ich brenne so sehr, es wundert mich, dass der Schnee unter meinen Füßen noch nicht weggeflossen ist.

»Was macht die Liebe bei dir?«, will er wissen.

»Das würde ich auch gern mal wissen, was die so treibt. Ich bin Single.«

Sein Blick erhellt sich. Freut er sich gerade? »Und wie sieht es bei dir aus?«

»Ebenfalls tote Hose.«

»Wie lange schon?« Ich lache wie auf Drogen, neige den Kopf zur Seite und in Richtung Mitte seiner Beine.

»Ey!« Er hält die Hand vor seinen Schritt. »Du bist frech.«

»Dann gib mir doch nicht so viel Grundlage«, spotte ich.

»Ich bin seit vier Monaten Single.«

»Wie lang war deine letzte Beziehung?«

»Zwei Jahre«, antwortet Keno knapp.

»Was waren die Fehler, die in deiner letzten Beziehung passiert sind?«

»Du bist echt neugierig.« Er runzelt die Stirn. »Es war so, dass wir beide recht stur waren und kein Stück aufeinander zugehen wollten, wenn wir uns gestritten haben. Obwohl wir uns geliebt haben, haben wir uns immer weiter durch Trennungsparolen, Beschimpfungen und Ignoranz voneinander entfernt. Das hat irgendwann jedes Feuer im Keim erstickt.«

»Verstehe, das sind wirklich Dinge, die niemand, weder Mann noch Frau, durchleben möchte. Aber ich kenne das auch, wenn es sich hochschaukelt.«

»Ich habe gelernt, dass man über alles reden, seine Gedanken teilen muss. Sich Zeit für tiefgründige Gespräche nehmen muss. Ich habe meine Ex sehr angefeindet, wenn sie es eigentlich gut mit mir meinte. Ihr ständiges Genörgel, zu dem, was ich tat, ging mir irgendwann auf den Zeiger.«

»Wieso, hat sie Alkohol und Zigaretten verabscheut?«, stichle ich wieder, aber Keno scheint den Seitenhieb zu verkraften.

»Das fand sie nicht so krass, hat es aber auch mit bemängelt. Es ging mehr darum, dass ich immer wieder den falschen Umgang gesucht habe. Sie hat mir beigebracht, dass ich genauso werde, wie die Menschen, mit denen ich mich umgebe.«

»Ja, da hat sie recht. Ist wie mit dem Essen: Du bist, was du isst. Scheint 'ne coole Socke zu sein, deine Ex-Freundin.«

»Im Nachhinein finde ich das auch. Nur, ich habe es zerstört, in dem ich sie bei jeder Kritik angegriffen habe und sie als mein Feindbild gesehen habe … Nur, weil ich zu stolz war, um mich zu reflektieren und darüber nachzudenken, dass es da jemand mehr als nur gut mit mir meint.«

»Würdest du sie zurücknehmen?«, platzt es aus mir heraus. *Jasmin, geht das nicht etwas cooler?*

Er sieht mich verwirrt an. »Nein, auf keinen Fall! Wie ich schon gesagt habe, das Gestreite und Ignoriere haben jegliche Gefühle im Keim erstickt. Und Respekt, den man einmal verloren hat, ist kaum wieder aufzubauen. Ich bin ehrlich gesagt auch froh darüber, dass es so gekommen ist, wie es eben gekommen ist. So brauche ich bei meiner Traumfrau nicht mehr solche gravierenden Fehler machen, die eine Beziehung zerstören.«

»Na ja, also, ich bin schon der Meinung, dass man auch etwas Kaputtes reparieren kann. Ansonsten hätten unsere Omas und Opas nicht so viele Goldene und

Diamantene Hochzeitenerlebt. Das ist ja mittlerweile total selten geworden«, sage ich.

»Das stimmt, da hast du vollkommen recht«, sagt Keno.

»Machst du gern Komplimente?«, frage ich.

»Ich bin da eher zurückhaltend.«

»Oh, okay. Keine Komplimente von jemandem zu bekommen, ist allerdings genauso der Tod für die Beziehung.«

»Meinst du?«

»Ja, irgendwann sehnt man sich danach, mal etwas Nettes zu hören. Wie willst du sonst wissen, ob dich deine Partnerin noch genauso toll findet, wenn du nie ein Kompliment von ihr hörst?«

»Da könnte etwas dran sein.«

»Ja«, ich baue mich vor ihm auf.

»Eine Frau sieht so aus, wie ihr Mann sie behandelt.«

»Hmm, trifft das auch auf Männer zu?«

»Ich denke schon. Was ist dir noch wichtig in einer Beziehung?«, fragt er mich.

»Reden. Reden über Probleme und reden darüber, was einem auf der Seele brennt. Man muss gemeinsam Lösungen finden. Sich hinsetzen und reden, diskutieren, bis beide wieder glücklich sind. Egal, zu welcher Uhrzeit! Eine Beziehung muss Priorität haben.«

»Ich finde, es gibt nicht viel Schlimmeres, als im Streit schlafen zu gehen.«

»Das ist manchmal einfacher gesagt als getan.«

»Das stimmt, aber ich finde, man sollte an so einer Abmachung festhalten. Das zeigt auch, wie wichtig einem die Versöhnung ist.«

»Da gebe ich dir recht und weißt du was noch ausschlaggebend ist, damit es gar nicht erst zu einem Riesenstreit kommt?«

»Was denn?«

»Wenn ein Mensch schon so mutig ist und offen dem Partner seine Gefühle kommuniziert, dann ist die

Reaktion des Partners enorm bedeutend. Weist man den Menschen ab, ist das verletzend und respektlos. Ignoranz und Abweisung tötet. Geht man aber darauf ein und nimmt die Gefühle ernst, dann kann man viel schneller eine Lösung finden, bevor es zum Hochkochen der Situation kommt. Diese Lektion musste ich hart erlernen.«

»Ich bin beeindruckt«, bemerkt Keno.

»Was ist dir wichtig?«, frage ich Keno.

»Man soll sich selbst nicht komplett aufgeben und nur Ja und Amen sagen.«

»Das stimmt, aber man muss sich etwas aufeinander einstimmen«, ergänze ich.

»Natürlich, auch gemeinsame Aktivitäten und Ziele zu haben, ist wichtig. Ich meinte damit nur, ein Mann, der nur Ja und Amen zu dir sagt, ist ein Groupie, aber kein Mann auf Augenhöhe für eine Frau.«

Ich lache. »Umgekehrt ist es ja nicht anders. Wie gesagt, man muss seine Gefühle, Gedanken und Emotionen bei seinem Partner äußern dürfen.«

»Toll, das mal zu hören«, ruft Keno freudig aus. »Das ist echt topp.«

»Ja, aber auch andersrum ist es wichtig. Wenn sich ein Mann wie ein Eisblock verhält und sich so gibt, als ob er mit Gefühlen nichts anfangen kann, dann kann sich auch keine Frau fallen lassen und ihm zu hundert Prozent vertrauen. Ich finde, zusammen weinen, lachen, vögeln und nach außen hin Stärke zeigen, das ist 'ne optimale Mischung.«

»Dem kann ich nichts hinzufügen!« Keno lächelt.

»Willst du, dass dein Partner auch dein bester Freund ist?«

»Ja, absolut, für mich ist er dann meine Nummer eins!«

Am liebsten hätte ich ihr vom Fleck weg einen Heiratsantrag gemacht. Was für eine tolle Frau.

»Lieben soll man immer voll und ganz und keinen Raum für etwas anderes lassen. Klar, Selbstliebe ist genauso wichtig, die darf man nicht verlieren«, sagt Jasmin.

Dem ist nichts hinzuzufügen. »Was geht gar nicht für dich?«, frage ich sie.

»Fremdgehen geht gar nicht, denn was man dem anderen seelisch und körperlich damit antut, ist nicht verzeihbar. Andere Frauen oder Männer schön zu finden, ist natürlich, aber vor deinem Partner von anderen zu schwärmen – böser Fehler!«

»Da stimme ich dir zu.«

»Und bei dir?«, fragt Jasmin mich.

»Ich mag es nicht, wenn ich meinen Partner für etwas, was mir aufgefallen ist, aufmerksam mache und er nicht wirklich darauf eingeht. Wenn ich gute Argumente liefere, warum das Verhalten ein Fehler war und er mit: *‚Aber du hast dann und dann das gemacht.‘* kontert. Dies ist weder klug noch schafft es Lösungen.«

»Ja, kann ich nachvollziehen. So was macht einen sauer, da nur sinnlos vom Thema abgelenkt wird.«

»Bist du oft eifersüchtig?«, fragt Jasmin.

»Ja, manchmal schon.«

»Ich auch, aber ich finde, eine gesunde Eifersucht ist okay. Weißt du, was ich richtig uncool finde?«, fragt sie.

»Was denn?«

»Wenn man mal etwas eifersüchtig ist oder ein Problem hat und der Partner weist einen ab. Ich hatte es sogar schon, da wurde der Mann richtig böse.«

»Echt? Ich finde es eigentlich ganz süß, wenn meine Frau etwas eifersüchtig ist. Der Grund, warum sie genau damit zu mir kommt, ist, dass sie von mir aufgebaut werden möchte. Sie möchte einfach meine Sicherheit und Liebe spüren.«

»Siehste, du verstehst mich.«

»Ja, ich möchte ja nichts anderes, wenn es mir mal so geht.«

Wir laufen und laufen. Es fühlt sich so gut an, in ihrer Nähe zu sein. Sie ist so wunderschön, ich will sie, mein Körper verzehrt sich nach ihr. »Bist du ein spontaner Mensch?«, frage ich sie.

»Klar, seitdem ich den Reizdarm nicht mehr habe, kann ich wieder alles tun. Die schweigenden, nörgelnden und skeptischen Menschen kommen doch nie aus sich heraus, das ist uninteressant«, sagt Jasmin fröhlich.

Ihre Augen leuchten. Sie balanciert auf einer kleinen Mauer und dreht sich zu mir. Sie streckt mir die Zunge raus.

»Na warte!« Ich springe mit auf die Mauer und renne drauf hinter ihr her. Das ist ganz schön tricky, da unter dem Schnee alles vereist ist. Sie ist flink, für sie scheint das Eis kein Hindernis darzustellen. Direkt vor einem Hotel stoppt sie, da sie nicht weiterkommt. Ich hole sie ein, ergreife ihren Körper und drücke sie gegen eine Mauer. Sie entweicht mir unter meinen ausgestreckten Armen hindurch. Ich springe von der Mauer und strecke ihr meine Arme entgegen. Sie nimmt diese und springt mich an. Ich lasse sie sanft hinunter.

»Uhh, ich liebe es, wenn Männer Gentlemen sind«, schwärmt sie.

»Gewöhn dich nicht zu sehr daran«, sage ich frech und gebe ihr einen Klaps auf den Po, während sie vor mir herläuft.

»Ich werde dir ein Angebot per Mail schicken und noch ein paar Fragen dazu, damit wir eine Lösung zwecks des Coachings finden, okay?«, fragt sie mich ganz unbeeindruckt von unserem Geflirte.

Ich bin perplex, eigentlich wollte ich sie gerade noch zum Essen einladen. Das lasse ich aber nun sein. »Okay, kein Problem«, sage ich knapp.

Jasmin verabschiedet sich fix und ist schon um die Ecke gebogen. Was ist denn nun passiert? Zum Glück erkenne ich von Weitem das Café von vorhin, sonst hätte ich erst mal den Routenplaner herausholen müssen, um zu meinem Auto zu finden. Jasmin hat irgendetwas Geheimnisvolles an sich. Verwirrt fahre ich heim.

Kapitel 10

Chaos und bunte Knete im Kopf

-Jasmin-

Es war allerhöchste Zeit, mich aus der Situation zu holen! Die Luft brannte extrem zwischen uns. Ich konnte mich nicht darauf einlassen. Ich hatte schon viel zu viel mit Keno geflirtet und mich fallen gelassen. Zwischenzeitlich habe ich Leni total vergessen. Mein Verhalten war falsch. Ich bringe dadurch einen Keil zwischen mich und Leni, auch wenn er offensichtlich nichts von ihr will. Das darf ich so nicht zulassen. Das nächste Mal muss ich professionell bleiben. Und schon wieder lache ich innerlich über mich. Haha. Professionell bei ihm, doch wohl eher horizontal. Ich bin so ein kleines Ferkel.

Am Abend schreibt mir Leni.

»Jasmin, der Reizdarm verbessert sich. Nur in Stresssituationen bekomme ich ihn noch nicht in den Griff.«

»Hey, Leni! Wie ich schon sagte: Du musst mit deinem Körper Frieden schließen und viel besser in dich hineinhören. Die Menschen, die dich wegen deines Reizdarmes unter Druck setzen, indem sie dich stressen und nicht verstehen, dass Stress dich noch kranker macht, die musst du meiden! Zurzeit ist es für dich sinnvoller, vieles zu planen. Am Anfang der Umstellung auf eine neue, gesündere Lebensweise bringen dich Spontanaktionen zu sehr aus der Fassung. Gerade, wenn du nicht einschätzen kannst, was an anderen Orten ist und wie viele Toiletten in der Nähe sind, können diese Orte sehr bedrohlich auf dich wirken. Das kommt, weil du deinen Darm nicht steuern kannst, weil der innere Schließmuskel für dich nicht steuerbar ist. Bei Stress krampft sich leider dein Darm zusammen und veranlasst eine Spontanentleerung. So ist es mit einem Reizdarm. Dies ist für die Betroffenen besonders schlimm, weil sie Angst haben, dass es jemand riecht und sie sich unfassbar dreckig und widerlich fühlen.«

»Ja genau, das ist das Problem! Was kann ich dagegen tun?«

»Erst einmal immer die Ruhe bewahren und dir nicht schon vorher solche schlimmen Szenen im Kopf ausmalen. Dann ist es wichtig, die Tage, an denen du viel unterwegs bist, sicher zu planen. Pack dir Feuchttücher, Ersatzklamotten, im besten Fall Klamotten in der gleichen Farbe, wie du sie schon trägst, und einen geruchsdichten verschließbaren Beutel mit ein. Schon allein zu wissen, dass du Ersatzklamotten dabeihast und dich auf der Toilette reinigen könntest, beruhigt dein Hirn. Irgendwann wirst du das nicht mehr brauchen. Entferne die Menschen, die kein Verständnis für dich aufbringen, nachdem du ihnen deine Situation erklärt hast, aus deinem Leben. Solche sind nur Unruhestifter und machen dich nervös.«

»Ich habe schon oft erlebt, dass die Augen verdreht wurden, wenn ich schon wieder aufs Klo musste.«

»Und das, obwohl du den Menschen von deinem Problem erzählt hast?«

»Ja, richtig.«

»Deswegen achte auf deinen Körper. Wenn du dich nicht nach einem Ausflug fühlst, dann lass es auch sein. Es macht keinen Sinn, sich zu zwingen, dein Körper wird antworten. Dein Körper hat auch Bedürfnisse. Ich sage dir, wenn jeder Mensch begreift, was der Körper für

Bedürfnisse hat und was er zum Leben wirklich braucht, wäre kein Mensch so dumm, sich darüber hinwegzusetzen. Dass es so viele Krankheiten, auch mentale Schieflagen, gibt, liegt schlichtweg daran, dass sich viele über ihre natürlichen Grenzen hinwegsetzen. Wenn du diese Lektion nicht lernst, wird dir dein Problem immer und immer wieder serviert, bis du eine Lösung gefunden hast. Meine Lösung ist, den Stresspegel so niedrig wie möglich zu halten, ausgeschlafen zu sein, Sport zu machen und dem Körper Essenspausen zu gönnen. Wenn der Stress zu hoch ist, dann muss ich kurz Sport machen oder bekomme eine Fressattacke. Ich habe immer eine Wahl.«

»Danke, Jasmin, diese Worte hab ich gebraucht.«

»Jeder Zeit wieder, Kleines.«

Als ich ins Büro komme, arbeitet Evan. »Sogar am Sonntagabend bist du hier?«, frage ich.

»Du doch auch«, spottet er. »Du, das mit den Geschichten …«

»Ja, was ist damit?«

»Ich habe es mir noch mal überlegt.«

»Okay, und?«

»Dann mach es wenigstens kostenpflichtig, wenn du es wirklich durchziehen willst. 'Nen Goldbereich quasi.« Er lächelt verschmitzt und wirkt total zufrieden.

»Nein, die Leute bezahlen genug Geld«, sage ich entschieden.

»Jasmin, du verkaufst dich unter Wert«, mahnt Evan.

Ich ignoriere ihn. Setze mich an meinen Schreibtisch und beginne die Mail für Keno.

Bing, bing. Mein Handy klingelt. Keno hat mir eine WhatsApp geschickt.

»Hey, alles okay bei dir? Ich mach mir Gedanken, weil du vorhin so fix weg warst.«

Ich texte zurück. »Hallo, na ja, es geht so. Mach dir keine Gedanken, es hatte nichts mit dir zu tun.«

»Okay. Wieso nur *geht so*?«

»Ach, Evan redet immer noch gegen die Geschichten und jetzt soll ich den Bereich kostenpflichtig machen.«

»Lass dich von Evan nicht so beeinflussen. Wenn du das für sinnvoll erachtest mit den Geschichten, dann spiel sie auf die App!«

»Das denke ich auch.«

»Danke. Übrigens, in ein paar Minuten bekommst du deine erste Mail.«

»Cool, danke.«

Durch Kenos Motivation traue ich mich, meine erste Geschichte in die App zu stellen. Soll Evan doch meckern.

Adventskalender in der App:

Zuckersüß ist nur die Liebe

»Quino, der Oberelf, sticht aus dem Gruppenfoto heraus«, sagt Mrs. Claus. »Er ist deutlich der Dickste und Größte von allen. Ich mache mir Sorgen.« Mrs. Claus blickt betrübt zu ihrem Mann, der gerade die Wunschzettel der Kinder liest.

»Ja, mir ist das auch aufgefallen, mein Engel. Seit Monaten bringe ich unseren Elfen bei, dass gesunde Lebensmittel so wichtig sind, um weiterhin unsere guten Taten zu vollbringen. Nur an Quino komme ich nicht heran. Ich sehe normal ja auch nicht dick und faltig aus. Das ist meine Verwandlung, sobald ich den Mantel anziehe.«

»Ich weiß doch, mein Guter.«

»Täglich isst er Kuchen und Süßkram. Seine weißen Elfenzähne bekommen sogar schon Flecken und Löcher.«

»Ich habe eine Idee«, sagt der Weihnachtsmann. »Wie wäre es, wenn wir alle Süßigkeiten, die es gibt, auf gesunder Basis nachbauen und so eine Alternative für die lieben Elfen bieten?«

»An sich ist das eine gute Idee, trotzdem muss man ihnen beibringen, dass diese Alternativen trotzdem nur ein Snack bleiben. Denn auch eine Dattel hat einiges an Kalorien. Davon sollten sie nicht mehr als drei am Tag naschen. Selbst konzentrierter Fruchtzucker hat, wenn es zu viel wird, keine gute Wirkung. Deswegen sage ich immer, sie sollen lieber eine Orange so essen, als ein Glas voll Orangensaft trinken«, erklärt Mrs. Claus.

»Aber warum?«, fragt der Weihnachtsmann.

»Weil keiner fünf Orangen auf einmal essen würde. Diese Menge an Fruchtzucker hat man aber in so einem Glas. Zu viel Fruchtzucker macht eben auch dick und erhöht das Krankheitsrisiko.«

»Okay, ich verstehe«, brummt der alte Mann. »Hast du eine bessere Idee, Liebes?«

»Ja, lass mich mal machen.« Mrs. Claus geht zur unsichtbaren Weihnachtsmanntreppe, um in die Werkstatt zu gelangen. Als sie die Treppe hinuntergeht, bilden sich vor ihr immer wieder neue Glitzerstufen. »Celli, ich brauch deine

Hilfe«, sagt sie zu ihrer rechten Hand, aus der Nähstube. »Hol mir bitte den Zauberstab meiner Mutter aus der geheimen Bibliothek.«

»Aber Mrs. Claus, der darf doch nur in Notfällen verwendet werden.«

»Glaub mir, ich muss jemandem helfen.«

Flink holt Celli den Stab. Mrs. Claus verzaubert damit das Mehl und den Zucker aus der Weihnachtsküche. Sobald ein Elf davon isst, bewirken diese Zutaten das Hundertfache der sonstigen Wirkung. Das heißt, die Elfen werden dick und schwerfällig, sodass sie sich kaum noch bewegen können.

Und so kommt es, alle greifen vor lauter Lust zu. Die Elfen sehen aus wie Ballons und torkeln wie Pinguine durch die Werkstatt. Sie bekommen schlechte Laune und haben keine Lust mehr, zu arbeiten. Alle schimpfen vor sich hin.

Mrs. Claus verzaubert auch all das Obst und Gemüse. Sobald ein Elf davon etwas isst, kehrt sich die Wirkung um das Hundertfache um.

Sie hängt ein Schild in die Küche, auf dem steht: Mehl und Zucker werden dich dumm und träge machen. Lieber Elf, greif zu Obst und Gemüse und staune, wie du besser wirst.

Als die ersten Elfen den Rat befolgen, machen es die anderen nach und bewundern ihre stählernen Körper, sind selbstbewusst und fröhlich.

Nur einer nicht. Es dauert nicht lange, da ist Quino um das Dreifache angeschwollen. Seine Haut ist um zehn Jahre gealtert.

»Ey, Quino, probier das Gemüse, davon wirst du ganz schnell wieder jung und knackig«, ruft ein Elf ihm zu.

Quino überlegt und überlegt.

Als Tracy vorbeiläuft (die Elfe, auf die er heimlich steht) lächelt sie ihm zu. »Quino! Zucker regt im Hirn dieselben Areale an wie Drogen. Ohne Zucker zu leben bedeutet, ohne Heißhunger zu leben. Das ist ein Geschenk! Der

Körper schüttet durch den Zucker vermehrt Insulin aus, um den Blutzuckerspiegel zu senken. Sinkt dieser zu stark, dann entsteht Heißhunger. Dieses Phänomen kannst du dem Körper abtrainieren, indem du keinen Zucker zu dir nimmst.«

»Okay, Tracy, ich versuche es dir zuliebe. Ich werde nie wieder Industriezucker essen.«

»Quino, du musst auch den versteckten Zucker in den Lebensmitteln weglassen. Zucker hat viele Namen, hier ein paar Beispiele: Agavendicksaft, Ahornsirup, Dextrose, Gerstenmalz, Glukose, Honig, Inulin, Karamellsirup, Kokosblütenzucker, Laktose, Magermilchpulver, Maltodextrin, Molkenerzeugnis, Raffinadezucker, Rohrohrzucker, Saccharose, Traubenzucker und Zuckerrübensirup. Zucker kann Albträume verursachen. Zucker macht Essanfälle und ein schlechtes Gewissen. Zahlreiche Studien belegen: Krebszellen wachsen durch Zucker schneller.«

»Du bist so schlau, Tracy!«

»Zucker lässt das Gehirn schrumpfen. Zucker macht Entzündungen im Körper. Zucker macht antriebslos und müde, erzeugt Konzentrationsschwächen und im schlimmsten Fall sogar eine zerstörte Leber. Dazu noch Heißhunger, unscharfes Sehen, Akne, Ekzeme, schlechte Zähne, Mundgeruch, Pilzinfektionen, vermehrtes Kranksein! Dazu können eine geschwächte Abwehr, Depressionen und Stimmungsschwankungen folgen.«

Schnell isst Quino etwas vom Gemüse und er wird zunehmend schmaler und seine Haut wird jünger. »Nie wieder Zucker also?«, fragt er ungläubig.

»Nie wieder«, bestätigt Tracy und zwinkert ihm zu. »Mach es für dich. Es ist dein Körper. Nur für dich sind diese Veränderungen wichtig.«

»Danke, Tracy«, sagt Quino ehrlich dankbar.

»Jasmin, warum ist Weißmehl eigentlich tabu?«, fragt Leni in einer WhatsApp-Nachricht.

»Weißmehl macht den Darm löchrig. Es wird schnell zu Zucker umgewandelt, bekräftigt Heißhungerattacken, Übergewicht, Diabetes, Bluthochdruck, Herzinfarkt und kann Gelenkschäden begünstigen. Kurz gesagt: Weißmehl macht uns dumm. Auch ein guter Grund, damit aufzuhören, nicht wahr?«

»Oh, okay, ja auf jeden Fall ein guter Grund.«

»Wie kommst du voran?«

Leni schickt einen traurigen Emoji. »Ach, ich weiß nicht … Ich bin hin- und hergerissen. Mal klappt es, und dann zieht es mich wieder in eine Depriphase.«

»Nicht aufgeben, Kleines. Zieh es weiter durch!«

»Danke, Jasmin.«

Ich entschließe mich, Keno eine WhatsApp zu schreiben. »Hey, darf ich dich etwas fragen?«

»Klar, jederzeit.«

»Würdest du dich etwas um Lenis Motivation kümmern? Ich denke, es wäre gut, wenn sie noch jemand anderen hat, mit dem sie reden kann.«

»Ja, ich kann es gern versuchen. Wieso, kommst du nicht weiter?«

»Um ehrlich zu sein, sie hängt ein bissel in einer Dauerschleife fest. Es ist so, dass es Leni offensichtlich nicht gut geht in dem Leben, das sie führt. Die Situation zu Hause mit ihrem Opa macht sie jeden Tag unglücklich.«

»Wieso, was ist mit ihm?«

»Ich darf darüber eigentlich nicht sprechen, aber da du ihr genauso helfen möchtest und ich gerade auch an meine Grenzen stoße, erzähle ich es dir, damit du mit überlegen kannst.«

»Völlig in Ordnung.«

»Ihr Opa ist Alkoholiker und depressiv. Er ist der einzige Verwandte, den Leni noch hat. Dann ist es so, dass sie unglücklich mit ihrer Arbeit ist. Es macht sie fertig, jeden Tag so vielen Menschen zu begegnen und diesem Stress in der Gastronomie ausgesetzt zu sein. Sie möchte schnellstmöglich abnehmen und vom Binge Eating wegkommen.«

»Was ist Binge Eating?«

»Unmengen unkontrolliert an Essen in sich hineinstopfen, um für einen kurzen Moment keine Gedanken zu haben und sich gut zu fühlen. Der Stresspegel sinkt für einen Augenblick, nur danach ist man umso unglücklicher. Selbstliebe ist auch ein ganz großes Thema, an dem ich mit ihr arbeite.«

»Okay, ich mach mir meine Gedanken.«

»Noch was anderes. Sind die Vorschläge in der Mail, was den Ablauf betrifft, okay für dich? Und auch der Preis?«

»Ja, natürlich. Lass es uns so über die App, mit den Übungen und den Ernährungsvorschlägen machen und dann schauen wir weiter.«

»Supi, freut mich.« Ich wollte den süßen Keno einfach nicht per Videotelefonie coachen. Es ist besser, es auf die App zu beschränken. Ich muss den Abstand bewahren.

-Keno-

Na super, ich möchte Leni ja helfen, aber ich habe Angst, dass sie meine Signale wieder falsch verstehen wird. Na ja, ich muss es eben einfach probieren … Für sie und für Jasmin.

Ich schreibe Leni. »Hey, Leni. Wie gehts dir? Was treibst du so?«

»Ach, nichts weiter. Ich schaue fern.«

»Hast du Lust, was trinken zu gehen?«

»Jetzt noch? Es ist Sonntag und 22 Uhr!«

»Ich dachte nur. Okay, dann eben nicht. Kein Problem!«

»Nein, warte! Ich mach mich fertig. Sagen wir in 20 Minuten bei McDonalds?«

»Alles klar, bis gleich.« Nach McDonalds war mir jetzt eigentlich nicht zumute, aber was macht man nicht alles für die Weiber, hehe.

»Hey Leni«, begrüße ich sie. Sie hat sich extra geschminkt. Meine Alarmglocken läuten.

»Hallo, Keno ...«, sagt sie schüchtern.

»Ich hatte Lust, etwas zu quatschen«, sage ich. »Wie läuft es denn bei dir so?«

»Ach, ganz gut«, sagt sie etwas verlegen.

»Hast du schon mal etwas vom Gesetz der Anziehung gehört?«

»Nein, noch nie.«

»Ich lege dir ans Herz, mal den Film *The Secret* von Rhonda Byrne zu schauen.«

»Wieso, was besagt das Gesetz der Anziehung und wie kommst du jetzt darauf?«

»In diesem Film wird dir erklärt, wie wichtig positives Denken und detailgetreues Visualisieren ist. Gleiches zieht Gleiches an. Positive Gedanken ziehen positive Dinge an. Positives Denken ermöglicht es dir, deine Ziele und Träume zu erreichen. Ich bin mir ganz sicher: Positives Denken wird dein Selbstbewusstsein und Selbstwertgefühl stärken. Ich erzähle dir das, weil ich meine, gemerkt zu haben, dass du etwas traurig bist.«

»Merkt man mir das so an?«

»Ja, ich fühle, dass du gerade nicht so gut drauf bist.« Ich lache mit einem Mal auf. Dieses übermütige Lachen erinnert mich an Jasmins gefühlvolle Art. »Alter, ich klinge wie ein Psychotherapeut. Sorry! Aber – soll ich dir mehr vom positiven Denken erzählen?«

»Gern«, sagt Leni verträumt.

»Also pass auf. Nutze deine Fantasie und stell dir vor: Träume von deinen Zielen, als wenn sie schon real wären. Niemand wird dir etwas schenken. Niemand. Glück durch das Gesetz der Anziehung kommt nur dazu, wenn du deinen Arsch bewegst und deine Träume genau visualisieren kannst. Erfolg und die Befriedigung musst du dir selbst erarbeiten, um diese auch zu schätzen und zu lieben, was du tust. Weil es genau diese Träume sind, die aus tiefstem Herzen kommen, die dich unendlich happy machen werden. Die Wege werden sich zeigen. Glaube daran und nutze diese Gelegenheiten. Jeder erfolgreiche Mensch wird bestätigen, dass die Aura, die man mit positiven Gedanken bildet, noch mehr positive Dinge anzieht. Schiebe nichts auf, du hast nur ein Leben. Versuch trotzdem, nicht alles verbissen zu sehen. Wer stur durchs Leben rennt, ohne nachzudenken, und die Gefühle dazu, die glücklich machen würden, nicht an sich ranlässt, wird es nichts. Versuch Leichtigkeit, Spaß und Freude reinzumischen. Glaube an deine körperliche Fitness und Gesundheit, so bist du in deinem gesamten Auftreten viel stärker und überzeugender. Ich empfehle dir ein Visionboard.«

»Ah, davon habe ich schon mal gehört. Das ist doch so eine Tafel oder ein Plakat, oder?«

»Genau, am besten mit Zielen in Form von Bildern, weil die einen meistens emotionaler ansprechen als Worte. Darauf kannst du visualisieren, was du dir für die nächsten hundert Tage vornimmst zu realisieren. Du kannst alles Mögliche dafür verwenden, Bilder oder Zeichnungen. Schreib alles genau darauf: Was du dir wünschst und was du umsetzen wirst. Realistische Ziele, die du erreichen kannst und nichts, was mit Glück zu tun hat. Hänge sie an einem Ort deiner Wahl auf, wo du sie täglich siehst. Oder mach dir das Visionboard als Hintergrund aufs Handy. Das Gesetz der Anziehung sagt, dass du nicht immer mit Zweifeln bespickt sein darfst, um glücklich und erfolgreich zu werden.

Bilde Sätze, wie du dir ein perfektes Leben vorstellst. Die Regeln sind: Diese sollten keine negativen Aussagen und keine Verneinung in der Formulierung enthalten. Sie sollten keine Angst oder Sorgen transportieren. Verstehst du, was ich meine?«, endet Keno fast schon ein wenig erschöpft.

Leni ist eifrig dabei. »Ich denke schon. Du meinst Sätze wie: *Ich bin komplett gesund. Ich habe viel Geld. Ich habe einen Range Rover in schwarz. Ich habe eine wundervolle Figur. Ich bin mutig und schön und selbstbewusst. Ich genieße jeden Moment mit meiner Familie. Ich bin glücklich, lebe bunt und mit Glitzer*.«

»Bingo! Du hast mich verstanden«, stelle ich anerkennend fest.

»Hast du schon Geld angezogen?«, fragt Leni.

»Ja, tatsächlich, habe ich und mache ich weiterhin. Ich mag Geld, ich liebe es, Geld zu haben, es beruhigt mich. Aber es kann nicht mein Herz befriedigen. In meinem Leben brauche ich Menschen, die nett zu mir sind und die es ehrlich mit mir meinen. Genauso liebe ich es, Menschen zu helfen, und wenn ich meine Kreativität in meiner Arbeit ausleben darf. Leute, die mich inspirieren, mit denen ich Spaß haben kann und die einen nicht fallen lassen, sobald es schwierig wird. So etwas ist mein Jackpot.« Damit scheine ich Leni geflasht zu haben.

»Wahnsinn! So viel Tiefgang von einem Mann zu erfahren«, sagt sie.

Ich muss schmunzeln. »Danke.«

»Hast du noch mehr Filme dieser Art gesehen?«

»Nein, ich habe aber ein Buch gelesen, das Ähnliches erzählt. Möchtest du, dass ich dir davon etwas erzähle?«

»Sehr gern. Was wir gerade alles besprechen, motiviert mich wirklich sehr«, sagt Leni und strahlt mich an.

Wie süß sie ist, so als Mensch. Ich hoffe stark, dass sie jetzt nicht viel mehr von mir will, als Mann. Ich möchte sie nicht verletzen und auch keine unguten Gefühle zwischen ihr und Jasmin aufkommen lassen. Denn, wer mich wiederum flasht, ist glasklar … Ich mache einfach weiter mit meinem Leni-Coaching. Wird ihr schon was bringen. »Leni, ich rede gern mit dir. Also, pass auf! Die Autorin heißt Claudia Engel und in ihrem Buch *Scheiß auf die Glücksfee, ich mach das jetzt selbst* schreibt sie über das Gesetz der Anziehung. Es ist wichtig, dass du deinen Wunsch liebst, also wirkliche Gefühle dafür aufbringen kannst. Kannst du es fühlen, wird es zu dir kommen. Kannst du es nicht, so ist der Wunsch zu groß, um ihn zu manifestieren.

Der Wunsch muss vom Herzen herkommen. In deinen Gedanken musst du fühlen, dass bereits alles da ist. Ich rate dir, lies das Buch, da steht noch mehr drinnen, was fürs Mindset gut ist. Nimm die Situation, in der du dich befindest, als Geschenk, denn es werden noch größere und tollere Erfahrungen auf dich zukommen und deine Wünsche erfüllen.

Jeder Gedanke ist Energie. Du kannst alles visualisieren und anziehen, was du möchtest.

»Okay, danke Keno, ich werde es ausprobieren.«

»Gern geschehen.«

Wir reden noch ein bisschen und dann verabschiede ich mich und kehre zurück in mein Hotel. Ich hoffe, ich habe etwas bei Leni bewirkt. Und auch bei Jasmin, hehe!

Adventskalender in der App:

Der Weihnachtstroll

Kurz vor dem Weihnachtsmann-Dorf, hinter der großen, schneebedeckten Tanne, lebt eine böse Troll-Familie. Die macht es dem Weihnachtsmann und seinen Elfen regelmäßig schwer, weil sie alle Geschenke für die Allgemeinheit am liebsten für sich behalten würden. So war auch der Anspruch an den jüngsten Troll Prollo, es den anderen gleichzutun. Prollo beobachtet am liebsten die Elfen bei der Arbeit und wünscht sich nichts sehnlicher, als einer von ihnen zu sein.

So bespitzelt er auch heute die zahlreichen Elfen, die emsig am Machen und Tun sind.

»Hey«, dröhnt eine tiefe Stimme hinter dem Jüngsten der Troll-Familie. Er spürt die schwere Pranke der Eisbären-Security auf seiner Schulter. »Was machst du hier, Prollo? Ich habe dir und deiner Familie doch schon mal gesagt, dass ihr euch von hier fernhalten sollt! Am besten, du erklärst dein Vorhaben mal dem Weihnachtsmann.«

Gesagt, getan. Kurz darauf darf Prollo tatsächlich den großen Weihnachtsmann aus nächster Nähe kennenlernen.

»Komm her und setz dich.« Der graubärtige alte Mann winkt ihn heran.

»Ich will nichts machen, ehrlich!«

»Was willst du denn dann?«, fragt der Weihnachtsmann mit seiner imposant voluminösen Stimme, die auf ihn wie ein Wahrheitsserum wirkt.

»Ich mag die Elfen und ihre Arbeit. Ich würde gern, wenn ich groß bin, einer von ihnen werden.«

In diesem Moment bricht schallendes Gelächter irgendwo im Hintergrund aus. Eine Horde von Elfen hat hinter der Tür das Gespräch belauscht. Der Weihnachtsmann aber lacht nicht.

»Nun, was hindert dich denn daran, mein Junge?«

Prollo macht große Augen. »Na, meine Familie würde dem nie zustimmen, lieber Weihnachtsmann.«

»Lass mich dir einen Rat geben. Jedes Lebewesen hier auf Erden hat eine Bestimmung. Eine sogenannte Berufung. Von jedem Einzelnen ist es die Aufgabe, diese zu finden. Und wenn du es tief in deinem Herzen fühlst, es dich glücklich macht und deine Kreativität zu Tage fördert … «, der alte Mann macht eine Pause, in der er ihn eindringlich ansieht, »wenn du täglich für mich arbeitest, dann, mein Lieber, hast du deine Bestimmung gefunden. Deine Berufung ist die Arbeit, die dir nicht schwerfällt, sie auszuüben. Musst du dich motivieren und dafür kämpfen und hast es schwer, diese Tätigkeit auszuführen, so ist sie nicht deine Berufung. Das Ziel ist immer, vollkommene Verbundenheit mit sich, anderen Lebewesen und der Natur zu finden. Du verletzt deine Eltern nicht, wenn du das ausübst, was dich glücklich macht. Fast jedes Elternteil liebt sein Kind bedingungslos und wünscht sich, dass es das machen wird, was ihm Spaß macht und seine Seele aufleben lässt. Auch wenn du nicht den Weg einschlagen wirst, den deine Eltern sich für dich vorgestellt haben.«

»Aber meine Eltern sind böse …«

»Ja, mein Lieber, das sind sie. Aber sie lieben dich und wünschen sich für dich nur das Beste. Dass du sie dir nicht zum Vorbild nimmst, ehrt dich sehr. Jeder soll etwas machen, das ihm die Liebe zu sich und zu anderen Lebewesen bringt. Lass mich dir etwas zeigen. Guck auf die Erde.«

Prollo und der Weihnachtsmann sehen durch das überdimensionale Fernrohr der Weihnachtswerkstatt. Von hier aus kann der Weihnachtsmann alles beobachten, was auf der Erde los ist.

»Das ist ja toll«, ruft Prollo begeistert aus.

»Viele Menschen geben ihrer Genetik oder dem Älterwerden die Schuld, weshalb sie ihre Ziele nicht erreichen. In Wirklichkeit ist es aber das Resultat ihres Lebensstils. Konzentriere dich auf das, was du kontrollieren kannst und du wirst Erfolg haben. Mal ehrlich, hast du schon mal daran gedacht, dass du aufgrund von deiner Genetik oder deinem Alter deine Ziele nicht erreichen kannst?«

Prollo verneinte die Frage entschieden.

»Siehst du, einige Menschen denken einfach zu kompliziert und nehmen eher Ausreden in Kauf. Versprich mir bitte, dass du das nie machen wirst.«

»Ganz bestimmt nicht«, verspricht Prollo aufrichtig und umarmt den Weihnachtsmann mit kindlichem Ungestüm.

Kapitel 11

Kurztrip zum Aus-der-Haut-fahren

-Keno-

Als ich am nächsten Morgen aufwache, ermutige ich mich, meinem Ziel näherzukommen. Ich will unbedingt die zauberhafte Jasmin noch näher kennenlernen. »Hey, tolle Weihnachtsgeschichte«, lobe ich sie per WhatsApp.

»Dankeschön. Wie kommst du mit deinen Übungen klar?«

»Ich habe sie gestern Abend noch ausprobiert. Ich möchte doch der geile Typ aus der Werbung werden, dem die Frauen nachlechzen.« Ich lüge schon wieder und das passt mir wirklich nicht, aber ich muss es tun. Ich muss doch Jasmin kennenlernen, ohne gleich mit der Tür ins Haus zu fallen.

»Weißt du, die Werbung macht den jungen Menschen vor: Wer will schon einen fetten Löwen, der sich durch die Savanne robbt? Es stehen doch alle auf diesen geschwinden Löwen mit stählernen Muskeln, der uns beschützen kann. Bei Frauen ist es genau dasselbe: Kein Mann mag Fettberge verschieben, um an die goldene Höhle zu kommen.«

Ich musste laut lachen. Hat sie das gerade wirklich geschrieben? Nicht gerade auf den Mund gefallen die Frau. Und angenehm wenig prüde. »Das ist die witzigste Interpretation von so einem ernsten Thema, die ich jemals gehört habe.«

»Na, so witzig meine ich das gar nicht. Das Problem ist, dass wir eben alle unterschiedlich aussehen und unterschiedliche Veranlagungen haben, aber trotzdem jeder auf seine Art und Weise schön ist. Ich möchte meinen Klienten zeigen, dass sie nicht in irgendein Raster fallen müssen. Ich möchte ihnen zeigen, dass jeder Körper gleich funktioniert und dass ich eben meine Zimmerpflanzen nicht mit Brause tränken kann, um ihnen ein langes Leben zu gönnen. Und so ist es eben auch mit dem Körper. Ich möchte ihnen zeigen, dass gesunde Ernährung und Sport für jeden Körper wichtig sind. Trotzdem sehen wir alle unterschiedlich aus und jeder hat andere wunderschöne Facetten.«

»Das hast du toll geschrieben! Du hast etwas an dir, was dich sehr interessant macht.«

»Nun, alles, was man nicht haben kann, ist interessant und man möchte es dann haben.«

Ui, der kleine Tiger ist heute anscheinend auf Krawall gestimmt. »Du denkst, wenn man dich bekommt, verliert man dann das Interesse an dir?«

»Das habe ich so schon oft genug erlebt.«

»Du denkst, wenn man nicht nur die immer verrückte, spaßige und gut gelaunte Jasmin erlebt, verliert man die Lust an dir?«

»Wenn ich nicht ständig die war, die anderen Aufmerksamkeit gegeben hat, sie nicht mehr genug entertaint habe, haben sie die Lust an mir verloren. Genau das habe ich nun mal schon öfter erfahren.«

»Und was ist, wenn ich dir sage, dass ich alle Seiten von dir kennenlernen möchte? Alles über dich wissen möchte und nicht gehen werde?«

Sie antwortet nicht mehr.

Ich bin zu weit gegangen. Wenn ich mir das jetzt versaut habe, verzeih ich mir das nie.

Heute auf Arbeit läuft es super, alle Leute sind gelassen und nett. Mein Bauch macht keinen Ärger, ich fühl mich mit der Tellerregel wohl. Mein Opa macht zwar wie immer etwas Stress mit seinen Forderungen, was ich für ihn besorgen soll, aber das bin ich gewohnt. Ich mache vor der Arbeit den Sport. Ich bin happy, nur Keno könnte sich mehr melden.

Die Tür geht auf und ich sehe die Kollegin von Keno. Es dauert nicht lange und er kommt herein. Mein Herz macht einen Sprung. Ich gehe auf sie zu.

»Werden wir jetzt höchstpersönlich empfangen?«, spottet Sandy.

Keno ignoriert sie wie immer und gibt mir einen Begrüßungskuss auf die Wange. »Hey, Leni, alles okay?«, fragt er prüfend.

»Ja, alles supi«, bestätige ich. »Hier, möchtet ihr diesen Tisch? Er ist etwas abgeschotteter als die anderen.«

»Uh, wie romantisch! Keno, da können wir verbotene Dinge machen«, scherzt Sandy kokett.

»Halt dich zurück!«, erwidert Keno scharf.

»Spaß verstehst du auch gar nicht mehr«, sagt Sandy offensichtlich angepisst.

Als ich ihr den bestellten Tee bringe, sieht sie mich an, als wenn ich ihr einen Scheißhaufen serviert hätte.

»Wo ist da bitte der Keks am Rand?«

Ich kann nicht mehr, es platzt einfach so aus mir heraus: »Den habe ich auf dem Weg zu dir gegessen. Oder denkst du, mein fetter Arsch kommt vom Hungern, du aufgeblasene Schnepfe?«

»Ich möchte sofort deine Chefin sprechen!«, sagt Sandy.

»O nein«, interveniert Keno entschieden. »Wir gehen, bevor das hier aus dem Ruder läuft. Steh auf, Sandy!«

»Aber Keno, hast du nicht gehört, was sie zu mir gesagt hat?«, gellt es schrill durch das Lokal.

»Das habe ich und das war längst überfällig, so abwertend wie du Menschen behandelst. Los, steh auf, wir gehen! Ansonsten ist ab sofort unsere Zusammenarbeit beendet!«

»Gut«, sagt Sandy rasch, sichtlich aus der Fassung gebracht. Sie steht auf und geht.

»Hast du gut gemacht«, sage ich unfassbar dankbar, direkt euphorisch.

Auch Keno scheint von seiner eigenen Courage freudig überrascht und drückt mir ebenfalls euphorisch zwanzig Euro in die Hand. »Fürs Trinken und pass auf, dass du das nächste Mal bessere Worte wählst«, sagt er lachend und geht zur Tür.

»Was ist denn hier los?«, fragt meine Kollegin.

»Nichts, der Frau war plötzlich übel«, antworte ich.

»Oh, okay«, sagt sie und arbeitet gelassen weiter.

Den Rest der Schicht ist meine Laune hinüber. Keno hat Recht, ich muss mich zügeln lernen.

Als ich heim bin, rufe ich sofort Jasmin an und erzähle ihr die Geschichte. Sie lacht am Telefon schallend los.

»Ich finde das echt cool von dir. Aber sie hätte sich viel mehr gegrämt, wenn du sie ignoriert hättest. Für deinen innerlichen Frieden wäre es auch besser gewesen. So bist du nur sinnlos hochgefahren. Vermeide es, negative Menschen an dich ranzulassen.«

»Woher weiß ich denn vorher, ob jemand negativ ist?«

»Du wirst sie bemerken, denn diese strahlen eine negative Energie aus. Du fühlst einen Stressfaktor, wenn sie sich ankündigen oder in deiner Nähe sind. Versuche, so feinfühlig zu werden, dass du diese Menschen sofort erkennst. Diese Leute geben sich auch durch und durch negativ. Sie lächeln kaum, man merkt, dass sie mit sich selbst unzufrieden sind. Sie kritisieren vieles, sie reden vieles schlecht. Immer wieder kommt in den

Gesprächen etwas nicht gerade Positives. Sie gönnen anderen Menschen nichts. Versuche, diese Gespräche so oberflächlich wie möglich zu halten.«

»Ah, verstehe. Ja, so was kenne ich. Wie soll ich mich da verhalten?«

»Bleib ruhig, lass dich nicht aufs Glatteis führen, wenn sie dich negativ runterziehen wollen. Antworte kühl und emotionslos. Auch wenn ich zum Beispiel gern ehrlich bin und emotionale Menschen toll finde, lehne ich negative Menschen ab und lasse mich auch nicht auf tiefe Gespräche mit ihnen ein. Du wirst filtern, ob Menschen Hilfe benötigen und für Ratschläge offen sind oder nur Frust ablassen wollen.«

»Okay. Und du lässt dich dann gar nicht auf Gespräche ein?«

»Nur auf das Nötigste. Negative und halb Tote sind mir ehrlich gesagt zu langweilig.«

»Aber gerade deine Erfahrung und dein Wissen wären doch ein Geschenk für diese Menschen«, sage ich aufgeregt.

»Ich drücke nur denen meine Erfahrungen auf, die dabei auch aufwachen und mehr von mir wollen. Menschen, die andere kleinreden, nur um sich auf dieselbe niedrige Stufe zu stellen, auf der sie sich befinden und anscheinend auch nichts daran ändern wollen, sind bitte nicht dein Ding.«

Jasmin hat sich ein wenig in Rage geredet. Ich hake nach. »Meinst du nicht, dass diese Menschen auch etwas Gutes an sich haben?«

»Doch, auf alle Fälle. Das Problem ist nur, dass manche beratungsresistent sind und nicht bereit, etwas Neues dazuzulernen. Sich mit denen auseinanderzusetzen, ist somit weggeworfene Zeit. Auch, wenn ich daran glaube, dass theoretisch jeder das Beste aus sich herausholen könnte, ist es nun einmal so, dass es nicht jeder tun wird.«

Dazu habe ich wieder eine Frage. »Mmm okay, verstehe. Zweifelst du öfter an anderen Menschen? Also, dass sie etwas Negatives von dir denken könnten?«

»Das habe ich früher. Heute sage ich: Mach dir keine Gedanken darüber, was, was andere Menschen von dir denken könnten. Wenn Menschen über andere Menschen reden, versuchen sie nur, von sich abzulenken und sind zu faul, an sich selbst zu arbeiten. Sei spannend genug für dich, sodass du anderen etwas von dir erzählen kannst. Ganz wichtig, erzähle von deinen Resultaten und nicht von deinen Plänen oder von dem, an was du gerade arbeitest. Es lässt dein Hirn glauben, du wärst damit schon fertig und am Ziel. So, dass du deine eigene Motivation verlierst. Leb, wie du es möchtest. Sich für andere einzuschränken, nur weil sie vielleicht etwas Schlechtes denken könnten – scheiß drauf! Begegne den Menschen mit Respekt und verzeihe jedem, der dir weh getan hat. Das ist gut für deinen inneren Frieden. Du musst mit dir im Reinen sein und keinen Groll ausüben. Du wirst nur dir selbst mit den negativen Gedanken schaden und niemand anderem! Und was die Menschen angeht, die dir weh getan haben, lass dies das Karma erledigen und kümmere du dich nur um dich.«

»Coole Einstellung. Du hast recht, wir können nie wissen, was andere denken. Also, warum an etwas glauben, was uns unser Gehirn erzählt, aber nicht der Realität entspricht?«

Jasmin freut sich darüber, dass ich diese Messages offensichtlich verinnerlicht habe. »So möchte ich dich hören. Du wirst auch nie bestimmen können, was andere über dich denken. Negativ eingestellte Menschen denken grundsätzlich schlecht von anderen. Da kannst du perfekt sein, wie du möchtest, sie werden etwas finden, um dich schlecht zu reden. Aber – ist das nicht wunderbar? Es gibt dir genau die Freiheit, die du brauchst, um all die wunderbaren Dinge zu tun, die du möchtest und um dein Positives nach außen zu kehren.«

»Das stimmt wirklich«, bestätige ich aus tiefster Überzeugung.

»Entertain sie! Sobald Menschen über dich reden, bist du interessant. Bei den Guten erntest du Applaus, bei den schlechten Neid. Beides ist überaus positiv. Nimm deshalb beides als Kompliment und strahle umso positiver, wenn ein negativer Mensch auf dich trifft. Mit einem Hauch guter Energie wirst du ihn anstecken und das ist mehr Hilfe, als er erwartet.«

»Danke, Jasmin, vielen lieben Dank. Du hast mir schon wieder den Abend versüßt.«

»Dafür bin ich da. Bis bald, meine Liebe.«

Adventskalender in der App:

Arbeit am Charakter

Believe in the Magic of Christmas

»Der Kobold der Verdammnis mit seinen bunten Spielwelten, die alle übereinander aufbauen und die tollsten Attraktionen hervorrufen, lockt viele nichtsahnende Elfen an«, erzählt Chino, der Zauberer vom Weihnachtsland. »Alle Elfen, die sich dahin begeben, müssen für immer bei dem Kobold arbeiten. Seine bunte Elfenwelt mit den vielen Attraktionen und Spielgeräten sind nur eine Täuschung, um die Elfen in seinem Reich später gefangen zu halten.«

»Ich würde gern mal dort spielen«, sagt Klausi.

»Nein, mach das nicht, dann kommst du nie zurück!«

»Ich muss doch nur die Fragen richtig beantworten, die der Kobold mir stellt und dann bin ich wieder frei.«

»Woher willst du wissen, ob es wirklich so ist? Mach das nicht, Klausi!«

»Doch, ich möchte einmal dort spielen. Vertrau mir, ich bin schlauer als der Kobold.«

Am nächsten Morgen, als alle noch schlafen, macht sich Klausi auf den Weg. Er erreicht das schon von Weitem bunt glitzernde Tor mit dem Sonnenaufgang. Es strahlt in seiner ganzen Pracht und öffnet sich majestätisch, kurz bevor Klausi angekommen ist.

Kaum steht Klausi in einem Raum, beginnt dieser, blaue Wellen zu schlagen. Diese Wellen, die der Boden von sich aus macht, sind aus Schaumgummi. Klausi lässt sich unter den Wellen begraben, rollt sich an die Oberfläche und springt flink auf sie. Höher und höher katapultieren die Wellen ihn. Er jauchzt vor Freude. »Das ist besser und federnder als jedes Trampolin!« Die größte Welle trägt ihn bis unter das Dach von dem Raum. Die Decke öffnet sich und die Welle bringt ihn weiter nach oben. Wie ein regenbogenfarbener runder Lolli sieht hier alles aus.

Waaa! Zwei Geschenkbänder ergreifen ihn an den Händen und schleudern ihn durch die Luft. Mehrmals macht er dort oben einen Salto, bis ihn die nächsten zwei Geschenkbänder fangen und weiterwerfen. Ui, das macht Spaß! Die letzten zwei schleudern Klausi in ein warmes Schleimbad, das nach Vanille durftet. Überall an den Wänden kommen Farbtropfen und mehrere Farbflüsse an Schleim herunter. Ist das toll! Er schwimmt und macht darin die lustigsten Figuren. Der Schleim verschwindet plötzlich, weil er abgesaugt wird und ein riesiger Weihnachtsstern erhebt sich, der Klausi auf sich Karussell fahren lässt. Am Ende transportiert dieser ihn zu einer Rutsche.

»Aua!«, ruft Klausi, als er auf dem eiskalten Steinboden landet. »Autsch!« Er reibt sich seinen kleinen Popo. Huch!«

Vor ihm thront ein dicker, mies dreinschauender Kobold, der ein loderndes Feuer auf dem Kopf hat.

»Ey, Kobold«, sagt Klausi spitz, bevor der Kobold zu Wort kommen kann. »Bevor du mir deine Fragen stellst, habe ich einige Feststellungen loszuwerden, die du nicht widerlegen kannst!«

»Was wagst du dich, mich herauszufordern?« Der Kobold wird puterrot vor Wut und das Feuer steigt an. »Na, dann stell mal was fest, und danach stell ich dir meine Fragen und du wirst für immer für mich arbeiten.« Offensichtlich war er auch zu neugierig, um die Feststellungen nicht zu hören.

»Alles klar.« Klausi fängt mit seiner ersten Feststellung an: »Du bist ein unglücklicher Kobold!«

»Was, wie kommst du auf so einen Unsinn? Ich bin der mächtige Kobold der Verdammnis!«

»Es ist so …«, erklärt Klausi bedeutungsvoll. »Ein alter Ägypter erzählte mir einmal, dass man nur ein glückliches Wesen sein kann, wenn man etwas tut oder eine Arbeit hat, die anderen Lebewesen hilft oder etwas zugutekommen lässt. Du kannst nur glücklich werden, wenn du diese drei Dinge hast, die deine Arbeit miteinander vereinen: Du musst dafür angemessen entlohnt werden, du musst mit deiner Arbeit anderen Lebewesen helfen und du musst Freude an deiner Arbeit haben. Diese drei Dinge werden dir helfen, morgens früh mit guter Laune aufzuwachen und nicht mehr zur Arbeit, sondern zu deiner Berufung zu gehen. Aus diesen drei Dingen wird am Ende die Pyramide des Glücks entstehen.«

Während der Kobold noch darüber nachdenkt, kommt Klausi schon zur nächsten Feststellung: »Das Karma wird dich doppelt und dreifach treffen!«

»Ja, na sicher«, sagt der Kobold.

»Ganz genau, mein Lieber, ich erkläre dir auch, warum. Du fügst anderen etwas Schlechtes zu, so wird auch dich etwas Schlechtes über kurz oder lang treffen. Du denkst und redest schlecht. Selbst Worte haben eine unglaubliche Macht. Deswegen lernen wir, dass wir auf unsere Wortwahl achtgeben müssen. Damit können wir andere schließlich verletzen.«

»Hahaha, davor habe ich keine Angst. Was ist deine nächste Theorie?«, spottet der Kobold und zieht arrogant etwas Schnotter aus seiner Nase hoch.

»Du bist dumm und wirst bald sterben.«

Jetzt sieht der Kobold wahnsinnig zornig und wieder lodert das Feuer höher auf. »Woher nimmst du diesen Mut, Junge?«

»Ich erkläre es dir. Schau deinen dicken Bauch an, deine Wampe hängt ja bis zu den Knien. Der Elfenarzt aus der Weihnachtsmann-Werkstatt hat mal zu uns gesagt: Elfen mit einem höheren Bildungsstand achten besser auf ihren Körper und Gesundheitszustand. Je mehr Erkrankungen ein Körper hat, desto höher ist das Risiko für ihn, früher zu sterben. Schau auf deine unreine, ungesunde, bleiche Haut und guck dir mal deine bucklige Haltung im Spiegel an. Dein Körper hat genug Baustellen. Ich schwör es dir, wenn du so weitermachst, nimmt das kein gutes Ende.«

»Wenn ich mit dir hier fertig bin, wird deine Vergangenheit aus deinem Hirn gelöscht werden«, zürnt der Kobold.

»Kein Problem, die Vergangenheit interessiert mich eh nicht, ich kann nur das Hier und Jetzt ändern. All das, was ich an Liebe und an positiven Erlebnissen in meinem

Herzen trage, bleiben dort auf ewig. Ich möchte mich mit Elfen umgeben, die die gleiche Zukunft wie ich im Visier haben. Nicht die gleiche Vergangenheit.«

»Du bist widerlich. Ich möchte keinen so gut gelaunten Elf in meiner kalten Werkstatt!«

»Dann stell mir doch einfach nicht die Fragen und lass mich gehen. Ansonsten stecke ich die anderen mit meiner positiven Art an. Ich werde ihnen vorleben und real zeigen, wie sie ihre positive Art auch in all dem Schlechten ausleben. Nur durchs Reden wird sich allerdings niemand verändern, besonders den kleinen Elfen muss man es vorleben. Sie nehmen die Dinge und Redensarten von anderen Elfen, die ihnen am meisten gefallen, an und lassen sich inspirieren«, erzählt Klausi im gut gelaunten Plauderton.

»Grrr, ich will so etwas nicht hören«, schreit der Kobold hasserfüllt.

Unter Klausi öffnet sich eine Grube und er rutscht auf einer langen Eisbahn immer weiter auf ein Licht zu. Bäänng! Er wird weit hinauskatapultiert und landet direkt in einem großen Haufen voller Schnee. Von Weitem sieht er den Eingang in die Höhle des Kobolds. »Juhu, ich bin draußen, ich bin zu positiv für den schrecklichen Kobold«, jubelt er. Schnell läuft er zurück zum Weihnachtsmanndorf.

-Jasmin-

»Huhu, Evan«, sage ich, als ich ins Büro komme.

»Jasmin, du hast, ohne es mit mir abzustimmen, die Geschichten in unsere App reingesetzt.«

»Ja, und?«

»So geht es nicht! Ich möchte dir einen Vorschlag machen und dir deine Anteile abkaufen. Du bestimmst die Summe.«

»Spinnst du, was soll das? Es waren Geschichten, die ich geschrieben habe und was zur Hölle passt dir daran nicht? Bei den Teilnehmern kommen sie total gut an.«

»Das Problem ist, du findest nicht mit mir zusammen eine Lösung, sondern machst vieles im Alleingang. Du predigst zwar immer, dass alle miteinander reden und auf eine Lösung kommen müssen, die beide Seiten gleich befriedigt …«

»Ja, das stimmt, aber an den Geschichten hast nicht du gearbeitet, sondern ich allein. Und somit bestimme ich, ob dafür Geld verlangt wird oder nicht. Klar so weit?« Ich werde aggressiv.

»Du denkst nicht wirtschaftlich genug. Du machst zwar deine Arbeit und kümmerst dich um alle, aber du verschenkst eben viel zu viel.«

Ich versuche, ruhig zu bleiben. »Solange wir beide gut verdienen – und das tun wir ja unbestreitbar – kann es dir doch egal sein, wie viel ich zusätzlich mache«, sage ich.

»Jasmin, sei doch nicht dumm und nutze die Weihnachtsgeschichten, um mehr Kohle rauszuholen.«

»Evan, mir liegt etwas daran, den Menschen zu helfen!«

»Ja, aber du übertreibst es, genau wie du die Mutti für die Kleine spielst.«

»Jetzt reicht es mir! Wenn ich morgen wieder hierherkomme, tu ich so, als ob du mir nie so einen dämlichen Vorschlag gemacht hättest.« Ich lasse den arroganten Typen sitzen und stapfe wütend hinaus ins Freie.

Nachdem ich eine Weile durch den Schnee gestapft bin, entscheide ich mich, die nächste Geschichte hochzuladen, nur um ihn ein wenig zu ärgern.

Adventskalender in der App:

Tannenbros

Im Weihnachtsmanndorf werden jedes Jahr die schönsten Tannen geschmückt. Stolz tragen sie die weihnachtliche Dekoration. Die Tannen, die es nicht geschafft haben, sind deswegen niedergeschlagen und traurig.

»Was haben die, was wir nicht haben?«, fragt sich eine.

»Ach, die da vorn hat den Wachpolarbären bezirzt und so den Job bekommen. Und die da hinten hat ihre Tannengeschwister für den Job verkauft.« Tannerich Leopold ist traurig. Er möchte doch so gern geschmückt werden. Ein blinkender Feuerball kommt direkt auf Leopold zu. »O nein, bloß nicht, ich geh doch sofort in Flammen auf!«

Kurz vor ihm stoppt der Ball und zum Vorschein kommt ein wunderschöner Weihnachtsphoenix.

»Dich gibt es wirklich?«, stottert Leopold.

»Hallo kleiner Tannerich«, lässt der Phoenix mit einer unfassbar magischen Stimme verlauten.

»Oh, ich freu mich so! Meine Muttertanne hat mir immer Geschichten erzählt, dass du nur denen, die reinen Herzens sind, erscheinst.«

»Richtig, kleiner Tannerich. Du bist traurig, nicht wahr?«

»Ja, leider.«

»Lass mich dir etwas erzählen«, raunt der Phoenix mit einer Mischung aus mehreren Tonlagen in seiner Stimme.

»Gern«, erwidert Leopold erfreut.

»Du wirst heute lernen, was Neid ist und wie du wahren Erfolg erlangst.«

»O ja, bitte erzähl!«

»Werde mit Freude ein großer Tannerich und wünsche keinem etwas Schlechtes. Ansonsten bekommst du es doppelt und dreifach vom Universum – der Anziehungskraft – zurück. Es treibt mit dir sonst regelrecht seinen Spaß. Viele nennen es Karma. Neidisch sein auf andere, kannst du dir sparen, wir leben in einer Welt voller Überfluss und jeder kann ihn haben, wenn er die Dinge auslebt, die er am besten kann. Du hast alle Möglichkeiten. Und jeder geht später einmal komplett ohne diese Dinge von der Welt, wir sind alle gleich. Gönne auch anderen alles Gute und freue dich mit ihnen. Das Leben ist ein Spiel. Du musst nur deine Sichtweise ändern.

Neid gehört nicht in dein Leben. Versuche, andere Tannen nicht zu verurteilen. Du weißt nie, warum sie so sind, wie du sie erlebst. Den einzigen Tannerich, den du nach deinem Willen perfektionieren sollst, bist du. Geh zu Tannen, die sich etwas geschaffen haben, auf dass diese dir als Mentoren Dinge erklären und nett zu dir sind. Lerne! Hab Respekt und gib Liebe zurück. Wenn Negatives von einem Mentor kommt, nimm es dir nicht an und suche dir eine andere Tanne. Es hat einen Grund, warum Tannen so sind, und daran bist nicht du schuld. Du bist nicht für das verantwortlich, wie andere Tannen zu dir sind. Du bist nur für das verantwortlich, wie du zu ihnen bist und nur das sollte dich interessieren. Such dir eine Tanne, die dein Ziel schon erreicht hat und lieb zu dir ist.«

»Danke, lieber Weihnachtsphoenix.«

Es dauert nicht lange und schon fliegt er als glühender Feuerball davon.

Leopold wartet die Dämmerung im Weihnachtsdorf ab. Langsam bewegt er seine Wurzeln und schleicht sich zu der Tanne, die am schönsten strahlt. »Psst … pssst«, macht Leopold.

»Was willst du denn?«, fragt ein geschmückter Tannerich irritiert.

»Ich weiß, es klingt komisch, aber ich finde dich wunderschön und würde gern nächstes Jahr auch so geschmückt werden. Ich weiß nur nicht, was du anders machst als ich. Würdest du mir ein paar Tipps dazu geben?«

»Nun, ich finde es sehr gut, dass du nicht wie die anderen sinnlos redest und nichts tust. Deine Mühe und dein Mut, mich zu fragen, sollen belohnt werden. Ich gebe dir folgenden Rat: Forme deinen Körper so, dass du selbst für dich im Spiegel immer am schönsten bist. Ich meine ohne Nadeln, also dass du dich nackt, richtig gut findest. Mache Sport, suche dir dazu gute Weihnachtsmusik, ernähre dich gesund und gib nicht auf. Wenn die Elfen dann zum Aussuchen kommen, richte dich auf, fahre deine Zweige aus, mache deine Nadeln lang und strecke deinen Stamm kerzengerade durch. Strahle innerlich.

Du brauchst immer Selbstliebe und einen unendlichen Willen. Nimm dich so an, wie du bist. Liebe dich, du bist auch ungeschmückt schön. Du musst wunderschön und für deinen Traumschmuck perfekt aussehen wollen, aber dich auch annehmen, so, wie du jetzt bist. Nur so, mit immer positiven und fröhlichen Gedanken, kannst du deinen Tannenbody, deine Umwelt und dein Leben wunderschön kreieren. Gib niemals auf, an dich zu glauben.

Nimm es als deine Bestimmung an, ein Weihnachtsbaum zu werden. Geil ist deine Bestimmung nur, wenn du die anderen Tannen im Sommer draußen im Pool Spaß haben hörst und du es schöner findest, an deinem Ziel zu arbeiten.«

»Danke, lieber Weihnachtsbaum, du hast mir sehr geholfen!«

Ab dem nächsten Morgen trifft Leopold den Weihnachtsbaum immer im Fitnesscenter und trainiert noch härter Tag für Tag als die anderen. Und natürlich strahlt Leopold im kommenden Jahr heller als jemals ein Tannerich zuvor im Weihnachtsdorf.

»Ich habe meine Identität angenommen, ich bin ein Weihnachtsbaum!«, sagt Leopold und klatscht sich mit seinem neuen besten Freund in die Zweige.

Kapitel 12

Und zack – Endstation …

-Leni-

Ich liege im Bett und mache mir Gedanken, wie ich auf Keno zugehen könnte. Ich schreibe ihm. »Hallo, Keno, ich habe gerade gelesen, dass morgen die Eisfläche zum Schlittschuhlaufen eröffnet wird. Hast du Lust, mit mir dahin zu gehen?«

»Hey!«, schreibt er gleich zurück. »Ja, gern. Was hältst du davon, wenn wir deinen Coach mitnehmen? Ich würde sie gern mal kennenlernen.«

Das ist nicht sein Ernst! »Ich kann sie fragen, ob sie Zeit hat«, schreibe ich zurück. Ganz großer Mist. Nur, sie nicht zu fragen, das bringe ich auch nicht fertig. »Hallo, Jasmin, möchtest du morgen mit Keno und mir hier in Merseburg Eislaufen gehen?«

»Hey, wenn du das möchtest, dann okay. Wäre es in Ordnung, wenn ich meinen Geschäftspartner mitbringe? Der kann, glaube ich, mal etwas Spaß vertragen.«

»Ja, sehr gern. Morgen fünfzehn Uhr direkt vor der Eishalle?«

»Geht klar!«

Na, wenigstens kommt noch ein Mann mit. Und nein, eigentlich möchte ich nicht, dass die beiden mit dabei sind, aber wie hätte ich das bitte schön preisgeben können?

Am nächsten Tag wartet Jasmin schon mit Evan auf uns. Ich hatte mich mit Keno am *Belladonna* getroffen und wir sind zusammen zur Eishalle gelaufen.

»Hallo«, begrüßt Jasmin uns freundlich. »Ich bin Jasmin.« Sie geht auf Keno zu.

»Freut mich, ich bin Keno.«

Evan schaut verwirrt. Jasmin flüstert ihm etwas zu, was ich nicht verstehe. »Ich bin Evan, das Beste kommt ja immer zum Schluss«, feixt er großkotzig.

»Freut mich«, sage ich verwirrt.

»Na, dann wollen wir mal«, sagt Keno und geht voran.

Als wir alle mit Schlittschuhen ausgestattet sind, gehen wir vorsichtig aufs Eis.

»Übrigens, ich bin blutiger Anfänger«, gesteht Keno.

»Na, dafür bist du aber vorhin ganz schön selbstsicher vorangestürmt«, zieht Jasmin ihn auf.

»Man muss neuen Dingen immer eine Chance geben«, kontert er.

Jasmin grinst nur verlegen. Verlegen habe ich sie bisher noch nicht gesehen. Ich bete: Bitte nicht! Ich möchte nicht, dass sie ihn auch toll findet.

Es dauert nicht lange, da gebraucht Keno Jasmin als Stütze. Ich habe mir mein eigenes Grab geschaufelt.

-Jasmin-

»Keno, pass auf! Ich kann dich nicht komplett halten.«

»Würde dich ja gern wie ein dominanter Eislauftyp durch die Luft heben, aber ich fühle mich gerade wie hundert und hab meine Beine nicht mehr unter Kontrolle.«

Ich muss lachen. »Jupp, besser hätte ich es auch nicht interpretieren können. Ey!« Er zwickt mich sanft in die Seite, verliert dabei komplett das Gleichgewicht und zieht mich mit sich hinunter. Ich sehe im Flug in seine Augen. Die sind so klar und rein schimmernd blau wie ein Swimmingpool, in dem man am liebsten sofort reinspringen möchte.

Man sagt, die Augen seien der Spiegel der Seele. Wenn das so ist, dann ist seine Seele so, dass ich sie nie wieder loslassen möchte.

Ich knalle mit dem Hinterkopf aufs Eis, er hebt meinen Kopf leicht an. Ich erstarre und spüre sofort seine einnehmende Wärme auf mir. Dann richtet er sich auf und hat Mühe, wieder nach oben zu kommen. Ich erhebe mich auch langsam und fasse an die schmerzende Stelle. Aua, in meinem Schädel brummt es. Evan sieht wenig überrascht aus, er kennt so etwas von mir. Leni hingegen sieht mich abwertend an.

»Habt ihr euch etwas getan?«, fragt sie kalt.

Sie ist unglücklich. Das Blut ist mir in die Wangen geschossen, ich fühle mich ertappt. Keno betrachtet mich grinsend und zwinkerte mir zu. Toll, wenigstens er fühlt sich gut. Meine Hände brennen vor Kälte. Ich habe nicht bedacht, dass ich Handschuhe gebrauchen könnte, da ich recht sicher auf dem Eis bin.

Die Dächer von den Weihnachtsmarkthütten, die um die Eisbahn stehen, sind alle mit Tannenzweigen bedeckt. »Es sieht so romantisch hier aus«, bemerke ich.

»Für dich ist alles romantisch«, sagt Evan.

»Besser, als gar nichts zu bemerken«, kontere ich.

»Ich bekomme mehr mit, als du denkst«, sagt er, ohne mir in die Augen zu sehen.

-Leni-

Es gibt neben der Eisbahn eine riesige Seifenblasenmaschine. Jasmin springt plötzlich direkt darauf zu und fängt welche wie ein kleines Kind. Keno steigt direkt darauf ein und geht hin und macht mit. Er sucht ständig ihre Nähe. Sie necken sich und haben großen Spaß daran, zu toben. Jasmin tanzt ihn zur Musik an. Na toll! Einige Leute beobachten die beiden. Jasmin und Keno stört das nicht mal.

Ich kann die Blicke von Keno und Jasmin deuten, offensichtlich stehen beide aufeinander. Was für ein Riesenarschloch, deswegen wollte er, dass sie mitkommt! Evan ist auch sichtlich angepisst.

»Wie peinlich das alles«, murmelt er und sieht weiter zu, während er eine nach der anderen raucht.

Als die Seifenblasen ausgehen, kommen Jasmin und Keno auf uns zu.

»Das war voll witzig, wieso habt ihr nicht mitgemacht?«, fragt Jasmin vorwurfsvoll.

»Wir wollten eure vertraute Zweisamkeit nicht stören«, antwortet Evan sarkastisch.

»So ein Quatsch«, dementiert Jasmin wenig überzeugend.

Keno sagt nichts, er macht sich nur eine Zigarette an. Wir versammeln uns um eine der Feuertonnen, die die Eisbahnbetreiber neben den Hütten aufgestellt haben. Jasmin hat recht, es wirkt alles total romantisch. Von hier aus kann man den Gotthardteich sehen.

Nachdem wir uns aufgewärmt haben, gehen wir zusammen eine Brücke entlang, die wunderschön mit kleinen Lichtern beleuchtet ist. Keno läuft dieses Mal neben mir. Endlich.

»Guck, wie faszinierend dieser halb gefrorene Wasserfall glitzert«, ruft Jasmin, die neben Evan läuft. Evan betrachtet ihn emotionslos. »Guck doch mal, wie das Wasser versucht, sich einen Weg durch das glasklare Eis zu bahnen. Findest du das nicht schön, gerade, wenn ein paar Strahlen der Sonne darauf treffen?«

»Du bist hier die, die romantisch ist«, sagt er kühl.

Jasmin sieht Evan entsetzt an, während Keno unbeschwert lacht.

-Jasmin-

»Mach dir lieber Gedanken darüber, was du von so einem wie Keno möchtest«, flüstert Evan mir ins Ohr.

»Was meinst du?«, frage ich irritiert.

»Ich sage dir, dass Keno ein Spiel spielt und dir einredet, dass er sich für Gesundheit interessiert, obwohl er dich nur ins Bett bekommen möchte. Guck mal, wie er raucht, Glühwein säuft und sich dabei wohlfühlt. So einen Mann brauchst du nicht, Babe.«

»Du bist aber auch nicht viel besser, Evan.«

»Ja, aber ich unterstütze dich mit deinem Job.«

»Hey, Evan, verarsch mich nicht. Du verdienst mit, das ist alles.«

»Was flüstert ihr denn?«, fragt Keno.

»Nichts, nur was Berufliches«, rede ich mich flink raus.

»Es ist furchtbar, wie sich Leute lustig darüber machen, was gesundes Essen betrifft, nicht wahr, Keno?« sagt Evan laut.

»Und gerade solche, die in Gesundheitsbranchen arbeiten, sollten das Wissen haben und das Richtige vorleben«, funkele ich Evan an.

»Lebst du denn alles so, wie du es lehrst?«, stichelt Evan.

»Ich brauch nichts erzählen, was ich selbst nicht zu hundert Prozent umsetzen kann. Menschen sind sensibel und clever genug, um dies zu bemerken«, sage ich klar und selbstbewusst. »Dass das früher bei mir anders war und es für mich auch einen Weg darstellte, weißt du«, sage ich ihm mit Nachdruck.

»Ich bin nur der Programmierer«, stellt Evan unschuldig klar.

»Wenn jemand etwas nicht mit einem Hauch von Selbstlosigkeit tut, um den anderen wirklich zu helfen, sondern nur um Profit daraus zu schlagen, wird das bemerkt«, sage ich frech.

»Ist ja gut, du hast gewonnen«, gibt Evan sichtlich getroffen klein bei.

Keno und Leni bringen uns zum Parkplatz zurück, wir verabschieden uns und fahren stillschweigend nach Hause. Ich habe die Zeit mit Keno genossen, aber alles drumherum ist total in die Hose gegangen. Ich glaube, Leni ist gerade nicht gut auf mich zu sprechen.

Adventskalender in der App:

Liebe auf Umwegen

Sarah, die kleine Liebesfee, fliegt mit Herzchenturbo über die Erde. So kurz vor Weihnachten ist mehr Liebe auf dem Planeten als sonst. Alle sind viel herzlicher, das gefällt Sarah. Die Menschen nehmen zu dieser Zeit die Dinge anders wahr. Alles ist viel schöner dekoriert, die Lichter strahlen und das Zwischenmenschliche gestaltet sich von daher behutsamer. »Die Zeit verfliegt und die Arbeit geht schnell von der Hand, wenn man etwas gern macht, den Ort dazu und die Arbeit verschönert«, denkt Sarah, die einen glitzernden Herzchenschweif hinter sich lässt.

»Schluchz!«

Sarah stoppt. Ein weiteres lautes Schluchzen vernimmt ihr feinfühliges Ohr. Da weint doch jemand. Auf der Treppe des schön geschmückten Gymnasiums sitzt ein junges Mädchen. Sie fliegt hin. »Hallo«, sagt sie leise, sodass das Mädchen nicht erschreckt.

»Ja?« Das Mädchen schaut auf, sieht jedoch offensichtlich niemanden.

»Hier unten«, sagt Sarah mit ihrer sphärischen Stimme.

Das Mädchen schaut herunter.

»Warum weinst du denn?«, fragt sie.

»Ich glaube, ich halluziniere …«, bringt das Mädchen erstaunt hervor.

»Nein, ich bin echt!«

»Fliegen da Herzchen um dich herum?«

»Ja, richtig.«

»Ah, ja«, gibt das Mädchen schon etwas mehr erheitert von sich.

»Stell dir vor, mir hätten sie ein Kaka Emoji verpasst«, wispert Sarah leicht glucksend.

Das Mädchen lacht.

»Erzähl mal, warum bist du so traurig?«

»Ich bin traurig, weil mein Freund mich plötzlich verlassen hat und jetzt nichts mehr von mir wissen will.«

»Hast du etwas Schlimmes gemacht?«

»Nein, wir haben uns öfter wegen Kleinigkeiten gestritten. Beim letzten Streit ist er gegangen und das wars.«

»Bist du dir wirklich sicher, dass er der Richtige für dich ist?«, fragt Sarah.

»Ja, ich möchte keinen anderen!«, antwortet es entschieden.

»Okay, dann brauchst du einen Plan.«

»Einen Plan?«

»Na klar. Es bedarf ein paar Regeln, wenn man einen Exfreund zurückbekommen möchte. Ich kann dir nicht versprechen, dass es klappt. Es ist aber immer einen Versuch wert«, flüstert Sarah sanft, aber überzeugt.

»Okay, ich bin gespannt.«

»Wenn dein Expartner so sehr von dir genervt ist und jegliche Antworten negativ ausfallen, egal, was du fragst und wie zuckersüß du bist – lass ihn in Ruhe. Egal, was du sagen würdest, es würde alles nur verschlimmern und ihn nerven. So hart das auch klingt, du machst sonst jegliche Gefühle, die wahrscheinlich jetzt kaum noch da sind, endgültig zunichte. Ich weiß, nach einer Trennung möchte man dem Expartner am liebsten jede Sekunde schreiben, damit er einen nicht vergisst und nicht anfängt, sich für andere zu interessieren. Aber dein Ex hat sich schon Ewigkeiten zuvor mit der Trennung befasst. Für dich kam die Trennung vielleicht überraschend, aber er ist gefühlsmäßig schon um Längen voraus. Das heißt, er ist schon auf dem Weg zu erkalten und die Gefühle zu dir von sich zu lösen. Reisende soll man nicht aufhalten, lass ihn gehen.«

»Na toll, ist das dein Ernst?«

»Ja, das ist es. Lass ihn in Ruhe. Gib ihm die Zeit, nachzudenken und dich zu vermissen. Wenn du dich permanent meldest, wirst du ihn nerven und treibst ihn weiter von dir weg. Lässt du ihm Zeit, wird er anfangen, zu überlegen, warum du dich nicht meldest. Hattest du vielleicht keine tiefen Gefühle für ihn? Wenn dem so war, wie konnte er dir egal sein? Er verliert schließlich etwas, nämlich seinen größten Fan, der ihm vor ein paar Tagen noch angehimmelt und bestärkt hat, dass er der geilste Typ auf dieser Welt ist.

Warte genau drei Wochen und dann schreib ihm eine Nachricht. Etwa in der Art: *Hallo, es tut mir leid, wie das alles gelaufen ist. Ich muss mich da wirklich bei dir entschuldigen, dass wir unsere Probleme nie mit Reden gelöst haben und es sich sinnlos hochgeschaukelt hat. Ich wünsche dir nur das Beste. Lass es dir gutgehen.*

Es ist wichtig, dass du dich entschuldigst, aber ihm gleichzeitig nicht das Gefühl gibst, ihn wieder zu wollen. Egal, was er antwortet. Antworte nur cool darauf. *Alles gut, ich wollte nur für reine Luft sorgen. Alles Gute!*

Wenn er nicht antwortet, auch gut. Lass erneut ein paar Wochen vergehen. Sollte er sich zwischenzeitlich melden, antworte nur kurz und knapp nach ein paar Stunden ohne Gefühle. Entschuldige dich, dass du vergessen hast, zu antworten. So bewegst du ihn zum Nachdenken. Ist er doch nicht so die Nummer eins bei dir, wie er denkt, und kommst du ohne deinen Partner klar, was er sich vielleicht auch nicht so vorgestellt hat, arbeitet das für dich. Wie, du sitzt nicht da und weinst die ganze Zeit? Schreib du ihn nie von dir aus an. Das Schlimmste, was du machen könntest, ist, ihm das Gefühl zu geben, dass du auf ihn wartest. Mach in der Zeit dein Ding, kümmere dich um dich, pflege dich, hab Spaß, aber provoziere nichts im Internet mit 'nem anderen Mann. Zeig dich allein, mit Freundinnen. Dass ihr Spaß habt, aber mehr nicht.

Wenn du mitbekommst, dass er eine Neue hat, dann bleib locker. Dies wird ein Groupie sein. Keine Frau auf geistiger Höhe würde einen Mann, kurz nachdem er sich von seiner Partnerin getrennt hat, nehmen. Die ist das komplette Gegenteil von dir und sagt zu allem Ja und Amen. Sie bestärkt deinen Expartner in allen Dingen, die er tut und sei es noch so dämlich. So was braucht er vielleicht kurzzeitig. Nämlich jemanden, der ihn wieder auf ein Podest hebt, weil, du hast ihn ja zuvor in der Beziehung kritisiert. Er nimmt die Neue, um einfach zu vergessen und schneller über den Verlust mit dir hinwegzukommen. Aber leider,

leider wird das Groupie bald ziemlich langweilig. Wer will schon jemanden, der keine eigene Meinung hat und nie etwas zum Nachdenken entgegensetzt?

Es könnte dann sogar noch eine kommen, die ist dann etwas schlauer. Nur eben leider, leider immer noch zu langweilig. Nur die Netten, Braven springen. Aber nett und brav ist in diesem Fall nur uninteressant. Sie sind eben nicht du.«

»Okay, krass, was du das alles weißt.«

»Schätzchen, ich habe es studiert. Klar so weit?«

»Ja, klar und wie geht es nun konkret weiter?«

»Es geht so weiter, dass du noch mal drei Wochen abwartest, bis er sich meldet. Du bleibst bitte auf deinem hohen Ross und antwortest emotionslos und knapp. Dein Ex will nämlich gerade nichts Sinnvolles von dir, er möchte nur checken, ob du anspringen würdest, wenn er wollen würde. Nur deine kalte Art wird ihn zum Nachdenken anregen. Alles andere würde ihn weiter wegstoßen. Sobald er merkt – ah, die ist abrufbereit und will mich immer noch – reicht ihm das. Du würdest dich uninteressant machen. Mach bitte nie den Fehler und verbünde dich mit einer anderen Ex von ihm, dann bist komplett raus.

Warte noch ungefähr ein bis zwei Wochen. Er wird sich dann melden und nach einem Treffen fragen. So lange dir dein Ex keine Lösungsvorschläge und ernsthafte Absichten präsentiert, zeigst du die kalte Schulter. Lass dir erzählen, was die Dinge waren, die du in der Beziehung seiner Meinung nach falsch gemacht hast. Damit du danach Zeit hast, dich zu reflektieren und an deinem Verhalten zu arbeiten. Niemand kann behaupten, dass er immer alles richtig gemacht hat. Auch du wirst Dinge getan haben, die deinen Partner verletzt haben. Sollte er bei einem Treffen nicht Klartext mit dir reden, sondern nur ins Bett wollen, wirf ihn raus oder geh du. Ignoranz ist angesagt!

Sei kein Fan, den man rufen kann, wenn man ihn braucht. Er soll lernen, zu reden und Vorschläge für eine weitere Beziehung zu bringen. Und nur das musst du wollen! Küsst du ihn oder gehst mit ihm ins Bett, schießt du dich ins Niemandsland, das muss dir bewusst sein.

Sollte er sich nicht melden und nach einem Treffen fragen, was ich aber nicht glaube, dann kannst du eine Nachricht schreiben, dass du die Ausflüge mit ihm damals schön fandest und ihn fragen möchtest, ob er nicht rein freundschaftlich mit dir in einen Freizeitpark gehen oder eine gemeinsame Aktivität möchte, an der ihr früher sehr viel Spaß zusammen hattet.

Ich rate dir, ihn nicht zu küssen oder anzufassen oder um irgendetwas zu betteln. Du bist eine Frau zum Heiraten und kein Groupie.

Die Lösung für jede Beziehung ist reden. Über alles reden, wie beste Freunde, zusammenhalten wie Geschwister und Spaß miteinander haben. Und wenn jemand freiwillig von dir geht, dann geht eine neue bessere Tür auf, immer! Sollte dein Partner merken, was er an dir hatte, vergib die Chance nur nach reiflicher Prüfung seiner selbst. Ihr beide müsst den Respekt zueinander wieder aufbauen. Auch du solltest dann Vorschläge bringen, wie du die Dinge, die du verbockt hast, in einem Neustart besser machen wirst. Auch du musst dein Verhalten ihm gegenüber ändern, nicht nur er. Ihr müsst euch beide auf Augenhöhe sehen, um ein zweites Mal zusammenzukommen. Das Leben spielt immer für dich, niemals gegen dich«, endet Sarah mit liebevollen Lachern.

Das Mädchen lächelt dankbar. »Du bist mega, kleine Fee! Ohne dich hätte ich es so falsch angegangen.«

»Ich weiß, aber dafür bin ich da. Merk dir aber, dass du das nicht noch mal bei ihm anwendest. Wenn du dann nämlich nochmal mit ihm in einer Beziehung sein solltest, solltet ihr bei einem Streit rechtzeitig reden und darum bemüht sein, immer Lösungen finden, um die Beziehung nicht aufs Neue zu zerstören. Die Strategie, die ich dir gerade empfohlen habe, funktioniert nämlich kein zweites Mal.«

»Okay, danke, liebe Herzchenfee!« Das Mädchen lacht nun um einiges erleichtert.

»Liebesfee, ich bin die Queen of Love, Baby«, säuselt Sarah und lässt ihre Stimme und Erscheinung langsam verflüchtigen. Sie spürt, wie sich ein wundervoll zauberhaftes Wohlgefühl in dem vorher so unglücklichen Mädchen breitmacht.

-Jasmin-

Ich habe ein schlechtes Gewissen. Leni meldet sich nicht mehr. Ich hoffe so sehr, dass ich sie mit meinem Verhalten in Bezug auf Keno nicht verletzt und von mir weggetrieben habe.

Ich schreibe. »Hey, alles okay bei dir? Du hast dich nach dem Eislaufen gestern nicht noch mal gemeldet.«

»Ach, es geht mir nicht so gut. Ich glaube, ich habe mich mehr als nur in Keno verknallt. Mein Problem ist: Wenn ich erst einmal die rosarote Brille aufgesetzt habe, kann ich nicht mehr zwischen Traum und Realität unterscheiden. Für mich ist eben dann das real, was mir mein Hirn erzählt. Und ich bin sehr fantasievoll. Von Drama bis Prinzessin geht da alles.«

»Ach, Kleines, ich weiß gar nicht, was ich schreiben soll. Du bist so ein toller Mensch. Und selbst, wenn es nichts mit Keno wird, die große Liebe wird noch kommen!«

»Ich hoffe einfach, dass er erkennen wird, wie toll ich bin.«

O Mann, das läuft gerade alles gegen den Baum. Ich bin nicht in der Lage, darauf etwas Sinnvolles zu antworten.

Am nächsten Tag im Büro ist Evan immer noch sauer auf mich.

»Was läuft da zwischen Keno und dir?« Er sieht hinter seinem PC hervor.

»Gar nichts«, behaupte ich.

»Mach mir nichts vor!«, sagt Evan in seiner ruppigen Art.

»Evan, ich habe gerade den Kopf voll und außerdem geht dich mein Privatleben einen Scheißdreck an.«

»Oh, dein Privatleben interessiert mich doch, weil ich sehe, dass du heute die Hälfte der bereits eingegangenen Nachrichten nicht beantwortet hast.«

»Du kontrollierst mich? Du hättest diesen Job ohne mich nicht mal.«

»Du doch auch nicht ohne mich«, erwidert er schlecht gelaunt.

»Du hast dir zwar alles ausgedacht und therapierst die kleinen Kranken, aber ohne meine Fähigkeit, zu programmieren und die Buchhaltung zu machen, wärst du am Arsch.«

»Ja, aber übertreib mal nicht.«

»Jasmin, mir gefällt das alles nicht. Denkst du mit?«

Ich versuche, ruhig und diplomatisch zu bleiben. »Evan, wir hatten immer so viel Spaß und jetzt siehst du nur noch das Geld und flippst aus, wenn sich mal ein Mann für mich interessiert. Was willst du denn eigentlich von mir?«

»Na also, wusste ich es doch!«, entlarvt Evan mich und die eigentliche Beziehung zu Keno.

»Ach, du weißt gar nichts«, wehre ich etwas hilflos ab.

Kapitel 13

Schlechtes zieht Schlechtes an

-Leni-

Ich liege im Bett und höre meinen Opa die Treppen herunterkommen.

»Wo bist du, Leni?«, herrscht er.

»Opa? Was ist denn?«

»Geh zur Tanke und hol mir eine Flasche Pfeffi!«, befiehlt er.

»Jetzt? Aber es ist 23 Uhr.«

»Ja, jetzt. Bewege dich!«

»Opa, komm schon, ich merke doch, du hast genug für heute. Leg dich ins Bett, ich geh morgen für dich einkaufen.«

Tatsächlich kommt er in mein Zimmer und sogar ans Bett. Er zieht mir meine Bettdecke weg und tritt mich gegen den Oberschenkel. Dabei wankt er zurück und fällt fast hin. Ich stehe schnell auf. »Gut, ich gehe«, sage ich ängstlich. Mir schießen die Tränen in die Augen. Ich habe solch eine Angst. Ich laufe hinaus ins Bad und ziehe mich fix an. Dann renne ich los. Ich höre auf dem Weg nach draußen, wie er mich weiter beschimpft.

Ich nehme mein Handy, als ich auf dem Weg zur Tanke bin. Ein Schneesturm wütet. Ich wähle Kenos Nummer.

»Ja?«, geht er nach einer Weile verschlafen dran.

»Keno …«, sage ich weinend.

»Leni, was ist los?«

»Mein Opa!«, bringe ich schluchzend hervor.

»Was ist mit ihm, bist du draußen bei dem Wetter?«

»Ja … Er hat mich getreten.« Ich weine. »Und jetzt muss ich für ihn Alkohol kaufen.«

»Leni, soll ich kommen?«, fragt er plötzlich hellwach und wirklich besorgt.

»Nein, er ist furchtbar. Er tut mir sonst noch mehr an, wenn ich nicht schnell wieder zu Hause bin und ihm eine Flasche bringe.«

»Okay, bist du dir sicher, dass er dann Ruhe gibt?«

»Ja, ganz sicher.«

»Okay. Ich überlege mir etwas, wie ich dir helfen kann!«

»Okay«, sage ich mit schwacher Stimme und lege auf.

Als ich wieder zu Hause bin, rufe ich meinen Opa und stelle ihm die Flasche vor die Tür, wie immer. Ich lege mich ins Bett und bemerke, dass die Stelle an meinem Oberschenkel arbeitet. Morgen habe ich da sicher einen riesigen blauen Fleck.

»Weihnachtsmann, Weihnachtsmann«, ruft mich der liebe Elf Nicky.

»Ja, wo brennt es denn, Nicky?«

»Ich habe durch die Glaskugel wieder Kinder beobachtet. Und dabei ist mir ein Mädchen ganz besonders aufgefallen.«

»Was hast du denn gesehen?«, frage ich ruhig und streiche langsam und besonnen über meinen grauen Bart.

»Das Mädchen, das ich gesehen habe, hat Probleme in der Schule und meiner Meinung viel zu wenig Selbstliebe, wodurch sie sich immer selbst schlecht redet.«

»Mmmmh, verstehe. Meinst du, es ergibt Sinn, sie einmal zu besuchen?«

»Ja, das wäre großartig.«

»Dann mach den Schlitten bereit. Ich komme gleich.«

Der fleißige Elf Nicky spannt die Rentiere an und kurz darauf setze ich mich in den glänzend goldenen Schlitten, der wie immer mit seinen schwarzen Samtbezügen sehr edel aussieht. Ich öffne das Raum-Zeit-Kontinuum und schon geht die Reise los. Bunter Glitzer mit weihnachtlichen Elementen erscheint und die himmlische Reise geht los. Der Elf und ich überfliegen mehrere Länder, bis wir auf dem Dach der Familie Müller zum Stillstand kommen. Lucy, das Mädchen, um das es geht, liegt in ihrem Bett und weint. Leise erklingen Weihnachtsglöckchen. Verwundert hebt sie ihr Gesicht. Vor ihr zeichnen sich nach und nach weihnachtlich geschmückte Tannenzweige an der Wand ab. Ein barockartiges goldenes Band erscheint.

Folge mir,
der Weihnachtsmann.

Lucy läuft den Flur entlang, die Treppe hinunter bis hin zum Wohnzimmerkamin.

Dort kommt ein Geschenkesack zum Vorschein, der ebenso weihnachtlich dekoriert ist. Der Kamin scheint plötzlich viel größer, als sonst zu sein.

»Hohoho, setz dich auf den Geschenkesack, Kleines, und halt dich gut fest.«

Lucy tut, was ich ihr gesagt habe. Oben angekommen warte ich auf sie. »Komm her, kleine Lucy. Setz dich einen Moment zu mir in den Schlitten, ich möchte mit dir reden.«

Lucy nickt schüchtern und klettert herein.

»Mir ist zu Ohren gekommen, dass du sehr oft traurig wegen der Schule bist.«

»Ja, ich bin traurig, da ich nicht in allen Fächern gut bin. Eine Aufgabe zu bekommen und nur Leere zu sehen, wie blockiert zu sein, das macht mich fertig. Ich möchte meine Eltern nicht enttäuschen.«

Lucys Stimme bricht vor Kummer. Ich sage daraufhin absichtlich mit meiner wohltuend tiefen Stimme: »Du musst verstehen, dass wir nicht in allen Dingen gleich gut sind. Wenn du dich anstrengst, wirst du trotzdem merken, dass du für manche Fächer lieber lernst und darin dort besser bist.«

»Das stimmt«, gibt Lucy zu. »Trotzdem kommt mir manchmal der Gedanke, egal, was ich mache und wie ich es mache, es wird falsch sein.«

»So darfst du nicht denken. Du solltest immer positiv bleiben und dich selbst motivieren, dass du alles schaffst, was du erreichen möchtest.«

»Ich lasse die anderen immer vor. Bei Gruppenarbeiten lasse ich die anderen entscheiden, was gemacht wird. Und tatsächlich war es bis jetzt immer so, dass die es auch anders angegangen sind, als ich es getan hätte und eine andere Denkweise dabei hatte.«

»Das ist doch nicht schlimm. Viele Wege führen nach Rom. Vielleicht wäre deine Lösung schneller und sogar noch besser gewesen. Stell dich nicht hinten an, du hast denselben Wert wie alle anderen.«

»Eine Lehrerin spielt es richtig aus«, sagt sie empört und kommt jetzt wohl aus sich heraus.

»Was meinst du damit?«

»Dass ich ihrer Meinung nach nicht schlau wäre. zeigt mir in jeder Hinsicht, dass ich nichts kann. Sie sucht nie das Gespräch mit mir. Eher zu meinen Eltern am Telefon, um ihnen wieder mitzuteilen, dass ich wie ein angeschossenes Reh dastehen würde und nichts wüsste, wenn sie mich etwas fragt. Ich bin dann wie blockiert und in meinem Kopf ist alles schwarz. Ich bin froh, wenn ich an diesen Tag manchmal nicht Mathe habe.«

»Ich habe eine Idee«, sage ich warmherzig. Allein meine Stimme ist Balsam für das Kind, das sich derart in die Enge getrieben fühlt. »Ich organisiere dir eine liebevolle Nachhilfelehrerin in Mathe und du bist dann selbstbewusst und zeigst der Lehrerin, dass du Mathe sehr gut kannst. Dann brauchst du keine Angst mehr zu haben.«

»Das klingt gut«, sagt Lucy unsicher.

»Es ist nichts Schlechtes daran, sich Hilfe zu suchen, wenn man etwas nicht verstanden hat. Im Gegenteil, es zeigt Selbstbewusstsein. Jeder lernt sein Leben lang neue Dinge. Versperre dich dafür nicht und gib niemals auf, deine Ziele zu erreichen.

Wenn du in der Schule nur Bruchteile an Wissen bekommst, dann setz dich zu Hause hin und fülle dein Wissen auf. Dank des Internets ist das heutzutage ja alles kein Problem mehr.«

Lucy lacht übermütig auf. »Danke, lieber Weihnachtsmann!«

Sie schlingt ihre Arme um meinen dicken Bauch und vergräbt ihr Gesicht in das Fell meines weichen Mantels.

Es dauerte keine drei Wochen und Lucy ist in Mathe wieder auf dem Stand wie die anderen Kinder.

Am Morgen, als ich aufwache, realisiere ich, dass ich das Gespräch gestern mit Leni nicht geträumt habe. Ihr Opa wendet häusliche Gewalt an. Ich wähle die Nummer von Jasmin.

Sie hebt ab. »Ja?«

»Hey, Jasmin, du, ich muss mit dir reden, es geht um Leni.«

»Oh! Okay.«

»Können wir uns treffen?«

»Also, äh …«, sie macht eine kurze Pause. »Gut. In 'ner Stunde in dem Café von neulich?«, fragt sie.

»Ja, geht klar. Bis dann!«, antworte ich. Mein Herz rast.

Sie legt auf. Ich bin in einer Art Schockstarre. Begeistert war sie jetzt nicht, dass ich mich mit ihr treffen wollte. Ich muss heute nachhaken, woran es liegen könnte, dass sie einen solchen Abstand möchte.

Am Café angekommen, wartet Jasmin schon auf mich. Sie hat wieder diese magische Ausstrahlung, so leuchtend und voller positiver Energie. Dezent, aber sexy in ihrem eng anliegenden Hosenkleid, worunter sich ein durchtrainierter Körper abzeichnet. Ihre Gesichtshaut rein und strahlend, mit etwas Augen-Make-up noch eindrucksvoller. Die Frau flasht mich mit allem. Wie sie sich kleidet, bewegt und spricht. Ich versuche, mir ihr gegenüber nicht anmerken zu lassen, wie begehrenswert ich sie finde. »Hallo, schöne Frau«, sage ich betont lässig.

»Hallo, Keno«, sagt sie freundlich und streckt mir graziös ihre Hand aus.

Am liebsten würde ich sie an mich reißen, aber sie wirkt ziemlich abgekühlt.

Bei einem Kaffee erzähle ich Jasmin alles über den Vorfall von gestern. Das scheint sie sehr mitzunehmen.

»Ich habe gerade den Draht zu Leni verloren, deswegen hat sie mir nichts davon erzählt«, sagt sie traurig.

»Wieso das?«, will ich wissen.

»Wieso wohl?«, antwortet sie etwas zickig.

Typisch Mann schüttle ich nichtsahnend mit dem Kopf.

»Sie ist eifersüchtig. Wir haben es beim Eislaufen übertrieben«, ist Jasmins knappe Erklärung.

»O Mist!«, bringe ich nur hervor.

»Jap, und deswegen ruft sie auch dich in dieser Situation an. Du bist gerade ihr engster Vertrauter.«

»Von dem sie etwas will …«, füge ich hinzu.

»Leider wahr«, sagt Jasmin.

Ich schaue ihr tief in die Augen. »Ist das der Grund, warum du von mir Abstand nimmst?«

»Ich möchte nicht, dass sie sich noch mehr von mir entfernt«, stellt sie klar.

Ich weiß nicht, was ich darauf antworten soll. »Ich möchte dich trotzdem kennenlernen«, haue ich einfach raus.

»Hast du eine Idee, wie wir Leni helfen können?«, fragt Jasmin, ohne auf meine Worte einzugehen.

Mein Beschützerinstinkt ist so sehr erwacht, wie vielleicht noch nie zuvor in meinem Leben. Ich möchte gleichzeitig beiden Frauen helfen. »Ich habe mir vorgenommen, dass ich beim kleinsten erneuten Vorfall zu ihrem Opa fahre. Wenn sie auf Arbeit ist, werde ich versuchen, mit ihm zu reden.«

»Das wird wohl die einzige Möglichkeit sein«, sagt Jasmin sachlich. »Vielleicht kannst du etwas bewirken.«

»Können wir 'ne Runde laufen?«, frage ich, nachdem unsere Kaffeetassen geleert sind.

»Du rauchst sehr viel und trinkst auch öfter, als ich gedacht habe, nicht wahr?«, fragt mich Jasmin geradeheraus.

»Kann schon sein. Ist das für dich ertragbar?«

Sie greift sich verlegen an den Hals und schaut schräg nach unten. »Das heißt nein, oder«, frage ich, etwas verzweifelt, ohne ihre Antwort abzuwarten.

»Lungengewebe regeneriert sich nicht. Mit jeder Zigarette schädigst du dein Lungengewebe etwas mehr«, erklärt sie mir mit emotionsloser Stimme.

Ich schweige und Jasmin erzählt weiter, aber sieht mich dabei nicht mehr an.

»Ich habe eine Ewigkeit versucht, meinen letzten Freund von seinem Gerauche abzuhalten. Am Ende hat er es heimlich gemacht und sich sogar deswegen von mir getrennt.«

»Er hat sich von dir getrennt?«, frage ich fassungslos. Jasmin ist für mich so eine überirdisch tolle Frau, dass ich mir nicht vorstellen kann, dass sich jemand von ihr trennen könnte. Und schon gar nicht aus diesen Gründen.

»Ja, wir waren eigentlich schon so weit, dass wir heiraten wollten.«

»Und dann?«

»Und dann habe ich es verbockt. Meine Aussage war: Ich heirate dich, wenn du aufhörst, zu rauchen. Ich dachte, die Liebe zu mir wäre stärker als diese Sucht. Ich habe gesehen, wie er Kette rauchte und hätte alles gemacht, um ihn davon wegzubekommen. Ich habe schon Menschen gesehen, die durch das Rauchen eine COPD entwickelt haben.«

»Was meinst du damit?«

»Diese Raucher haben öfter das Gefühl, zu ersticken. Weißt du, wie schlimm das ist, so jemanden leiden zu sehen? Ich habe meinen Exfreund ehrlich geliebt und dachte, so würde es Klick machen, denn alles Gerede hat nichts genutzt. Ich habe damals sogar eine Hypnose-Therapie für ihn bezahlt. Nur ohne einen Willen, ist alles nichts.«

»Er hat dich dann verlassen?«, frage ich.

»Ja, mit den Worten: *Ich lasse mich von dir nicht erpressen*!«

»Und habt ihr dann nicht noch mal darüber geredet?«

»Das war in der Beziehung so, dass wir nie etwas ausdiskutiert und nach einer Lösung gesucht haben. Er ist dann ausgezogen und das wars. Uh, das war hart.«

»Ja, war es bestimmt. Wie lange wart ihr zusammen?«

»Sechs Jahre.«

»Sechs Jahre und es endete so?«, frage ich.

»Ja, er war extrem wütend auf mich und er hatte Freunde sowie Familie, die ihn bezüglich der Trennung bestärkt haben. Er meinte, ich würde ihm alles vorschreiben und er lässt sich nichts verbieten. Meine Gedanken waren etwas anders, da ich eine schöne Zukunft mit ihm wollte. Ich bin die letzte, die jemandem etwas verbietet und ihn in seiner Freiheit einschränkt. Ich liebe meine Freiheit genauso, wie er es getan hat! Aber wenn es um Alkohol, Drogen oder Rauchen geht, da ist mit mir nicht gut Kirschen essen.«

»Weil du selbst es nicht machst oder was ist der Grund?«

»Der Grund ist, dass ich einen Menschen, den ich liebe, davor schützen möchte, sich einer Sucht hinzugeben und somit seinem Körper zu schaden. Ich weiß, dass er damit etwas kompensiert hat und den Problemen wäre ich gern auf den Grund gegangen und hätte mit ihm zusammen daran gearbeitet. Für mich ist eine Sucht nichts Gutes. Ich wollte mit diesem Menschen alt werden und somit sind mir seine inneren wie äußeren Werte heilig.«

»Genau wie dir dein Körper wichtig ist?«

»Richtig, genauso. Aber wie du siehst, bin ich die Sache falsch angegangen und hab mich selbst ins Aus befördert.« Jasmin lacht.

»Wenn du jetzt noch mal die Chance hättest, mit ihm zu reden …«

»Nein!«, fällt sie mir ins Wort. »Das Thema ist durch und nun lass uns wieder über dein Problem sprechen«, sie piekst mich fordernd in die Seite.

»Au!« Ich zucke zusammen. »Du wirst nicht alle Menschen von etwas Gutem überzeugen können«, sage ich.

»Das habe ich nicht vor, ich coache nur die, die es wollen.«

»Womit würdest du versuchen, mich zu überzeugen, das Rauchen aufzugeben?«

»Da ich gerade keinen Willen spüre, wohl gar nicht.« Sie schmunzelt. »Hiermit zum Beispiel: Deine Haut altert schneller, deine Gefäße verändern sich schneller zu ihrem Nachteil und das Lungenkrebsrisiko steigt. Es riecht abartig für Menschen, die nicht rauchen. Ich küsse einen Mann auch nicht, wenn er geraucht hat. Das ist für mich nichts Gefühlvolles, das ist, als wenn ich freiwillig einen Aschenbecher auslecke.«

Ich muss lachen. »Du denkst also, ich kompensiere damit etwas?«

»Hier ist es wie beim Überfressen: Unausgesprochene Gefühle, Gedanken, die man in sich hineinfrisst beziehungsweise raucht. Als starker Mensch weiß ich, dass es nichts weiter als eine Sucht ist und der Mensch dazu zu schwach.«

»Aber du weißt nicht, wie schwer es ist, davon loszukommen.«

»Keine Sucht ist leicht loszuwerden, doch wo ein Wille und ein Plan, da ist auch ein Weg. Und die, die behaupten, es würde schmecken – sorry, aber die haben ihren Geschmackssinn völlig zerstört.«

Ich muss lachen. »Mir schmeckt es wirklich, aber das äußere ich jetzt nicht laut.«

»Sei stark und schlau. Geh in dich! Jede Sucht ist durch Gedankenlenkung, Ablenkung, Liebe, Spaß, Selbstliebe und Sport überwindbar. Menschen mit Hirn suchen und finden Lösungen«, sagt Jasmin provokant. »Ein Kumpel von mir antwortete einmal auf meine Frage, was er denn von Menschen, die Alkohol, Zigaretten oder Drogen konsumieren, hält, mit einer sehr krassen Antwort.«

»Mit welcher denn?«

»Er sagte: *Jasmin, Suchtmenschen sind dumm, man kann sie mal kurzzeitig für 'nen Abend ertragen, aber im Grunde genommen sollte man sie meiden.* Nun ja, mein Kumpel in allen Ehren, besonders auch, weil er ein sehr erfolgreicher Unternehmer ist, aber meine Lebenseinstellung ist leben und leben lassen.«

»Ich finde es eine sehr ehrliche Aussage von ihm«, sage ich. Ich habe das in der Tat auch schon gehört, also, dass es heißt, Menschen mit niedrigem Bildungsstand gehen schlecht mit ihrem Körper um.«

»Nee, ich denke das nicht, es fehlt meiner Meinung nach an Liebe, wenn sich Menschen in eine Sucht stürzen. Trinkst du nun öfter Alkohol?«, fragt Jasmin mit einem unbestechlichen Blick.

»Auch das muss ich leider mit Ja beantworten. Und damit bin ich bestimmt für dich jetzt unten durch, oder?«

»Nein, es ist nur so, dass ich ein gebranntes Kind bin«, sagt Jasmin. »Mein Vater war Alkoholiker, er ist daran gestorben.«

»Das tut mir leid«, sage ich.

»Ich persönlich hasse besoffene Menschen. Ich habe einfach ständig Angst, dass ihnen etwas passiert, sie stürzen oder dass sie kotzen müssen. Das kann ich nicht ab«, sagt Jasmin. »Alles, bei dem sich Menschen sichtlich verändern, Scheiße reden und sich nicht mehr unter Kontrolle haben – da bin ich raus.«

»Ja, das verstehe ich. Und so eins Mal am Abend, ist das ertragbar für dich?«

»Nee. Ich finde, so fängt es immer an. Jeden Abend ein Bier ist der Weg in eine Sucht. Bier ist für mich das unerotischste Getränk auf dieser Erde.«

Ich muss lachen. Jasmin ist so krass drauf.

»Warum geht ausgelassen reden, fröhlich sein, tanzen, bei so vielen Menschen erst mit Alkohol?«, fragt sie mich.

Ich zucke mit den Schultern, bei mir ist es ja nicht anders.

»Warum sind wir so verhalten? Ist es nicht viel cooler, das alles auch so zu können?«

»Ja, na sicher, aber der Kopf spielt halt 'ne große Rolle.«

»Ach, ist doch völlig egal. Warum können wir nicht auch mal laut lachen, übertreiben, fröhlich sein, mal einfach so auf einer Party die Wahrheit sagen, ohne dass man einen Pegel hat?«

»Viele Leute sind so verklemmt. Würdest du hier oben ohne auf dem Brunnen tanzen?« fordere ich sie heraus. O Scheiße, sie ist aufgestanden und hüpft darauf zu. »Komm zurück, du erkältest dich.«

Jasmin hat sich flink eine Musik auf ihrem Handy rausgesucht und ist dabei, sich zu entblößen. Dann steigt sie hinauf und tanzt absolut fröhlich. Twerkt sie da gerade oben ohne? Bin ich froh, dass wir allein hier sind. Memo an mich: *Fordere sie nicht sinnlos heraus, sie macht alles!*

»Komm her und tanz mit«, fordert sie mich lachend auf.

»Okay, Kleines, würdest du dich jetzt bitte wieder anziehen?«

»Also, andere Männer würden sich, glaube ich, mehr freuen«, sagt sie schnippisch.

»Ich bin aber nicht jeder!«, sage ich kurz. Das führt zum Glück dazu, dass sie beginnt, sich anzuziehen. Was für ein kleiner Freak.

»Ich habe Menschen kennengelernt, die sind im Alltag völlig spießig und glatt. Sobald sie einen Pegel haben, eskalieren sie völlig und benehmen sich wie der letzte Trottel«, sagt Jasmin, die auf mich zugelaufen kommt.

»Nicht mein Fall«, sagt sie trotzig weiter. »Weil, mit dem Alkohol vergessen sie, was andere denken könnten und benehmen sich wirklich schrecklich. Ich habe lieber immer meine Sinne unter Kontrolle, aber bleibe real. Ich kann auch wie 'n Kind sein ohne Alkohol und definitiv schäme ich mich dann im Nachhinein für nichts.«

»Das habe ich bemerkt.« Ich lache laut los. Sie gefällt mir. Intelligent und crazy.

»Für mich hat man erst Charakter, wenn man auch ohne Alkohol übertrieben happy, verrückt und bunt im Hirn sein kann. Wenn man auch ohne Alkohol oder anderen berauschenden Mitteln aufstehen, Spaß machen, witzig und klug reden kann. Aber auch den Mut hat, ohne Alkohol vor Leuten zu reden, auf 'ner Party zu tanzen, oder auch so zu tanzen, wenn niemand zusieht. Alles ohne Alkohol oder sonstige Drogen. Erst dann bist du wirklich cool und hast Respekt verdient!«

Die Ansage habe ich verstanden. Jasmin hat sich völlig in Rage geredet, ich spüre ihre ganze Energie. »Mein Vater ist auch an Alkoholsucht gestorben«, sage ich plötzlich. Eigentlich hatte ich mir vorgenommen, es ihr nicht zu sagen.

»Oh, das ist nicht gut«, sagt sie auf einmal wieder sehr ruhig und sachlich. »Du bist so gefährdeter, ebenfalls an einer Sucht zu erkranken. Du musst aufpassen.«

Mir wird das Thema jetzt zu viel. »Du, ich habe ganz vergessen, dass ich mich mit Sandy wegen der Arbeit in 'ner halben Stunde treffen wollte.«

»Alles klar, machs gut«, sagt sie kühl und reicht mir zum Abschied die Hand.

Der Nachmittag war ganz schön deprimierend für mich. Sandy als Ausrede einzusetzen, war auch total bescheuert. Ich glaube, Jasmin fordert Dinge von mir, die ich nicht umsetzen kann.

Adventskalender in der App:

Auch aus Hässlichem kann etwas Schönes werden

IT'S THE MOST Wonderful Time OF THE YEAR

»Wie komme ich an neue Ideen für Spielzeug, das es noch nicht gibt?«, fragt Maxim, der Elf aus der Kreativabteilung, den Oberelf Bijou. »Die anderen haben immer so tolle Ideen.«

»Nur, weil die anderen gute Ideen haben, heißt es doch nicht, dass du weniger Tolles produzieren kannst«, sagt der Weihnachtsmann, der wohl alles mit angehört hat.

»Aber wie? Mein Kopf ist so voll und mir fällt nichts ein.«

»Weil du dich stressen lässt und selbst schlechtredest«, sagt der Weihnachtsmann. »Ich gebe dir ein paar Tipps. Lass dich von deinem Alltag inspirieren. Es zeigt sich dir mehr, als du für möglich hältst. Höre auf diese Eingebungen und nutze diese Ideen. Schreibe sie dir sofort auf, sonst sind sie für immer verloren. Lass dich von anderen Elfen inspirieren und verbessere ihre Ideen oder nutze diese als Sprungbrett, etwas anderes daraus zu formen.«

»Das werde ich tun, Weihnachtsmann«, versichert Maxim.

»Was wichtig ist, ist, nicht andere Dinge vors Loch zu schieben. Du hast einen Traum, du möchtest ihn durchziehen. Also nutze deine Zeit. Verschwende sie nicht, um andere Leben am Elfphone zu verfolgen oder faul rumzuliegen. Grundsätzlich sind wir alle faul, du genauso wie ich. Wir sind nur nicht faul, wenn es um Dinge geht, die wir lieben, die uns Spaß machen und uns Freude bereiten. Dies ist ein guter Grundsatz dafür, nur das zu tun, was dir am Herzen liegt und wofür du brennst.

Wenn du denkst, jetzt bin ich aber fertig für heute, hast du definitiv noch die Energie, um zwei bis drei Stunden zu arbeiten. Wir sind faul, denn unser Körper ist so konzipiert, um uns zu schonen. Also hab keine Angst, du wirst dich nicht so leicht überlasten und schon gar nicht mit etwas, das du gern machst. Finde keine Ausreden, suche nach Lösungen. Arbeite hart genug an den Dingen, die du liebst.

Das Gesetz der Anziehung belohnt Arbeit, die du mit voller Liebe tust. Motiviere dich, um etwas zu tun. Ignoriere die Ausreden in deinem Kopf.«

»Danke, Weihnachtsmann, das hilft mir sehr.«

»Noch eine gute Idee ist«, sagt der Weihnachtsmann. »Sieh Facepol, x-masgram und all die anderen Sozialen Netzwerke eine Weile nicht an, um dich von dem Input von außen abzuschirmen. Auch die meisten Menschen benutzen Filter auf ihren Handys, denn so toll sieht das produzierte Spielzeug von ihnen manchmal in der Realität nicht aus. Also lass dich davon nicht beeindrucken, dein Qualitätsspielzeug ist sehr gut.«

»Okay, Weihnachtsmann.«

»Du brauchst Ruhe, um wieder zu dir zu finden. Je lauter es außen um dich herum ist, umso gestresster wirst du.«

»Danke, ich werde daran arbeiten.«

»Davon bin ich überzeugt und jetzt geh und merke dir: Wenn etwas hässlich oder kaputt ist, nimm es und mach etwas Schönes daraus.«

Als ich morgens früh auf die Waage steige, kann ich mein Glück kaum fassen. Ich schreibe eine WhatsApp an Jasmin. »Hallo, Jasmin, sorry, dass ich mich so lange nicht gemeldet habe. Ich wollte dir nur mal berichten, wie es so läuft. Ich habe mittlerweile acht Kilo abgenommen und komme mit der Tellerregel und deinen Übungen super zurecht. Ich starte auch mit positiven Gedanken in den Tag und fühle mich schon viel wohler in meiner Haut, dank dir!«

Es dauert nicht lange, da ploppt eine Antwort von Jasmin auf. »Hallo, Leni, das freut mich so sehr. Du kannst absolut stolz auf dich sein! Und der Reizdarm ist auch weg?«

»So gut wie, in Stresssituationen kocht er manchmal noch hoch, aber durch das geregelte Essen und die Menge hat mein Darm auch seine geregelten Zeiten. So etwas hatte ich schon seit Ewigkeiten nicht mehr und es macht mich wahnsinnig glücklich. Denkst du, dass der Reizdarm noch komplett weggehen wird?«

»Ja, da bin ich mir ganz sicher, dass der weggehen wird. Du solltest dir selbst noch mehr vertrauen, dir mehr Liebe und einen respektvollen Umgang schenken sowie die Bewegung geben, die du brauchst. Viel trinken ist wichtig in den Essenspausen und deinen Darm gut mit Ballaststoffen zu füttern. Achte auf deine Gewohnheiten, führe dir da die Fehler vors Auge und verbessere sie Schritt für Schritt, Tag für Tag.«

»Cool, danke Jasmin. Ich freu mich so!«

»Ist zu Hause auch wieder alles gut?«

Wieso fragt sie mich, ob zu Hause wieder alles gut ist? Hat sie etwa Kontakt zu Keno? »Wieso, was meinst du?«

»Na, ob dein Opa auch lieb ist? Du hattest doch am Anfang mal von Problemen berichtet.«

»Ja, alles gut.«

»Sehr schön.«

Ich will Jasmin davon nicht erzählen. Sie macht sich nur unnötig Sorgen und in dieser Angelegenheit kann sie mir einfach nicht helfen.

Adventskalender App:

Selbst gemachter Leistungsdruck

Rudolph läuft aufgescheucht von der einen zur anderen Ecke seiner Box.

»Rudolph, was ist los?«, ruft sein bester Kumpel Erwin. Erwin ist ein Weihnachtshörnchen. Er sieht aus wie ein Hamster, nur dass er eine Mütze und einen Schal wie der Weihnachtsmann trägt und einen Puschelschwanz hat, der mit dem eines Eichhörnchens vergleichbar ist.

»Ach, Erwin, ich hoffe, ich mache meinen Job dieses Jahr auch wieder so gut«, sagt Rudolph aufgeregt.

»Wieso befürchtest du, dass es nicht so sein wird?«, fragt Erwin.

»Ich bin doch der Anführer und muss den Schlitten in dem Raum-Zeit-Kontinuum in Windeseile lenken. Meine Nase muss die volle Helligkeit bringen und auch die Fotos mit den Kindern darf ich nicht versemmeln. Ich werde nun auch immer älter und jedes Jahr bewerben sich massig neue Rentiere auf meinen Posten, die sind durchtrainiert und stählern.«

»Mein Lieber, du solltest dir echt mal eine Auszeit von dem ganzen Social-Media-Kram gönnen! Du siehst da Millionen Rentiere mit Filtern. Selbst deine Nase wird gefakt. Keiner ist so wie du und trotzdem denkst du, du hättest wahnsinnig viele Konkurrenten. Mach dir nicht so einen Stress, abonniere keine Konkurrenz, abonniere nur die Seiten, auf denen du etwas lernst. Selbst die Nachrichten sind nur noch negativ und voller Unfälle, Gewalttaten, Hass und Trauer. Grenze dich davon ab! Meditiere, trainiere, iss gesund und visualisiere nur das, was du wirklich willst. Stress kannst du auch hinunterschrauben, wenn du dich hinsetzt, tief durchatmest und dich eine Minute darauf konzentrierst, wo du deinen Atem wahrnimmst und wo deine Körperteile Kontakt zum Boden haben.«

»Danke, kleiner Freund, das tat gut, so etwas zu hören.«

»Kein Problem, leg das Handy weg, konzentriere dich auf eine Sache und sei fröhlich. Du bist einzigartig!«

»Genau wie du«, gibt Rudolph das Kompliment zurück. »Du hast wirkliche Größe.«

Kapitel 14

Gruselig. Halloween? Nein. Klassentreffen!

-Leni-

Ich habe immer noch das Gefühl, dass Jasmin etwas über meinen Opa von Keno weiß. Ansonsten hätte sie die Frage doch nicht so komisch gestellt. Ich muss herausbekommen, ob sie Interesse an ihm hat. Ich schreibe ihr. »Jasmin, würdest du einen Mann mit Süchten nehmen?«

»Hey, wie kommst du denn auf die Frage?«

»Ach, nur so, interessiert mich einfach.«

»Es ist so, dass ich es schon akzeptieren würde, wenn ein Mann unter einer Sucht leidet. Es kommt auf den Grad an, wie tief er drinsteckt. Ich würde das nur nicht auf sich beruhen lassen. Er müsste schon bereit sein, dagegen etwas zu tun, ansonsten wäre ich recht schnell weg. Ich möchte nicht sehen, dass sich jemand, der mir etwas bedeutet, absichtlich schadet und gleichgültig damit umgeht, worüber ich ihn aufgeklärt habe, über das, was in seinem Körper vor sich geht.«

»Meinst du, dass es etwas bewirken würde, wenn man das alles einen Menschen mit Süchten sagt?«

»Es kommt wirklich darauf an, wie es um seinen IQ bestellt ist und wie wichtig ihm sein eigener Körper ist. Ich möchte jemanden, mit dem ich bis ins hohe Alter aktiv sein kann. Wenn nichts Unvorhergesehenes dazwischenkommt, versteht sich. So was weiß man nie. Ich würde meinen Mann auch bis zum Ende pflegen, wenn er unabsichtlich erkrankt oder ihm etwas zustößt. Ich hätte nur ein Problem damit, wenn er sich nicht um seinen Körper und Geist kümmert. Ich wäre auch bereit, ihn da in jeder Art und Weise zu unterstützen.«

»Finde ich cool, deine Einstellung. Was machst du heute noch so, hast du vielleicht Lust, dich heute Abend mit mir zu treffen?«

»Danke. Würde ich sehr gern, aber ich habe heute Abend ein Klassentreffen in meiner alten Schule in Bad Dürrenberg.«

»Ach so, na dann wünsche ich dir viel Spaß. Dann ein anderes Mal.«

»Natürlich, sehr gern.«

Nur gut, dass sie immer so ausführlich erklärt. Ich glaube, Keno wäre nicht bereit, für jemanden das Rauchen aufzugeben. Er ist zwar sehr schlau, aber ich denke nicht, dass ihm sein Körper so extrem wichtig ist. Jasmin würde ihn nicht nehmen, das spielt mir in die Karten.

Adventskalender in der App:

Frosti will Erfolg

Überall glitzert es. So, als wenn Staubteilchen im Sonnenlicht sichtbar werden, schimmert hier die Luft mit funkelnden kleinen Lamettateilchen. In meiner Wohnung habe ich ein wahres Paradies an Eleganz geschaffen. Jeder, der zu Besuch kommt, bewundert meine Wohnung. Ich bin Weihnachtsschnecke Frosti und wünsche mir sehr, dass auch mich jeder bewundert. Ich schminke mein Schneckenhaus täglich. Heute trage ich die Form eines Liebesapfels in glänzendem Rot. Ich habe es sogar lackiert, damit ich zum Anbeißen aussehe. Meine langen Wimpern haben mich Stunden gekostet und erst der Glitzer auf meiner zarten Haut. Ich habe ihn einmassiert und am Ende mit silberglänzenden Tupfern Akzente gesetzt. Als i-Tüpfelchen setze ich auf meine Fühler zwei Weihnachtsmützchen. Nochmals betrachte ich mich in meinem LED-Weihnachtslichtspiegel. Ja, so kann ich raus. Am Eingang zum Weihnachtsdorf treffe ich Stups den Polarbären. »Na mein Guter, wie findest du mein Outfit of the day?«

»Ähm, das ist toll, Frosti«, stottert er.

»Warum bekomme ich für das alles nicht die Bewunderung und den Erfolg, den ich mir wünsche?«

»Nun ja, vielleicht, weil du zwar schön aussiehst, aber hier niemandem hilfst.«

»Meinst du, wenn ich den Elfen mit etwas helfen würde, würde ich die gewünschte Anerkennung bekommen?«

»Jupp, genau das will ich damit sagen.«

»Aber wie geht erfolgreich sein?«

»Ich kann dir erzählen, wie sich die Rentiertruppe untereinander motiviert, erfolgreich zu bleiben. Da höre ich nämlich gern zu, das motiviert mich immer, auf meinem Wachposten aufmerksam zu bleiben und gute Arbeit zu verrichten.«

»Okay, okay, schieß los!«

»Sie sagen immer, wir müssen uns auf die wichtigen Dinge fokussieren. Man muss die Dinge leben, die einen vom Herzen her glücklich machen.«

»Mmm, gut …«, sage ich.

»Dann sagen sie, wir machen eine Liste mit den Dingen, die als Erstes erledigt werden müssen und erledigen die Dinge zuerst, die am unangenehmsten sind, um unserem Ziel am schnellsten näher zu kommen.«

»Gut, aber was tun sie, um erfolgreich zu bleiben?«

»Sie lesen sogar informative Bücher, bilden sich in der Zauberschule der Elfen in den Flugtechniken weiter, sind bescheiden, machen Sport und fressen gesund. Sie sagen immer: Mit den Rentieren, mit denen du dich abgibst, so bist du. Deswegen halten sie den Kontakt nach draußen, zu gewöhnlichen Rentieren, eher gering. Sie sagen, man sollte sich immer mit denen umgeben, die über Ziele, Träume und Gesundheit reden.«

»Ich brauche etwas, das mich und andere glücklich macht. Was hältst du davon, wenn ich im Weihnachtsdorf ein Kosmetikstudio aufmache, das wäre genau mein Ding«, sage ich.

»Siehst du, Frosti«, sagt Stups, »dann hättest du etwas, mit dem du dich kreativ austoben kannst und würdest anderen helfen, auch schön zu sein.«

Und so kommt es dann auch. Ich werde wegen meines sich täglich ändernden Looks im Weihnachtsmanndorf absolut gehypt und jeder Elf, der etwas auf sich hält, kommt zu mir zum Styling. In der Elfopolitan bin ich monatlich auf dem Cover und kann so mein Bedürfnis nach Aufmerksamkeit erfolgreich stillen.

-Keno-

Ich werde Leni heute fragen, ob sie sich mit mir treffen möchte. Nicht nur, weil ich wissen möchte, wie es ihr geht, sondern auch, weil ich ihr sagen muss, wie es um meine Gefühle bestellt ist.

Als ich Leni wieder bei McDonalds auf einen Kaffee treffe, wirkt sie überglücklich. »Wie läuft es zu Hause?« Ich sehe sie prüfend an.

»Ach, gerade verhält sich Opa still. Ich sehe ihn kaum.«

»Alles okay also. Gut, das beruhigt mich etwas«, sage ich. »Ich habe noch etwas, das ich mit dir besprechen möchte«, sage ich vorsichtig.

»Was denn?«, antwortet sie überaus neugierig und gut gelaunt.

»Leni, ich würde gern Kontakt zu Jasmin aufnehmen. Hättest du ihre Nummer für mich?«

»Wieso das?«

Von einem auf den anderen Moment ist ihre gute Laune futsch. »Ich würde sie gern näher kennenlernen. Sie ist so frech, bunt, frei und wild«, schwärme ich.

»Aha, du stehst also auf sie«, sagt Leni trotzig.

»Um ehrlich zu sein, ja«, gebe ich zu.

Leni sieht kurz weg. »Also, du kannst es bei ihr versuchen. Aber ich glaube nicht, dass du da Chancen hast«, sagt sie plötzlich.

Ich verkneife es mir, zu fragen, wie sie darauf kommt. Sie atmet tief durch.

»Ich weiß, dass Jasmin heute bei einem Klassentreffen in Bad Dürrenberg in ihrer alten Schule ist. Also heute wird sie eh keine Zeit haben.«

»Mmm, schon klar«, sage ich. Leni hat keinen Bock mehr, mit mir zu sprechen. Das merke ich, als sie auf all meine Fragen, die ich aus Höflichkeit stelle, um keine Ruhe aufkommen zu lassen, nur noch mit Ja und Nein antwortet. Sie erzählt mir, dass sie noch etwas vorhat und verschwindet dann schnell. Ich bin darüber nicht böse, auch wenn es mir sehr leidtut. Sie ist sicher verletzt.

Das mit dem Klassentreffen gefällt mir gar nicht. Wenn sie auf alte Klassenkameraden trifft, die sie vielleicht schon früher sexy fanden? Ich beschließe, nach Bad Dürrenberg zu fahren. So viele Schulen wird es dort nicht geben und Jasmins schwarzen Hyundai kenne ich bereits. Wenn bei einem Klassentreffen was läuft, dann erst danach. Ich werde davor auf sie warten. Innerlich freut es mich nämlich, dass ich Jasmin die Nachricht überbringen kann, dass Leni nichts gegen eine Annäherung zwischen ihr und mir hätte.

Adventskalender in der App:

Ein Herz fürs Zuhause

»Das ist mein Zuhause?« Milo ist verwirrt.

»Ja, das hier war früher dein Zuhause, bevor dich Mauri gefunden hat. Hat er das nie erzählt?«

»Nein.«

»Das sieht ihm ähnlich«, schimpft Santa.

»Geh mit Jordi, der wird dir das Dorf zeigen und erklären, wie wir hier leben. Wenn du alles gesehen hast, treffen wir uns wieder und dann entscheidest du, ob du bleiben möchtest.«

Milo nickt und läuft hinter Jordi her.

»Bring mal den neuen Elf herein«, ruft ein Elf.

Zögerlich und schüchtern sieht Milo ihn an.

»Ich bin der Elfenarzt hier. Mein Junge, du läufst recht gebeugt. Was hast du denn?«

»Mein Bauch schmerzt ständig und krampft.«

»Nun, wichtig ist, dass du drei Mahlzeiten täglich zu regelmäßigen Zeiten einhältst. Zum Beispiel Frühstück halb acht, Mittag halb eins und Abendbrot um sechs. Dein Darm gewöhnt sich an Zeiten. Hier hast du ein paar Päckchen mit guten Darmbakterien, die du jetzt für den Anfang jeden Morgen zu dir nimmst.«

Milo erinnert sich an damals.

Er war erst fünfhundert Elfenjahre alt (in Menschenjahren war er damals zwei), da hatte er sich klammheimlich aus dem Weihnachtsmanndorf entfernt und nicht nach Hause gefunden. Ausgehungert und kurz vor dem Erfrieren fand ihn damals Mauri. Ein ganz grässlicher Typ mit einem riesigen Kiefer und furchtbarem Charakter. Er nahm Milo mit zu sich in seine Höhle und beschäftigte ihn seither als Diener. Milo erging es nicht gut in all den Jahren. Er hatte ganz oft Bauchweh durch das ungesunde schlechte Essen, das er bekam. Außer Schlafen und Arbeiten gab es für ihn keine andere Beschäftigung mehr. So auch an jenem Tag, als Mauri Milo wieder antrieb, um Feuerholz zu besorgen.

»Ich kann nicht, mein Bauch tut so weh und krampft«, jammerte er.

Mauri wurde wütend und fletschte seine gelben Zähne, die wie Sterne gelb und weit auseinander waren. Seine langen grauen Haare hingen wie Wachsfäden fettig herunter. Er wirbelte die Haare herum und fluchte. »Du Nichtsnutz, bewege dich jetzt!«

»Ich kann nicht, du machst mich fertig«, jammerte Milo, der sich nach Ruhe sehnte. »Mach doch selbst etwas. Du bist faul, wäschst dich nicht, trägst zerrissene Kleidung, stinkst und schimpfst über jeden, der mehr Erfolg hat als du!«

»Das ist also der Dank, dass ich dich aufgenommen habe«, sagte Mauri. Milo richtete sich auf und rannte so schnell er konnte aus der Höhle.

»Komm sofort zurück!«, hörte er Mauri wettern.

Da saß er nun, mit Bauchweh und ohne ein Zuhause, auf einem mit Schnee bedeckten Baumstamm. Von Weitem hörte er ein Klirren und Klacken, das er nicht zuordnen konnte. Kurz darauf erschien eine Horde von Huskies. Sie sahen wunderschön aus und hatten Beine, die aus Eis waren. Sie stoppten, als sie Milo sahen, kamen näher, und mit jedem Meter schlug Milos Herz vor Angst schneller.

»Wer bist du, gehörst du zum Dorf?«, fragte der Größte. Offenbar war das der Anführer.

»Nein«, antwortete er betrübt. »Ich heiße Milo. Ich wohne bei Mauri, doch er ist sehr böse zu mir.«

»Das glauben wir dir aufs Wort«, heulten die Huskies im Chor. »Sollen wir dich zum Weihnachtsmann bringen, vielleicht gibt er dir eine Chance?«

»Ich weiß nicht, ich war nie gut und habe auf Mauris Anweisung hin sehr viel Böses gemacht.«

»Das weiß der Weihnachtsmann sicher. Komm mit, einen Versuch ist es wert.«

Einer von den Huskies nahm ihn auf den Rücken. »Halt dich gut fest!«

Die Reise war schön für Milo. Die Huskies waren die ersten Lebewesen seit langer Zeit, die nett zu ihm waren. Er genoss den Ritt durch den weißen Winterwald. Im Dorf angekommen schlug Milos Herz abermals höher und kräftiger. Der Weihnachtsmann stand bereits am Tor. Milo hatte Angst vor ihm.

»Hallo, Milo«, begrüßte Santa ihn freundlich.

»Du weißt, wer ich bin?«, fragte er ungläubig.

»Ja, natürlich. Nur, als ich herausgefunden hatte, wo du steckst, warst du schon zu lange bei Mauri. Dein Wesen hatte sich verändert und so musste ich abwarten, bis das Gute in dir wieder zum Vorschein kommt und du selbst nach Hause findest. Und wie ich sehe, hast du es jetzt getan.«

»Nach Hause zu gehen?«

»Ja, du sollst dich hier erholen, auch körperlich, und bleiben.«

»Milo, hörst du mich? Milo?«

»Ja?«

»Du warst so fertig, dass wir dich erstmal ausschlafen lassen haben«, sagt der Elf im weißen Kittel.

»Ich bin wirklich hier? Ich dachte, es wäre ein Traum.«

»Es war kein Traum, Milo. Hier gebe ich dir gute Darmbakterien, die du auch in Stresszeiten täglich einnimmst. Einfach in Wasser einrühren, eine Minute stehen lassen und auf nüchternen Magen morgens trinken. Achte auf die Tellerregel, ansonsten ist dein Darm mit der Menge überfordert! Bewege dich viel, mache Sport und verzichte auf Industriezucker, Weißmehl und Milchprodukte.«

»Okay, und mich gesund zu ernähren, ist hier möglich?«

»Ja, richtig! Dein Körper wollte dir mit den Bauchschmerzen ein Zeichen setzen, dass es so nicht weitergehen kann. Die ganze Situation, in der du dich befunden hast, war sicher voll ungesunder Ernährung und hat deiner Seele geschadet. Der Körper reagiert immer erst mit kleinen Zeichen, indem er versucht, zu warnen. Er mahnt, sodass man die Chance bekommt, seinen Lebensstil zu ändern. Macht man das nicht, bestraft der Körper einen. Glückshormone möchte er bilden, damit auch deine Seele zufrieden ist. Deswegen muss man sehen, dass nicht nur die Ernährung und der Sport stimmen, sondern sich die Seele auch von innen heraus befriedigen kann«, erklärt der Arzt.

»Und wenn ich meine Ernährung ändere, dann beruhigt sich auch mein Darm?«

»Die Darmbakterien-Zusammensetzung ändert sich und die guten gewinnen an Menge, deine Bauchschmerzen gehen weg. Du hast dann auch weniger Ängste, Zweifel, Panikattacken und du wirst glücklicher. Machst du weiter mit deiner schlechten Ernährung, kannst du dich nie mit deinem Körper vereinen und wirst kläglich scheitern. Es kommen mehr und mehr Probleme dazu, beim Versuch, ihn zu überlisten.«

»Okay, also heißt das für mich, ich soll hierbleiben?«, fragte Milo hoffnungsvoll.

»Sieh dir erst mal alles Weitere an«, sagt der Arzt.

»Komm, Milo«, ruft Jordi fröhlich. »Als Nächstes ist die Werkstatt dran.«

In der Werkstatt angekommen, staunt Milo, wie viele unterschiedliche Tätigkeiten es gibt. »Hier ist es doch sicher öfter sehr stressig, das kann mein Bauch nicht ab!«, bemerkt Milo.

»In Stresssituationen atmen wir immer tief durch und warten kurz, bis wir uns innerlich wieder herunterfahren. Sonst bringt das Arbeiten nichts. Umso hektischer wir werden, desto unproduktiver sind wir. Mehr Dinge gehen kaputt und wir sind dann auch nicht so kreativ und die Verletzungsgefahr steigt. Entweder, wir machen eine Pause oder kurz Sport. Somit beruhigen wir uns wieder«, erklärt Jordi.

»Ansonsten blockiert man sich nur und ist am Ende zu gar nichts mehr imstande«, vervollständigt Milo.

»Ja, eine Aufgabe nach der Nächsten abzuarbeiten und sich nur auf die eine Aufgabe zu konzentrieren, ist wichtig. Wir beginnen immer mit der Aufgabe, die uns am wenigsten gefällt. Dann wird es immer schöner und wir sind innerlich zufrieden. Wäre das hier etwas für dich?«

»Mmm, ich weiß nicht, ob ich hier anfangen möchte. Wenn ich ehrlich bin, ich liebe Backen, Weihnachtskekse, Zuckerstangen und alles, was kreativ bunt ist.«

»Oh, das wäre, glaube ich, schlecht wegen deines Bauchs. Außerdem ist es ja unser Ziel, die Kinder mehr und mehr von dem ganzen Süßkram wegzuführen«, mahnt Jordi. »Komm, lass uns zu Santa gehen! Er hat sicher eine Idee.«

Der Weihnachtsmann überlegt kurz, nachdem er sich Milos Wunsch angehört hat. »Wie wäre es, wenn du in der Deko-Abteilung anfängst? Du kannst dort aus Ton, Gips, Beton, Polymer Clay, Epoxidharz oder anderen ofenhärtenden Massen Weihnachtskekse, Weihnachtskugeln, Zuckerstangen, glasierte Äpfel und allerlei Figuren nachstellen. Die sind als Dekoartikel wahnsinnig beliebt.«

»Das wäre ja super! So könnte ich backen und alles haargenau nachstellen. Ich würde sehr gern bei euch bleiben.«

»Na, dann willkommen zurück in der Familie.« Der Weihnachtsmann lacht sein dröhnendes Hohoho!

-Jasmin-

Ich bin aufgeregt. Meine alte Klasse hat mich eingeladen, obwohl ich nach der achten Klasse vom Gymnasium auf die Realschule gewechselt bin. Es ist merkwürdig. Die haben alle das Abi gemacht und ich nicht. Wie werden sie reagieren? Wie sind diese Mädels heutzutage drauf? Früher waren sie nicht ganz so gut auf mich zu sprechen, da ich während der Pubertät kein Kind von Traurigkeit war. Sind sie heute immer noch angepisst? All diese Gedanken gehen mir während der Fahrt in die Heimatstadt durch den Kopf. Evan hätte mich am liebsten begleitet, er hat vorhin, bevor ich gefahren bin, ein Eifersuchtsdrama hingelegt. Er braucht wieder eine Frau, die genauso willig ist wie er.

Als ich in unserem alten Klassenraum ankomme, ist alles steif und in Grüppchen aufgeteilt wie damals. Toll, manche Dinge ändern sich nie. Ich geselle mich zu den Männern. Gott sei Dank sind die gechillt.

Im Laufe des Abends werden alle zunehmend entspannter.

Einer zieht mich beiseite, er hat offensichtlich schon genug getrunken. Ich bin angewidert von dem. Früher war dieser Typ, Maik, ein Schönling und ich stand unheimlich auf ihn.

»Findest du mich immer noch attraktiv?«, fragt er geradeaus, ohne rumzulabern.

»Ähm …« Ich verschlucke mich an meinem Wasser. »Früher warst du ein echtes Schmuckstück, heute bist du immer noch schön«, stottere ich. Ich lüge so dermaßen, aber ich habe keine Lust auf eine Diskussion mit einem Besoffenen. Vor einem Jahr, als ich ihn in der Disco gesehen habe, konnte er nur seine Hand heben, um mich zu grüßen, weil seine Frau danebenstand. Und jetzt kommt der mir so.

»Es sind vierzig Kilo mehr, die ich jetzt draufhabe«, sagt Maik.

Ja, das ist mir aufgefallen und seine Haare haben auch schon länger keinen Friseur gesehen. »Wichtig ist, dass du etwas dagegen tust«, sage ich kühl.

»Na, du weißt doch, wie das ist, mit Frau und Kind und so.«

»Ah, ja, is klar. Na, wenn du meinst, dass man dann nichts mehr für sich tun muss, mein Beileid!« Ich lasse ihn eiskalt stehen. Er war in meinen Augen immer noch der von früher und wirklich schön. Ich war nur enttäuscht, dass er sich so hat gehen lassen. Ich beurteile Menschen nicht danach, wie sie aussehen. Wenn ich jemanden nett finde, dann bleibt das so. Ich weiß selbst, wie schwer es ist, seine Form zu halten, bei allem Psychischen, was auf einen wirkt, und sich immer wieder zu motivieren. Maik war damals einer der durchtrainiertesten und schönsten Jungs auf dem Gymnasium. Wie kann das also sein, dass man sich so gehen lässt?

Ich stehe allein etwas abseits und denke nach. Mir fallen die Blicke seiner Frau ein, die sie mir vor einem Jahr zugeworfen hat. Ich kann jetzt die Vorgehensweise seiner Frau besser analysieren. Sie hasste mich sofort und vermittelte es mir mit ihren Blicken. In ihr war eine unglaubliche Eifersucht hochgekocht, als er mir ein *Hallo* zeigte. Ich habe natürlich noch mehr gegrinst als zuvor, ich bin dann auch ein kleines Dreckschwein, weil ich es witzig finde. Ich hatte noch nie etwas mit ihrem Mann, also war ihre Geste völlig unangemessen. Doch auch ihre Unsicherheit war spürbar. Ich hätte nie etwas unternommen, um der lieben Frau ihren Mann zu klauen. Ich bin dann nur so arrogant und lächle darüber. Ich weiß, das ist wiederum von mir nicht angemessen. Und da haben wir eben abermals das Problem mit dem Denken. In ihrem Kopf hatte sie definitiv die schlimmsten Bilder. Im Nachhinein tat sie mir sehr leid, nur, wenn mich jemand mit seinen abweisenden Blicken straft, strahle ich ums Tausendfache in so einer Situation. Weil es ja eigentlich ein Kompliment ist, was sie mir so krass vermittelt, ohne ein einziges Wort. Sie vermittelt mir außerdem, dass sie sich selbst nicht geil genug findet, was sie aber war. Absolut eine zuckersüße Frau. Sie hat zu Recht eine Schnitte als Mann abbekommen. Ihr Fehler war, sich selbst nicht zu sehen. Sie wusste nicht, dass sie wirklich schön ist. Was hat sie also getan? Sie hat ihm definitiv das Ego genommen, ihn kleingeredet. Das Ergebnis habe ich bei ihm gesehen, zerzaust, längere ungepflegte Haare und dick. Er hat definitiv einiges in sich hineingefressen und so viele Zweifel an sich geschürt. Sie treibt ihn geradewegs in eine Depression und irgendwann folgt das Beziehungsaus. Schätzungsweise von ihrer Seite aus, weil sie keinen schlecht gelaunten Partner mehr erträgt.

Das, was ich meinen Klienten immer vermittle, ist:

Stärkt euren Partner. Gebt Komplimente. Arbeitet zusammen an eurem Körper. Das stärkt die Beziehung. Seid stolz auf euren geilen Partner. Und wenn eine Situation aufkommt, die euch eifersüchtig machen könnte, dann grüßt ebenfalls freundlich. Die andere bekommt nicht das Gefühl, sie wäre Konkurrenz. Und schon ist die Sache entspannt. Auch der Partner denkt, okay, cool. Meine hat genug Selbstbewusstsein und das juckt sie null. Das macht sexy, er wird dich garantiert in der Nacht nicht nur einmal zum Höhepunkt vögeln! Du musst dich selbst ändern. Die meisten Menschen wollen andere ändern, nur sich nicht.

Enrico, ein ehemaliger Klassenkamerad, kommt auf mich zu.

»Warum stehst du so allein rum?«

»Ach, nur so, ich habe gerade über etwas nachgedacht.«

Maik gesellt sich zu uns, als Enrico mir das Leid von seiner Trennung erzählt.

»So was ist echt schlimm«, sagt er.

Die beiden wollen natürlich wissen, ob ich einen Partner habe. »Nein, ich bin Single.« Das preiszugeben war ein böser Fehler! Enrico und Maik kleben wie zwei Post-its den ganzen Abend an mir. Memo an mich: *Nie wieder ohne Fake-Ehering zum Klassentreffen*. Ich bin froh, als die Mehrheit entscheidet, nach Hause zu fahren.

»Wir bringen dich natürlich noch zu deinem Auto«, sagen Enrico und Maik wie aus einem Munde.

»Danke, Jungs«, sage ich.

Maik wankt schon auffällig, als er neben mir läuft und mich immer wieder anrempelt.

»Könnte ich noch deine Nummer bekommen?«, fragt Enrico, als wir bei meinem Auto ankommen.

»Jo, ich auch?«, stimmt Maik mit ein.

In dem Moment sehe ich Keno aus seinem Auto aussteigen und auf uns zukommen. Seine Körperhaltung verändert sich während des Gehens. Er wirkt angespannt. Uhh! Mir gefällt der Anblick!

»Hallo, Süße.« Er küsst mich auf die Wange. »Sorry, Jungs, aber Jasmin hat ab jetzt ein Date mit mir«, stellt er klar.

Die beiden nicken nur beschämt. Alle Achtung, das war mutig von Keno. Ich finde es so sexy, wenn Männer auch mal provokant ihr Revier markieren. Nur neben ihm zu stehen, macht mich nervös. Er zieht mich an sich. Selbst durch seine schicke Winterjacke fühle ich seine Wärme. Ich liebe es, wenn dieses Tier im Mann durchkommt und ich diese volle Geilheit spüre.

Es schneit. Ein schöneres Zeichen hätte ich nicht erhalten können. Er kommt mit seinem Gesicht näher. Wenn es nicht Leni gebe, hätte ich mich einem Kuss hingegeben. Seine Lippen sind perfekt. Als hätte man sie mit einem Stift umrandet, so exakt sind sie. Ich versuche, ihm leicht zu entweichen und sehe ihn schuldbewusst an.

»Für Leni ist es okay«, sagt er.

»Wie jetzt?«

»Ich habe mit Leni geredet und ihr gesagt, dass ich dich kennenlernen möchte.«

»Und, wie hat sie reagiert?«

»Sie ist mir jetzt nicht gerade um den Hals gefallen, doch sie akzeptiert es.«

Kapitel 15

Gefühlswelt für Anfänger

-Keno-

Jasmins Klassenkameraden sehen uns noch aus der Ferne zu und sind beide sichtlich angekotzt.

Ein Wind kommt auf. »Wir sollten uns losmachen, für heute wurde ein Schneesturm angesagt.«

»Oh, okay«, sagt sie.

»Ich bringe dich nach Hause, fahr bitte vor mir, damit ich dich sehe«, fordere ich.

Während der Fahrt fängt der Schneesturm an. Es dauert nicht lange, da ruft mich Jasmin an.

»Keno, ich sehe kaum noch was durch den Schnee und es ist so glatt.«

Ich höre, wie sie vor Angst fast weint. »Fahr rechts ran, auf den Parkplatz da vorn. Wir lassen dein Auto stehen und holen es morgen früh«, beruhige ich sie. Sie macht, was ich vorschlage, und klettert in mein Auto. »Komm her!« Ich umarme sie. »Ich bringe dich jetzt nach Hause.« Sie nickt eingeschüchtert. Der Wind pfeift fürchterlich.

Ich fahre langsam. Als ich bei Jasmin in die Straße einbiege, atmet sie tief durch. Sie ist froh, dass wir bei ihr sind.

»Möchtest du über Nacht bleiben?«, fragt sie mich vorsichtig.

»Ist das für dich wirklich in Ordnung?« Ich bin mir da nicht sicher, vorhin ist sie mir ja auch entwischt.

»Ja, ich möchte nicht, dass du noch einen Meter bei diesem Sturm fährst.«

Das klingt so süß. »Okay, gut.«

Ich bleibe kurz vor ihrer Tür stehen. »Ich komme gleich nach«, sage ich.

»Du willst bei diesem Sturm jetzt ernsthaft hier unten eine rauchen?«, fragt Jasmin ungläubig.

Ich zucke mit den Schultern. Sie dreht sich angepisst um und stampft nach oben. Mir ist schon klar, dass ich so jegliche Romantik im Keim ersticke.

Als ich nach oben komme, hat sie sich bereits etwas Bequemes angezogen. So lange war ich eigentlich nicht vor der Tür.

»Möchtest du etwas trinken?«, fragt sie mich lieb.

»Hast du ein Bier da?«, frage ich unbekümmert.

»Das fragst du jetzt nicht wirklich?«, ist wieder ihre gereizte Antwort.

»Hast du 'n Wasser?«

»Is klar.« Sie geht in die Küche und kommt fix heraus. Sie stellt mir eine Flasche Wasser auf den Couchtisch. »Ich hole dir Bettwäsche, du kannst auf der Couch übernachten.«

Ich traue mich nicht, etwas zu antworten. Ich fühle, dass sie enttäuscht ist. Jasmin drückt eine Taste auf der Fernbedienung und etwas hier im Raum wird dunkler. Fuck, sie hat extra einen elektrischen Kamin angemacht. Ich sehe, wie stilvoll weihnachtlich sie das Wohnzimmer eingerichtet hat. Sie gibt bei allen Dingen, die sie toll findet, hundert Prozent und legt ihre Gefühlswelt offen. Ich habe mit meinem Verhalten alles Schöne kaputt gemacht. Mir war nicht bewusst, wie sehr ihr Rauchen und Alkoholtrinken gegen den Strich geht.

Als ich am Morgen aufwache, kommt ein angenehm süßlicher Duft aus der Küche.

»Guten Morgen«, begrüßt mich Jasmin.

»Guten Morgen, Süße.« Ich fahre mir über den Kopf. »Es tut mir leid, ich wollte dich gestern nicht enttäuschen.«

Sie atmet kurz durch. »Du hast mich nicht enttäuscht, ich habe mir selbst etwas vorgemacht.«

»Wie meinst du das?«

»Ich habe mir etwas ausgemalt und romantisch vorgestellt, was du in dem Moment aber nicht wolltest.«

»Doch, ganz bestimmt hätte ich das gewollt.«

»Nein, dann hättest du die Gefühle gelebt, so hast du lieber deine Sucht gestillt.«

»Du bist ganz schön hart zu mir«, sage ich vorwurfsvoll.

»Nein, du bist nur nicht bereit, an deinen Süchten zu arbeiten. Ich weiß nicht, ob ich das könnte, wenn du nie bereit wärst, deine echten Gefühle zu zeigen.«

»Wieso denkst du das?«

»Weil ich behaupte, dass du mit deinen Gefühlen nicht umgehen kannst, egal, ob gefühlvoll, ob übertrieben fröhlich, ängstlich oder traurig. Ich möchte keinen Stein an meiner Seite.«

»Du überlegst, ob ich an deiner Seite passen würde?« Wow, das klingt ja gut. Mein Herz macht einen Luftsprung.

»Ist gut jetzt. Hier, ich habe Porridge mit Obst gemacht«, lenkt Jasmin verlegen ab.

»Mmm, lecker!«, spotte ich. Nach ein paar Löffeln gebe ich zu: »Es ist wirklich lecker, das hätte ich von Haferflocken gar nicht gedacht.«

»Ja, du wärst überrascht, was ich dir noch zeigen könnte«, sagt sie provokant.

Nach dem Frühstück begleitet sie mich sogar auf den Balkon zum Rauchen. »Die Welt ist so wunderschön ruhig, wenn sie mit Schnee bedeckt ist. Ich liebe es, wenn der Schnee funkelt und glitzert«, fügt sie noch hinzu.

»Mmm, ja ist ganz brauchbar.« Ich zwinkere ihr zu. Sie erwidert meinen Blick, am liebsten hätte ich sie schon wieder an mich herangezogen.

Auf der Rückfahrt habe ich eine Idee. »Soll ich dir mal einen der Drehorte zeigen?«

»Na klar, gern.«

Ich fahre mit ihr in die Aue. Jasmins Augen leuchten vor Freude, als sie die kalte Winterpracht sieht. Wir fahren durch den Winterwald, bis wir an eine freie Stelle kommen, die nur spärlich mit Bäumen besetzt ist. Etwas weiter hinten ist ein kleiner halb gefrorener Bach zu sehen, in dem einige Bäume hineinragen. Auch ein paar dicke Äste liegen quer darüber, die mit einer dicken Schicht voll Schnee bedeckt sind. »Wir steigen mal aus«, sage ich.

»Möchtest du mich aussetzen?«, fragt Jasmin scherzhaft.

»Würde ich nie tun. Nein, ich möchte mit dir nur etwas die Winterlandschaft betrachten. Du sagtest, ich kann keine Gefühle zeigen. Das muss ich noch lernen, da hast du recht. Ich habe aber einen Blick für wunderschöne und romantische Sachen. Das sieht man an dir und an der Umgebung hier«, versuche ich, sie für mich einzunehmen.

Sie steigt vorsichtig aus. Ich warte auf eine Antwort, doch die kommt nicht. Sanft klirrend zerbricht der Schnee unter meinen Füßen.

Bämm! Ein Scheeball zerschellt an meinem Hinterkopf. »Echt jetzt? Na warte!« Ich forme und feuere auf sie los. So sehr ich mich bemühe, Jasmin zu treffen, sie ist so flink. Ich treffe sie.

»Aua!«, sie johlt auf.

Ich lache mich halb tot, da bemerke ich, dass sie fuchsteufelswild wird. Sie nimmt einen Haufen Schnee in die Hand und springt auf mich zu. Ich fange sie inklusive dem Haufen Schnee. Die Hälfte landet mitten in meiner Jacke. Ich jaule auf und lasse sie nach unten. Zufrieden grinsend steht sie vor mir.

-Jasmin-

Keno schüttelt den Schnee heraus. »Du kleines Biest.«

Ich laufe durch den Schnee vor ihm weg, er folgt mir. Es dauert nicht lange, da hat er mich dieses Mal eingeholt und reißt mich in eine Schneewehe. »Die Situation kenne ich doch«, sage ich frech.

»O ja!«

Er lacht und rückt näher an mich. Seine Lippen streifen meine. Erst ganz sanft, dann drückt er sie stärker auf meine. Ich will nicht mehr dagegen ankämpfen müssen. Keno hilft mir hoch. Er legt seine Arme um mich und drückt mich wieder an sich. Seine Hände wandern meinen Rücken hinunter zu meinem Po. Er drückt mich so noch stärker an sich und küsst mich intensiv. In mir zündet es, so, als wenn permanent Funken einer Wunderkerze in mir prickeln.

Wieder im Auto, macht Keno die Heizung auf high. Wir beide haben noch rote Nasen und die Hände brennen vor Kälte. Ich stopfe sie schützend zwischen meine Beine.

»O ja, das ist eine gute Idee.«

Keno drängt seine Hände mit zwischen meine Oberschenkel. Mir wird auf Anhieb sehr heiß. Das Gefühl, das ich bei ihm habe, ist unendlich warm und fühlt sich richtig an. Keno zieht seine Hände hinaus, streichelt kurz meinen Arm und fährt dann los. Alles sieht auf einmal viel schöner aus. Die weihnachtlich geschmückten Häuser mit ihrer bunten Deko. Alles, einfach alles, wirkt farbenfroher, strahlt mehr. Es wirkt, als wäre alles genauso verknallt wie ich. Mein Grinsen möchte nicht mehr weg und das von Keno auch nicht, stelle ich fest, nachdem ich ihn eine Weile beim Fahren beobachtet habe.

»Und, welches ist dein Laster?«, fragt Keno mich, als er neben meinem Auto einparkt.

»Ich habe keins. Aber es gibt da etwas, das ich dir erzählen möchte«, fahre ich fort.

»Ein Geheimnis?«

»Ja, so etwas in der Art. Ich …« In diesem Moment wird meine Beifahrertür aufgerissen. Evan steht da. Entgeistert sehe ich ihn an. »Was machst du hier?«

»Ich habe dein Auto hier stehen sehen.«

»Wie, du hast das hier stehen sehen?«

»Ich weiß, wo dein Auto ist, klar. Und da ich vorhin sah, dass es mitten in der Pampa steht, habe ich mich auf den Weg gemacht.«

»Was? Hast du etwa einen Peilsender darin installiert?«

»So was Ähnliches. Steig jetzt aus und komm mit!«

»Hey, gehts noch?«, mischt sich Keno ein.

»Schon gut«, sage ich zu Keno. »Ich kläre das mit ihm, verlass dich drauf. Ich komme heute Nachmittag nach Merseburg.«

»Wenn ich nicht im Hotel Audrey bin, bin ich in der Werkstatt Edelautomobile von meinem Kumpel«, sagt Keno und sieht mich sehnsüchtig an.

»Alles klar«, sage ich und gebe ihm einen flüchtigen Kuss. Ich steige in mein Auto und rufe Evan noch mit geöffneter Tür zu: »Ich rufe dich nachher an, wenn ich mich beruhigt habe, sonst raste ich hier sofort aus!« Ich knalle meine Autotür zu. Scheiße, das ganze Auto ist voller Schnee. Ich warte, bis sich die zwei entfernt haben, steige aus und befreie mein Auto von der weißen Pracht. Meine Wut ist grenzenlos, so eine peinliche Situation vor Keno. Und dann bin ich Trotteltier auch noch in ein Auto gestiegen, was von oben bis unten von

Schnee bedeckt ist. Alter! Ich beiße vor Wut in mein Lenkrad.

In meiner Wohnung angekommen, nehme ich ein Bad. Währenddessen rufe ich Evan an. »Kannst du mir verraten, was das für 'ne peinliche Nummer war?«

»Prinzessin, du bist mir wichtig.«

»Du hast mich überwacht, wie krank bist du eigentlich? Und dir habe ich von vorn bis hinten vertraut.«

»Nimm mir das doch nicht so krumm, ich mache mir eben Sorgen. Ich finde es beunruhigend, dass du dich an so jemanden wie Keno hängst. Der wollte doch von Anfang an nichts von Gesundheit, Sport oder deiner App wissen. Der will dir nur an die Wäsche und lässt dich dann fallen, glaubs mir doch endlich.«

Er trifft mich mit diesen Worten. In der Tat wollte Keno nichts von all dem wissen, was mein Coaching ausmacht. »Ach, lass mich einfach in Ruhe!«, sage ich trotzig und lege auf.

Ich nehme mir vor, der Sache auf den Grund zu gehen. So, wie sich Keno verhält, war es wirklich nur ein Vorwand, um mich kennenzulernen. Mein Telefon klingelt.

»Hey, Jasmin. Hier ist Keno. Ich wollte fragen, ob du gut zu Hause angekommen bist.«

»Ja, ich bade gerade«, sage ich.

»Nice, schöne Vorstellung«, sagt er. »Ich wollte noch dein Geheimnis erfahren.«

»Ja, aber nicht am Telefon«, erkläre ich. »Dafür brauche ich den richtigen Moment.«

»Du machst es ja spannend.« Er seufzt.

»Ja, ich sage es dir persönlich. Bis dahin kannst du ja noch etwas Sport machen«, stichle ich.

»Haha, ja«, sagt Keno.

»Wir sehen uns heute Nachmittag, okay?«, schlage ich vor.

»Alles klar, ich freu mich«, sagt Keno.

»Ich mich auch.«

Dieses Telefonat bestätigt nur einmal mehr Evans Meinung. Er interessiert sich nicht die Bohne für die App. Das stimmt mich traurig.

Am Nachmittag fahre ich top gestylt in Richtung Merseburg. Im Hotel ist Keno nicht, sein Auto steht nicht hier. Ich fahre zur Werkstatt.

Ich laufe hinein und da steht er, gebeugt über der Motorhaube. Wenn ich mir vorstelle, er könnte mich direkt hier am Auto gebeugt nehmen …! Hab ich das jetzt echt gedacht? Er mustert mich mit intensivem Blick. Mich durchfährt ein Schauer. Sein Anblick hemmt meine klaren Gedanken. Mein Herz klopft wie immer, wenn ich ihn sehe, wild in meiner Brust. Er verunsichert mich.

Als er auf mich zukommt, schimmern seine Augen wieder so klar blau und rein.

Ich blicke an ihm hinunter. Nein. In seiner linken Hand ist ein Bier. »Du trinkst doch kein Bier und fährst dann, oder?«

Sein Kumpel taucht auf. »Ach, die zwei gehen für ihn noch, Kleine, davon verliert er seinen Führerschein nicht.«

Es fühlt sich so an, als wenn ich langsam freiwillig eine bittere Pille lutsche, ohne sie gleich hinunterzuschlucken. Ich drehe mich um und gehe, ohne ein Wort zu sagen. Ich will keinen Alkoholiker als Freund. Basta.

»Jasmin, warte doch!«, ruft Keno mir hinterher.

Ich laufe zügig zu meinem Auto und drehe mich dabei kein Mal mehr um.

-Keno-

»Ich bin so ein Idiot«, schreie ich und werfe die Flasche an die Wand. Sie zerspringt mit einem lauten Knall.

»Alter, spinnst du?« Nico kommt auf mich zu.

»Nein, du spinnst! Wie kannst du so was sagen?«

»Sorry, ich wollte sie für dich besänftigen. Aber den Mist baust du wirklich selbst. Ich trinke so 'n Kackgesöff nicht mal. Im Gegenteil, ich habe es nur gut gemeint.«

»Ich weiß, auch wenn du mich damit noch weiter reingeritten hast.«

»Sorry«, sagt Nico.

»Ist okay. Ich habe es selbst verbockt.«

»Du musst aufhören, du verlierst sie sonst. Ich habe dir bereits gesagt, dass Bier das Muskelwachstum verhindert. Es dehydriert und zieht Mineralien heraus.«

»Ja, Bro, ich weiß. Das sagtest du bereits.«

»Und, Keno …«

»Ja?«

»Sie ist echt hübsch, versau das nicht.«

»Ja, wahnsinnig hübsch. Ich will es auch nicht versauen.« Jasmin hat von all dem nichts mehr mitbekommen, sie war längst ausgeparkt und mit quietschenden Reifen davongefahren. »Wenn ihr meinetwegen etwas passiert, verzeihe ich mir das nie. Bro, du musst mich coachen, was Ernährung und Sport betrifft. Ich muss mich jetzt ändern. Jasmin hat ein Geheimnis, ich möchte es unbedingt herausfinden. Ich muss ihr zeigen, dass ich mich ändern kann und ihr Vertrauen wiedergewinnen. Ansonsten bekomme ich nie heraus, was sie vor mir verbirgt.«

»Ich kann dir zeigen, was du wissen willst.«

»Danke, Bro.«

Adventskalender in der App:

Go vegan – be strong and happy

Polarbär Knut sieht wie ein unter Strom gestellter weißer Bär aus, der eingefroren wurde und somit überall abstehende Eiszapfen an sich hat. Knut beobachtet Hirschi Hirsch, wie er in der Wintersonne steht und sich an dem Glitzern des Schnees in der Sonne erfreut.

Hirschi Hirsch hat an jedem Huf einen Weihnachtsschuh in Schwarz an. Wenn man seine Beine entlang Richtung Körper sieht, entdeckt man rot-weiß geringelte Socken wie bei einer Zuckerstange. Er hat einen Weihnachtsschal um und sein Geweih sieht aus, als ist es von rotem Schleifenband umwickelt. Daran hängen überall Weihnachtskugeln. Pack! Knut hat Hirschi Hirsch im Schwitzkasten. »Hey, was soll das?«, beschwert sich Hirschi. »Pass auf, dass du aus mir mit deinen spitzen Dingern keinen Hirschspieß machst!«

»Ruhe, ich muss überlegen, wie ich dich sprechende Christbaumkugel aus deinem Gewand bekomme und dich dann als Braten mit Rotkohl und Klößen verwandle.«

»Na, hör mal, dir haben sie wohl dein Hirn gleich mit gefrostet.« Knut antwortet nicht. »Du hältst nichts von veganer Ernährung, stimmts?«

»Vega-was?«

»Lass mich kurz erklären, dann kannst du immer noch überlegen, was du mit mir anstellen willst. Die Vorzüge von veganer, weißmehlfreier und industriezuckerfreier Ernährung sind ...«, sagt Hirschi Hirsch.

»Rede!«, unterbricht ihn Knut.

»Wenn du etwas mehr Luft in meinen Hals kommen lassen würdest, fällt es mir leichter ...«, presst Hirschi heraus.

»Also gut«, knurrt Knut nochmals.

»Geh in eine radikale Umstellung und du wirst abnehmen, du wirst weniger schlapp sein, weniger schlechte Laune haben und wirst dich vital und fit fühlen. Du wirst kein schlechtes Gewissen mehr haben, was du da wieder für ein nettes attraktives Wesen wie mich in dich hineingestopft hast. Du lernst deinen Körper mehr schätzen und wirst selbstbewusster. Du bekommst wieder Glücksgefühle, die wirklich von innen heraus kommen. Du erfreust dich wieder an kleinen Dingen, wie du es schon als Kind konntest. Du siehst die Welt bunter und bist kreativer und leistungsfähiger. Dein Gehirn leidet nicht mehr unter Konzentrationsschwächen. All das geschieht, wenn du die gesunden unverarbeiteten Lebensmittel am besten in Bioqualität isst und dich täglich an eine Sporteinheit von Minimum zwanzig Minuten gewöhnst.«

Knut atmet tief durch und lässt dann langsam von Hirschi ab. »Gut, du bereitest das Essen zu und ich probiere.«

»Ganz schön spitz, großer Freund«, sagt Hirschi.

Beide lachten laut los. »Der war gut«, brummt Knut.

Hirschi bereitet Quinoa und einen leckeren Salat zu. Hier noch einen Huf voll Nüsse darüber, die sind gute Eiweiß- und Fettlieferanten und schützen vor Übergewicht.

Knut isst und hört währenddessen Hirschi weiter zu.

»Durch die Quinoa haben wir eine pflanzliche Eiweiß- sowie Kohlenhydratquelle. Keine Mahlzeit ohne Proteine, ansonsten kannst du essen und essen und wirst nicht satt. Pflanzliche Eiweißquellen sind zum Beispiel: Linsen, Mandeln, Haferflocken, Brokkoli, Kichererbsen, Kürbiskerne, Spirulina Algen, Erbsen, Quinoa, Tofu, Leinsamen, Nüsse, Mandelmilch und Sojajoghurt. Der Körper verlangt nach einer Proteinsättigung. Ansonsten läuft man Gefahr, sich zu überfressen. Menschen kennen das von Chips. Die können meist nicht stoppen, bis die ganze Tüte leer ist. Der Grund ist, dass Chips nur aus Fetten und Kohlenhydraten bestehen. Die Eiweißquelle fehlt.«

»Okay, das heißt also, ab heute machst du immer für uns zwei das Essen?«, fragt Knut.

»Ich hätte nichts gegen einen Freund an meiner Seite. Wenn du bereit bist, auch ein paar Aufgaben zu übernehmen …«, erwidert Hirschi.

»Okay«, stimmt Knut zu. »Was muss ich noch wissen?«, fragt er wissbegierig.

»Verstehe, dass sich dein Körper langsam verändern wird. Du formst ihn, wie du es möchtest. Sieh dich als dein eigenes wichtiges Projekt an. Es ist nichts, was du innerhalb von einer Woche grundlegend verändern kannst. Jetzt siehst du noch aus, als wärst du eine Kugel, aus der Eiszapfen wachsen«, sagt Hirschi, mustert ihn und lässt mit seinem Huf einen Eiszapfen mit einer Bewegung schnell hin und her schwingen. »Später wird man dann deine muskulöse Form erkennen.«

»Hey, das war gemein, das mit der Kugel«, brummt Knut.

»Sorry! Das war die Rückzahlung für den sprechenden Christbaum. Es ist wichtig, dass du lernst, dich in jeder Phase deiner Veränderung zu lieben«, mahnt Hirschi.

Die beiden werden dicke Freunde, essen nun jeden Tag zusammen und machen gemeinsam Sport.

Es tut weh. Er hat sich nie wirklich für das, was ich tue, interessiert. Er war nicht ehrlich. Es fühlt sich an, als ob mehrere kleine Messer mein Herz aufschlitzen. Es ist schwer, es pocht jedoch stark. Ich versuche, einige klare Gedanken zu fassen, aber immer wieder erscheint mir sein Bild vor Augen. Der leere Blick am Ende, vorher waren seine Augen so ausdrucksvoll. Ich möchte nicht, dass er seinem Körper Schlechtes zuführt. Ich möchte, dass er ihn schätzt und das genau so sehr, wie ich meinen und seinen Körper schätze. Er ist wunderschön. Ich möchte, dass er das ehrt und sich nicht mit irgendwelchen Zigaretten oder Alkohol seine Gesundheit nimmt. Warum nur versteht er mich nicht? Ich würde alles tun, um unsere gemeinsame Zukunft zu stabilisieren, dass wir immer Spaß haben werden, gesund und fröhlich sind, gemeinsam Erfolg haben. Aber all das eben – und das versteht er nicht – ohne Süchte. Er würde sich nur mein Leben lang von mir abkapseln, nicht seine Gedanken und Ängste mit mir teilen. Er ist dadurch nicht stark, auch wenn er es glaubt. Stark sind nur die, die auch sagen, was sie denken und ausdrücken, was sie fühlen.

Warum begreifen die Menschen nicht, dass man einen Partner wählt und dies dann der wichtigste Mensch im Leben ist? Warum behandeln sie sich so kalt und lieblos? Warum muss mir so etwas immer wieder in meinem Leben passieren?

Die Tränen fließen mir haltlos über die Wangen, ich sehe nichts mehr. Alles tut so weh, ich fühle den Schmerz in meinem gesamten Körper. Ich übertreibe bei dieser Sache nicht, auch wenn mir das immer wieder nachgesagt wird. Ich habe es oft genug erlebt, wie Menschen ihre Gefühlswelt abdecken. Ich fühle gerade nur noch die Leere in mir.

Kapitel 16

Mit Vanille und Zimt … wie das Karma sich benimmt.

-Leni-

»Hey, Jasmin, wie war es bei dem Klassentreffen?«, schreibe ich.

»Hi, ganz gut.«

»Wie gehts dir?«

»Sehr gut, es läuft alles gut.« Außer das mit Keno, aber das schreibe ich natürlich nicht.

»Und wie gehts dir?«

»Nicht so gut.«

»Oh, was ist denn los?«, frage ich.

»Ach, nichts.«

»Komm schon, du hast mir auch immer geholfen. Komm doch morgen früh zum Frühstück vorbei und wir quatschen ein bisschen«, biete ich an.

»Okay, sehr gern«, nimmt Jasmin dann endlich mein Angebot an.

Am nächsten Morgen steht Jasmin bei mir in der Küche. Sie ist traurig und kann es nicht verbergen. Das trifft mich, denn normal ist sie unaufhaltsam fröhlich. Wir machen zusammen Porridge mit Äpfeln und einem Hauch von Vanille und Zimt. »Sei ehrlich, was ist denn nun los?«

Sie sieht mich an. »Es ist wegen Keno. Ich bin traurig, er trinkt und raucht mir einfach zu viel und sieht nicht ein, wie sehr er sich damit schadet.«

Bingo, ich habe doch gesagt, dass er nichts für sie sein wird. »Okay, will er etwas von dir?«, frage ich neutral.

»Ich glaub schon.«

»Ist denn bei euch schon mehr gelaufen?«

»Wir hatten viel Spaß und passen auch so gut zusammen. Wir haben uns geküsst.«

Nein, das kann doch nicht wahr sein. Innerlich gibt das einen fiesen Stich. Autsch, das tat weh. Ich werde wütend. »Weißt du Jasmin, ich bin auch enttäuscht.«

»Wieso?«, fragt sie traurig.

»Da schuftet man sich durch dein Programm, um Keno zu überzeugen, dass ich nicht nur innerlich toll bin und muss dabei zusehen, wie meine Felle wegen dir davonschwimmen.«

Sie sieht mich mit großen Augen an.

»Du bist perfekt, ja, und hast absolut keine Ahnung, wie es sich anfühlt, unbeliebt und fett zu sein. Und dann kommt jemand, der mich so mag, wie ich bin, und für den ich bereit bin, alles zu geben und dann nimmst du ihn mir weg.«

»Aber Leni, du siehst das falsch.«

»Nein, Jasmin, ich sehe gar nichts falsch. Du kannst jeden haben und nicht mal einen kannst du mir lassen. Ohne mich hättest du ihn nicht mal kennengelernt. Du weißt nicht, wie es ist, ganz unten zu sein. Du bist perfekt und kommst mit deiner Masche um die Ecke, du hättest Ähnliches durchgemacht. Einen Scheiß hast du, du kannst dich nur gut verkaufen!«

»Leni, vielleicht erinnerst du dich noch an unser erstes Gespräch online. Da habe ich dir gesagt, ich kann dir all mein Wissen vermitteln, aber den Weg musst du gehen und zwar nur für dich ganz allein.«

»Du kannst mich mal!«, mach ich sie wütend an.

»Alles klar, machs gut«, sagt Jasmin und geht.

Mein Opa kommt die Treppe hoch.

»Leni, spinnst du, hier so laut zu machen? Ich wollte schlafen, du elender Wanst.«

»Opa, halt deinen Mund, ich bin gerade echt wütend.«

»Was sagst du zu mir?«

Ohne Vorwarnung tritt er mir geradewegs in den Bauch. Ich falle nach hinten gegen meine Küchenzeile. Er dreht sich herum, geht nach unten und schimpft weiter vor sich hin.

Ich weine und rufe Keno an und erzähle ihm das Vorgefallene.

»Bleib ruhig. Nimm deine Restaurantsachen und geh zur Arbeit. Ich überlege mir etwas!«, verspricht er.

»Okay«, antworte ich. Das hat er schon mal gesagt.

-Keno-

Sandy kommt aus ihrem Zimmer herausgestürmt. Sie hat definitiv gewartet, bis ich meine Tür öffne.

»Keno, du verbringst kaum noch Zeit mit mir und unsere Projekte leiden auch.«

»Ja, sorry, Sandy, aber ich habe etwas Wichtiges zu erledigen.«

»Ich komme mit.«

»Nein, ich gehe ohne dich.« Ich lasse sie stehen und mache mich zu Lenis Haus auf.

Eine Viertelstunde stehe ich schon vor Lenis Haus und klingle. Endlich öffnet ihr Opa die Tür.

»Wer sind Sie und was wollen Sie?«, begrüßt er mich missgelaunt.

»Guten Tag, Herr Bauer, ich bin Keno Mex. Ich bin ein Freund von Leni.«

»Leni hat keine Freunde«, sagt der alte Mann feindselig.

»Das sehen Sie leider falsch. Hätten Sie einen Augenblick für mich?«

Lenis Opa kommt näher an das Gartentor. »Ich höre.«

»Es ist so, dass Leni traurig ist und das öfter. Ich möchte Sie bitten, mehr auf sie einzugehen. Sie sind doch der Einzige, den sie noch an Familie hat.«

»Wollen Sie mir gerade erzählen, dass ich nicht wüsste, wie ich meine Enkelin zu behandeln habe?«

»Ich möchte Ihnen keinesfalls zu nahetreten. Ich möchte nur, dass es Leni wieder besser geht. Sie liebt Sie über alles.«

»Aha, wars das?«

»Ja, Herr Bauer.«

»Alles klar, dann mach, wo du hergekommen bist.«

»Bitte denken Sie über meine Worte nach!«

Lenis Opa ist schon wieder auf dem Weg zur Tür und dreht sich nicht noch mal um. Ich habe keine Ahnung, ob das jetzt etwas gebracht hat. Wenn nicht, dann muss sie hier weg und das schnell.

Adventskalender in der App:

Die miese Stimmung kann weg

Summm, summm, summm! In der Weihnachtsmannwerkstatt herrscht reges Treiben. Die kleinen Dezemberkäfer fliegen aufgeregt durch die Werkstatt und helfen, wo sie nur können. Sie sehen so witzig aus. Sie haben kleine runde Körper und eine winzige Weihnachtsmütze auf. Auf dem kleinen dicken Rumpf hat jeder ganz unterschiedliche Weihnachtsmotive. Das Doofe ist nur, dass die Flügel viel zu mickrig für die kugelrunden Körper sind. So sieht es aus, als wenn die Käferchen absolute Anfänger im Fliegen wären. Sie sind leider sehr unkoordiniert und fliegen öfter gegen etwas. Das Dilemma dabei ist: Wenn Dezemberkäfer gegen etwas fliegen, fallen sie wie ein Stein hinunter. Sie bleiben dann stocksteif für ein paar Minuten liegen. Gerade, wenn sie, wie an diesen Tagen, aufgeregt und voller Vorfreude auf das Weihnachtsfest sind, liegen in der Werkstatt öfter mal dicke kleine Käfer starr herum. Diese Tierchen sind so herzlich und hilfsbereit, dass jeder sie gern hat. Egal, wie lustig es aussieht, niemand lacht, wenn wieder ein paar Tollpatsche herumliegen. Und so auch heute, als Kurty, der Dezemberkäfer, geradewegs gegen eine Weihnachtskugel am Tannenbaum fliegt und die Schockstarre einsetzt.

»Achtung, Käfer fällt«, ruft er und landet direkt auf dem aufgeklappten Spieluhrpanzer von Hans-Jörg, der Schildkröte. Gerade klingen noch die letzten Töne von *Jingle Bells*, als die Spieluhr, in deren Mitte ein fröhlich tanzender Schneemann ist, zuschlägt. »Sorry«, sagt Kurty.

»Orrr, kannst du nicht besser aufpassen?«, beschwert sich Hans-Jörg mürrisch und langsam. »Ihr geht mir voll auf den Panzer.«

»Sei doch nicht so launisch!«, sagt Kurty, der immer noch steif auf dem Rücken liegt.

»Ach ja, nenn mir einen Grund, warum ich so übertrieben freundlich wie ihr rumrennen soll?«

»Nun ja, rumrennen sehe ich jetzt nicht so bei dir«, scherzt Kurty fröhlich.

»Haha, ich lache dann später«, sagt Hans-Jörg gelangweilt.

»Weißt du«, sagt Kurty. »Gib doch offen deine Sorgen preis. Rede über deine Gefühle, wenn du mies gelaunt bist, dann kann dir hier jeder helfen. Stur deine miese Stimmung durchzuziehen, hilft niemanden und zieht nur runter.«

»Okay, du meinst, wenn ich dir jetzt mein Problem sage, hilfst du mir?«

»Ja, genau, schieß los!«

»Gut. Mein Problem ist Kitti, meine Frau. Ich weiß, dass es ihr nicht gut geht, aber ich weiß nicht, warum sie so mies drauf ist und das zieht mich wiederum herunter, verstehst du?«

»Mmm, mmh«, sagt Kurty, »ich würde nicken, wenn ich könnte. Zumindest erklärt es, warum ihr so gut zusammenpasst. Hast du dir schon mal überlegt, dass es ihr vielleicht ähnlich gehen könnte? Deine Stimmung ist ja mindestens genauso mies und zieht sie wahrscheinlich auch mit runter. Mein Tipp ist: Sei immer freundlich, egal, wie negativ die Energie ist, die sie ausstrahlt. Entweder sie greift deine Energie auf oder sie wendet sich ab. Und wenn sie das tut, dann versuche das, was ein weiser Mann namens Marshall Rosenberg empfiehlt.«

»Und das wäre?«

»Sei empathisch mit deiner Frau und verbinde dich mit den Gefühlen von ihr. Sag, was du fühlst, sei ehrlich und bewerte sowie fordere nicht. Lass sie aussprechen, fühl dich hinein. Deine Frau handelt so, weil einige Bedürfnisse von ihr nicht erfüllt sind und in dem Moment, in dem es ihr nicht gut geht, wird ein Bedürfnis von dir auch nicht erfüllt.«

»Welches meinst du?«, fragt Hans-Jörg.

»Dir ist es ein Bedürfnis, dass deine Frau glücklich in eurer Beziehung und ihrem Leben ist.«

»Ja, richtig.«

»Siehst du, also kommuniziere mit ihr. Redet über eure Gefühle und das, was euch fehlt, um in eurer Ehe aufzublühen. Geht euch nicht aus dem Weg, wachst zusammen und lebt trotzdem jeder seine Bedürfnisse. Die Bedürfnisse, die man sich nur allein erfüllen kann sowie die, die zusammen für die Beziehung wichtig sind.«

»Danke, das hat mir wirklich geholfen, Kurty!«

»Gern! Ach und noch etwas: Bedürfnisse sind keine Süchte. Das nächste Mal würde ich dich gern mit einem leichten Lächeln auf deinen nicht vorhandenen Lippen sehen.«

Hans-Jörg lächelt. »Geht klar, mein Freund.«

Kurty fliegt zufrieden davon, um den anderen zu helfen.

-Evan-

Mein Handy klingelt. »Ja, bitte?«

»Guten Tag, mein Name ist Sandy Klinkenstein. Ich denke, wir haben das gleiche Ziel.«

»Was genau meinen Sie?«

»Ich bin der Meinung, dass Sie über das Techtelmechtel von Jasmin und Keno auch nicht begeistert sind.«

»Richtig, es stört unsere Arbeit. Jasmin ist nicht mehr so zuverlässig.«

»Machen wir uns doch nichts vor, Sie wollen Jasmin und ich Keno.«

»Gut analysiert.«

»Ich habe Ihre Blicke gesehen, als Sie Eislaufen waren.«

»Sie haben uns gestalkt?«, frage ich gar nicht mal besonders überrascht.

»Das tut nichts zur Sache«, sagt Sandy selbstbewusst.

»Gut, was schlagen Sie vor?«, frage ich.

»Sie sind doch IT-Profi.«

»Und?«

»Nun, ich habe da so eine Idee. Können wir uns treffen, um alles ausführlich zu besprechen?«

»Ja. Was halten Sie davon, wenn Sie zu mir ins Büro kommen? Jasmin ist heute unter Garantie nicht hier.«

»Gut, das machen wir so. Ich bin in einer Stunde da«, sagt Sandy resolut und legt auf.

Sandy betritt mit High Heels mein Büro. »Ich möchte, dass Sie einen Keil zwischen die beiden treiben! Ich hätte da eine Idee.«

Sie lässt sich nicht lange bitten und zählt gleich ihre Forderungen an mich auf. »Gut. Ich höre.«

»Wir erfinden die Geschichte so, dass Keno Jasmin nie im Leben wieder anfassen wird.«

Nach dem Gespräch fahre ich zum Hotel, in dem Keno wohnt, aber da ist er nicht. Also fahre ich weiter zur Werkstatt, die mir Sandy beschrieben hat. Da steht sein Auto. Ich gehe direkt auf ihn zu. »Hallo Keno, ich suche Jasmin. Ist sie hier?«, frage ich forsch.

Keno ist sichtlich verärgert über meinen Auftritt. »Was willst du hier?«, fragt er äußerst rüde.

»Ist sie hier oder nicht?«, zische ich zwischen den Zähnen hervor.

»Nein, ist sie nicht«, antwortet Keno ebenso aggressiv. »Ruf sie doch an.«

»Auf die Idee bin auch schon gekommen. Nun, wenn ich schon mal hier bin. Ich rate dir, halt dich von Jasmin fern!«

»Alter, willst du mich verarschen?«, wehrt Keno unmissverständlich ab.

»Uh, ich habe wohl einen wunden Punkt getroffen«, rufe ich mit dreckiger Lache aus.

»Mach, dass du wegkommst, sonst vergesse ich mich!«

»Jetzt hörst du mir zu«, fordere ich. »Jasmins Arbeit leidet unter der Affäre mit dir. Wenn du nicht möchtest, dass Jasmin ernste Probleme bekommt, dann lässt du sie ab jetzt in Ruhe.«

Keno stürmt auf mich los.

Im letzten Moment kommt Nico aus der Werkstatt gelaufen und bremst ihn.

»Spinnst du? Auseinander! Nicht hier vor meiner Werkstatt. Machen Sie, dass Sie wegkommen!«

Ich gehe langsam zu meinem Auto und drehe mich noch mal um. »Denk dran, das hier ist meine erste und letzte Warnung.«

Keno will wieder losstürmen, doch gegen die Kraft von Nico kommt er nicht an.

»Hör auf, Bro! Du handelst dir nur unnötig Ärger ein.«

»Was will der Spast?«, schreit Keno außer sich vor Wut.

-Jasmin-

Ich sitze im Büro und schreibe meinen Klienten. Evan kommt nach einer Stunde dazu.

»Hey, Schönheit, alles gut bei dir?«

Ich sehe kurz hoch. Er kommt näher.

»Es tut mir leid, aber ich will wirklich nur das Beste für dich«, sagt er.

»Deswegen überwachst du mich wie ein Kleinkind?«

»Jasmin, zwischen uns ist eine Verbindung. Wir sind mehr als nur Arbeitskollegen.«

Er baut sich vor mir auf. »Mein Guter, du siehst wahnsinnig heiß aus. Und glaub mir, ich hatte schon viele erotische Fantasien mit dir.« Seine braunen Augen werden groß. »Aber wie bei den meisten Frauen, so ist es eben auch bei mir: Mein Herz vögelt eben mit und du würdest mich nie so antörnen und meine dreckige Seite rauskitzeln können wie jemand, für den ich brenne.«

»Keno. Du redest von ihm.«

»Ja, das tue ich.«

»Was hat dieser Schwachmat, was ich nicht habe?«

»Nun ja, er hat eben einen guten Charakter, er ist ehrlich, liebenswürdig und wirklich einzigartig.«

»Aha, so siehst du mich also«, sagt Evan verbittert.

»Du würdest eben ohne mit der Wimper zu zucken anderen Menschen schaden.«

»Ach, und wenn sich dein Angebeteter selbst mit seinem Gerauche schadet, das stört dich auf einmal nicht mehr? So jemanden wolltest du doch eigentlich nie wieder haben.«

»Das stimmt. Aber ich musste einsehen, dass er das nur macht, weil er innerlich nicht mit sich im Reinen ist. Und daran lässt sich arbeiten.«

»Und was ist, wenn er dir was vorgelogen hat und es gar nicht ändern möchte? Wenn er dich eigentlich nur rumbekommen möchte?«

»Auch da irrst du dich. Im Gegensatz zu dir schätzt er die Dinge, die ich mache und interessiert sich dafür, was ich ihm erzähle.« Auch wenn ich selbst gerade nicht daran glaube, werde ich den Teufel tun und Evan bestätigen. »Keno sieht eben nicht nur den Profit, was man aus dieser App machen kann, sondern das, wofür ich es mir überhaupt ausgedacht habe. Nämlich, um Menschen zu helfen«, füge ich noch hinzu.

»Ohne mein Geld wäre es nicht mal dazu gekommen, dass du diese App hättest gründen können«, zürnt Evan gekränkt.

»Das stimmt und dafür bin ich ja auch dankbar. Du siehst aber leider eben nur die Zahlen und nichts weiter.«

»Ich wünsche dir noch einen schönen Abend, Jasmin.« Evan geht sichtlich angepisst davon.

-Evan-

Wenn ich Jasmin nicht bekommen kann, dann nehme ich halt die Firma. Ich werde ihr die App-Rechte abluchsen. Ich werde dann viele Leute gleichzeitig coachen und damit unendlich viel Geld verdienen. Ich habe mir schon einmal alle WhatsApp-Verläufe von Jasmin besorgt. Wenn ich mir alles einmal sinnvoll zusammenschneide, kann ich ewig Leute coachen. Ich werde natürlich einige Veränderungen daran vornehmen, damit es auf alle zugeschnitten ist.

Ihr soziales Getue und den Quatsch, auf jedes Problem einzeln einzugehen, bringt mir kein Geld ein. Ich werde die Geschäftsabläufe optimieren.

-Leni-

Ich laufe von der Arbeit nach Hause und hoffe einfach, dass sich mein Opa wieder beruhigt hat.

Vorsichtig öffne ich die Tür und gehe langsam die Treppe hinauf. Es dauert nicht lange, da kommt er die Treppe hinauf. Mist!

»Leni, was fällt dir ein, mir hier einen Kerl vorbeizuschicken?«, pöbelt er.

»Bitte, was? Ich habe gar nichts gemacht!« Er würgt mich und drückt mich nach unten. Ich spüre plötzlich, wie ich keine Luft mehr bekomme. Der bringt mich um! Ich kann ans Treppengeländer kommen. Er ist so in seinem Wahn, dass er nicht mehr von mir ablässt. Rumps, mit einem Ruck habe ich die lose Strebe vom Treppengeländer in der Hand und zimmere sie meinem Opa über den Kopf. Er verliert das Gleichgewicht und fällt rücklings die Treppe hinunter. Es knallt und poltert. Er bleibt leblos unten liegen. Scheiße, er blutet.

Ich renne die Treppe hinunter. Er atmet nicht mehr. Schnell wähle ich den Notruf und erkläre, was passiert ist. Ich mache Herzdruckmassage, während sich um mich herum eine Blutlache bildet. Es dauert nicht lange und ich höre Sirenen. Nicht nur der Notarzt mit

Krankenwagen, es sind auch noch andere Sirenen zu hören. Ich renne zur Tür und winke sie aufgeregt herein. Zwei Polizeiautos sind auch noch gekommen.

Nachdem der Tod meines Opas festgestellt wurde, nehmen die Polizeibeamten mich mit auf die Wache. Nach stundenlangem Verhör und einer ärztlichen Untersuchung, da ich Würgespuren und blaue Flecken habe, darf ich nach Hause gehen. Es war eindeutig Notwehr. Ich weiß nicht, ob er so lange zugedrückt hätte, bis ich bewusstlos gewesen wäre. Ich kann es nicht sagen, ob er aufgehört hätte oder nicht. Ich hatte Angst, zu sterben.

Jetzt schaffe ich es nicht, nach Hause zu gehen. Die Bilder würden mich fertigmachen. Ich schreibe Keno. »Keno, es ist etwas Schlimmes passiert!« Er ruft mich an. »Es ist so …«, beginne ich.

»Was denn, hat er dir wieder etwas angetan?«

»Er wollte.«

»Was heißt, er wollte? Hat dir jemand geholfen?«

»Er ist tot.«

»Wie, tot?«

»Keno ich muss erst mal klarkommen.«

»Soll ich kommen?«

»Nein, ich melde mich.« Ich lege auf. Erst mal muss ich einfach nur laufen und mit meinen Gedanken und Gefühlen fertigwerden.

-Keno-

Was ist nur los? Ich rufe Jasmin an. Sie muss wissen, was passiert ist. Sie geht nicht ran. »Das ist doch gerade alles nicht wahr«, fluche ich. Ich mache mir sofort Sorgen, dass es ihr nicht gut gehen könnte. Dieser Evan ist auch so ein krankes Schwein. Ich versuche weiter, sie anzurufen.

Ich bin in meiner Wohnung. Kurz, nachdem ich die Tür hinter mir zugemacht habe, klingelt es. »Ja?«

»Jasmin, ich bin es. Evan.«

»Was willst du?«, frage ich alarmiert.

»Mit dir reden.« Ich zögere, ihn reinzulassen. Der Mann ist eine lebende Bombe.

»Komm schon, wir finden eine Lösung. Lass uns reden!«

Seine Beharrlichkeit zeigt Erfolg. Ich lass ihn ungern herein.

Evan drückt mir einen Orangensaft in die Hand. »Selbst gepresst, extra für dich.«

»Du weißt doch, ich trinke so was nicht. Saft ist nicht so gesund, wie eine wirkliche Frucht zu essen.«

»Ja, aber ich möchte mit dir auf unsere Versöhnung anstoßen.«

»Mmm, na gut. Aber eigentlich bin ich gerade gar nicht bereit, mich zu versöhnen, da du echt Mist gebaut hast.«

»Kleines, das tut mir echt leid. Ich schwöre, ich mach den Peilsender ab. Und auch so, ich mische mich bei dir nicht mehr ein.«

Er hebt seinen Orangensaft an und bittet mich, mit ihm anzustoßen. Widerwillig mache ich dasselbe. Er folgt mir in die Küche. »Möchtest du etwas essen?«, biete ich ihm an.

»Gern«, freut sich Evan.

Ich bereite Hühnchen, Süßkartoffeln und Salat zu. Dazu reiche ich veganen Frischkäse aus Mandeln. Irgendwie dreht es sich bei mir im Kopf. Spüre ich gerade seine Hände auf meinem Po?

»Du machst das toll, Süße«, lobt er mich über meine Schulter. Ich spüre seinen Körper an mir. Er dreht sich weg. »Ich geh kurz auf Toilette«, sagt er.

Ich werfe ihm einen Teller hinterher. Kurz neben seinem Kopf knallte er an die Wand, geht mit einem Klirren zu Boden und zerspringt in seine Einzelteile.

Er dreht sich zu mir um. »Alter, das hast du jetzt nicht gemacht?«, fragt er perplex.

»Siehste doch. Dein Glück ist, dass ich nicht gut zielen kann. Komm mir noch einmal so nah und ich vergesse mich noch mehr.« Grazil gehe ich erhobenen Hauptes an ihm vorbei. Ich spüre seine Wut, meine hat sich dagegen schon mit dem Klirren des Tellers entladen. In solchen Momenten habe ich auch Lust, auf einen Sandsack loszugehen, aber das reicht mir fürs Erste. Ich schreibe Keno eine WhatsApp, er muss mich aus dieser Situation hier holen! Ich tippe: »Evan ist bei mir!« In diesem Moment nimmt mir Evan das Handy aus der Hand. Ich habe noch auf *Senden* gedrückt, aber weiß nicht, ob die Nachricht bei Keno angekommen ist. »Spinnst du?«, fauche ich ihn an.

»Lass das«, sagt er streng. »Komm mit ins Wohnzimmer, ich habe noch etwas mit dir zu bereden.«

Ich wanke, mir ist so schwindlig. Bunte Streifen tauchen vor mir auf und Evan sieht total witzig aus. »Okay, ich folge dir, großer Zauberer«, kichere ich.

-Keno-

Ich bekomme eine WhatsApp von Leni.

»Keno, es war schön dich kennenzulernen. Du bist ein toller Mann. Ich habe meinen Opa umgebracht. Ich kann mit dieser Schuld nicht leben.«

Was ist da denn nur los? »Leni, mach keinen Blödsinn. Sag mir, wo du bist. Ich komme und wir reden!«

Sie antwortet nicht. Ich setze mich ins Auto und bin bereit, sie zu suchen.

Jasmin schickt mir eine WhatsApp.

»Evan ist bei mirrrrrzzzz«

Was ist das für eine komische Nachricht? Das kenne ich so nicht von ihr, dass sie nicht auf ihre Buchstabenkombination achtet. Ich rufe sie an. Das Handy ist aus. »Mann, was geht nur ab?«, fluche ich.

Adventskalender in der App:

Gesundes für alle

»Hey, Chrissi«, wendet sich der Weihnachtsmann an die kleine Elfe, die betrübt am Esstisch sitzt. »Was hast du denn?«

»Ich habe heute wieder die Menschen beobachtet.«

»Und was ist dir aufgefallen?«, fragt er besorgt.

»Wir nehmen mehr und mehr ihre Marotten an.«

»Wie meinst du das?«

»Ich sehe, dass wir uns ungesünder ernähren, im Akkord arbeiten, keine Zeit mehr für Sport haben und schlechte Laune auch an der Tagesordnung ist. Was denkst du, wie wir das ändern können? Du bist doch unser Oberhaupt«, fragt Chrissi ihn trotzig.

»Ja, und? Was soll ich deiner Meinung nach machen?«, weicht er der Provokation aus.

»Warum setzt du uns nicht einfach einem Plan aus?«

»Und der wäre?«, brummt er nachdenklich.

»Überteure die ungesunden Sachen, unterstütze es hier und auch bei den Menschen, dass die gesunden unverarbeiteten Bio-Lebensmittel für alle erschwinglich werden. Richte uns täglich eine Sportstunde während der Arbeit ein und bestücke unseren Fitnessraum und das Kursangebot besser.«

»Puh, das sind aber ganz schön viele Anforderungen. Meinst du, das könnten die Menschen auch umsetzen?«, brummelt er in seinen langen Bart.

»Das mit den Lebensmitteln auf alle Fälle. Das mit dem Sport ist bei acht Stunden Arbeit nicht einbaubar, bei uns sind es ja wesentlich mehr. Aber da kann der Arbeitgeber den Sport fördern und ebenso die Krankenkassen.«

»Was würdest du noch ändern, Chrissi?«

»Ich würde mich gern mit Kosmetikprodukten schminken, die ohne Chemie auskommen. Genauso, was die Waschmittel, Weichspüler und Klamotten betrifft. Da geht doch noch viel mehr an Gesundem, was dem Körper nicht schadet.« Chrissi macht eine kurze Pause, wohl um zum nächsten Thema überzugehen. »Natürlich haben wir auch überall eine Strahlenbelastung. Kannst du, sowie auch alle Regierungen, diese auf ein Minimum reduzieren und endlich mal den Körper berücksichtigen? Es wäre ja soooo schön, wenn es gelingen würde, den Menschen eine gesunde Lebensweise näherzubringen, sodass diese in aller Munde ist. Wir machen uns so, wie es jetzt ist, mit all dem Ungesunden, Stressigen, doch selbst krank. Für mich müssen Lebensmittel, die verarbeitet sind, nicht auch noch bunt verherrlicht werden oder Obst oder Gemüse eine makellose Form haben, nur damit auch hier der Perfektionismus sowie die Chemie Einzug halten dürfen. Und das alles auf Kosten des Körpers. Das, was ungesund ist, muss klar gekennzeichnet sein und bitte auch teurer gemacht werden, damit die Elfen und Menschen lernen, was gut für sie ist!«, sagt die kleine Elfe stolz.

»Mmm, das sind wirklich sehr hohe Anforderungen«, antwortet er bedacht.

»Ja, aber wir sind alle so weit entwickelt. Dann sollte es doch kein Problem sein, uns mehr auf der gesunden Basis weiterzuentwickeln. Warum investiert man nicht in so etwas, anstatt die Menschen auf der Erde und uns mit dem ungesunden Scheiß zu verarschen? Wir werden so verunsichert, dass wir am Ende die Hände heben und gar nichts machen, weil wir eh nicht mehr wissen, was richtig und was falsch für den Körper ist. Es kann doch nicht sein, dass Menschen daran forschen, wie das jeweilige Lebensmittel Glückshormone weckt und wie crunchig es sein muss, dass in bestimmten Arealen im Hirn das Suchtpotenzial geweckt und so dieses Produkt immer und immer wieder gekauft wird. Sorry, Weihnachtsmann, aber so etwas ist doch krank!«, beschwert sich Chrissi.

»Ich werde mir darüber meine Gedanken machen, kleine Elfe«, verspricht er betroffen.

-Jasmin-

Evan zeigt mir ein paar Blätter.

»Jasmin, hörst du mir zu?«

Er sieht ganz grün aus. »Evan, in dir steckt der Grinch.« Ich lache.

»Was? Jasmin, du musst hier unterzeichnen.«

»Zeichnen? Evan, ich kann so was doch nicht gut, das weißt du doch.«

»Alter, konzentrier dich! Unterschreiben!«

Er hält mir mit einer beängstigend aggressiven Art die Blätter vors Gesicht. Ich versuche, so gut es geht, einen Grinch darauf zu zeichnen. »Bist du zufrieden?« Ich lache, trotz seiner bedrohlichen Ausstrahlung.

»Jasmin, das ist nicht dein Ernst. Wo ist dein Drucker?«

»Zucker? Ich lebe ohne diese Droge, Evan, das weißt du doch.«

»Vergiss es einfach, du bleibst einfach hier sitzen und wartest.«

-Keno-

Ich stoppe vor Jasmins Wohnung, klingle, sie öffnet nicht. Ich klingle bei einem Nachbarn. »Hallo, hier ist der Freund von Jasmin Becker«, sage ich selbstbewusst.

»Und?«

»Würden Sie mich bitte hereinlassen. Ich denke, sie liegt ohnmächtig in ihrer Wohnung.«

Der Nachbar macht mir auf. Ich stehe vor der Tür und höre Jasmin reden. Sie klingt betrunken.

»Evan meinen Namen schreiben«, höre ich sie lallen.

Das reicht. Ich nehme Anlauf und die Tür springt auf, als ich mit voller Wucht dagegen springe.

»Oh, der Held persönlich. Du bist leider, leider zu spät«, sagt Evan süffisant.

»Tolle Masche, Jasmin hier in ihrer eigenen Wohnung gefügig zu machen, sodass sie dir die Hälfte der Firma überträgt«, sage ich.

»Sehr gut kombiniert, Keno. Sie hat mir die gesamten Urheberrechte schon übertragen, du bist zu spät. Aber du kannst den kleinen Pornostar jetzt gern haben.«

Er winkt provokant mit den Dokumenten vor mir herum. Ich gehe auf ihn los. Ich fange mir eine ein, aber das war ein Mädchenschlag. Ich prügle auf ihn ein, bis ich die Dokumente zu greifen bekomme. Ich klaue ihm auch noch sein Handy. Wer weiß, vielleicht hat er es abfotografiert, bevor ich hier war. Er bekommt eine Nachricht. »Habe noch fünf Handys, bringe sie dir nachher.« Der Wichser ist auch noch der Drahtzieher der Handymafia. Der muss auch irgendwo mein Handy haben, wenn sie das noch nicht weiterverscheuert haben.

Ich werfe mir Jasmin über die Schulter und verlasse die Wohnung.

»Geht es ihr gut?«, ruft der Nachbar aus dem Fenster.

»Ich nehme sie mit. Bitte rufen Sie die Polizei. In der Wohnung liegt ein Verbrecher, der sie gefügig gemacht hat. Sagen Sie den Beamten meinen Namen: Keno Mex. Ich melde mich nachher bei denen, ich muss nur noch ein anderes Mädchen retten.«

»Verstehe, werde ich so machen«, sagt der Nachbar. »Ich passe auf, dass der Spinner in der Wohnung bleibt.«

»Sehr gut!«

Der hilfsbereite Nachbar sieht durchtrainiert aus, ihm traue ich zu, dass er Evan in Schach halten wird, bis die Polizei eintrifft. Ich lege Jasmin rasch auf die Rücksitzbank und fahre los.

»Keno, du bist so schön.«

»Ja, Mäuschen, ruh dich aus. Dir geht es bald besser.«

»Aber mir geht es gut, es ist alles so schön bunt und glitzert.«

»Dann bist du ja in deiner Welt«, scherze ich. Ich fahre schnell durch die Stadt. Ich muss nach Merseburg. Jasmin macht das Dachfenster vom Auto auf und räkelt sich nach oben. »Setz dich hin, Süße!«, sage ich liebevoll, aber bestimmt.

»Ich will nur mal kurz frische Luft schnappen«, sagt sie genervt.

Ich stehe an einer Ampel. »Komm schon, setz dich wieder.« Auf dem Bürgersteig wird eine ältere Frau im Rollstuhl geschoben.

»Ey, du heißer Feger! Dein Thron ist so was von fett! Räkel dich weiter, das machste richtig, es ist eine freie Welt!«, ruft Jasmin ihr lautstark zu.

Die Frau sowie ihre Begleiterin starren Jasmin entgeistert an. Ich ziehe sie nach unten und schreie sie an: »Setz dich sofort hin!«

»Ist ja gut«, sie setzt sich wieder auf den Rücksitz und schmollt wie ein kleines Kind. Es dauert nicht lange, da singt sie laut *Last Christmas,* was gerade im Radio kommt, mit. Ganz falsch, dafür aus Leibeskräften. Ich muss lachen. Auch wenn mir danach nicht zumute ist, da mir Leni nicht aus dem Kopf geht. Ich muss schnellstmöglich zurück nach Merseburg.

Als ich über die Brücke in Meuschau fahre, biege ich rechts ab in Richtung Restaurant. Als ich über die nächste kleine Brücke fahre, sehe ich, dass jemand auf dem Geländer sitzt. Ich stoppe den Wagen. »Leni?«, sage ich vorsichtig.

»Ja?«

»Komm bitte dort runter.«

Sie macht sofort das, was ich sage. Ich nehme sie in meine Arme. »Kleines, mach doch nicht so 'nen Scheiß. Du hast mir Angst gemacht.« Sie weint bitterlich. »Komm, ich nehme dich mit.«

Sie steigt ein und bemerkt Jasmin auf dem Rücksitz, die schläft. »Wir bringen sie nach Hause und dann nehme ich dich mit zu mir ins Hotel.«

»Okay«, sagt Leni und schnaubt in ein Taschentuch.

Als ich in Jasmins Straße einbiege, kommen mir zwei Polizeiautos entgegen. Da fährt er nun, der Spinner Evan.

Bei Jasmin angekommen, lege ich sie in ihr Bett und hänge die Tür wieder ein.

Auf der Rückfahrt beginnt Leni zu reden und erzählt mir, was passiert ist. »Keno, ich möchte nicht wieder in dieses Haus.«

»Ich verspreche dir, das musst du auch nicht. Wir holen deine Sachen bei Gelegenheit da raus. Jetzt wird eh erst mal alles versiegelt sein. Ich bin froh, dass sie dich so schnell haben gehen lassen.«

»Es war für sie eindeutig Notwehr.«

»Sehr gut«, sage ich. »Ich bringe dich jetzt ins Hotel und rufe dann erst mal bei der Polizei an, wegen der Sache mit Jasmin.« Sie nickt.

Ich melde mich bei der Polizei, als wir wieder in Merseburg sind. Der Polizeibeamte bittet mich, auf die Station zu kommen. Ich mache mich auf den Weg. Dort angekommen tätige ich meine Aussage. Die Beamten machen mir keine großen Hoffnungen auf eine Verurteilung, da sie Evan bis jetzt nichts nachweisen konnten. Ich gebe sein Handy ab und hoffe, dass sie dadurch die Beweise bekommen, die sie brauchen, um ihn einzusperren.

Kapitel 17

Oh du fröhliche Kugelzeit

-Jasmin-

Ich wache auf und bin in meiner Wohnung. Ich habe einen Filmriss. Was ist passiert? Ich laufe durch die Zimmer und es scheint alles wie immer. Woher kommen die Gläser auf dem Stubentisch? Es klingelt. »Ja?«

»Hallo, Jasmin, hier ist Sandy von Keno. Kann ich bitte kurz mit Ihnen reden?«

»Ja.«

Als Sandy die Treppe hochkommt, erkenne ich sie. Das war doch die Frau, die mit Keno im Restaurant war, als ich ihn das erste Mal gesehen habe.

»Keine Sorge, ich bleibe nicht lange. Ich möchte Ihnen nur etwas zeigen.«

»Okay, was denn?« Sie hält mir ein Foto vor die Augen. Darauf ist Keno zu sehen, wie er Sandy küsst und ein Ultraschallbild in der Hand hält. »Ich möchte Sie bitten, sich von ihm fernzuhalten.«

Ich traue meinen Augen nicht. »Es ist so, dass Keno und ich ein paar Schwierigkeiten in unserer Beziehung haben, weswegen er schon öfter fremdgegangen ist. Er kommt immer wieder zurück zu mir.«

»Sie sind schwanger von ihm?«

»Ja«, sie streichelt sich liebevoll über ihren kleinen Bauch, den sie mir entgegenstreckt. »Bitte, lassen Sie ihn in Ruhe«, sagt sie noch mal.

»Darauf können Sie sich verlassen«, sage ich.

Sie dreht sich um und geht. Ich bemerke, dass von außen ein Loch in meiner Tür ist. Wo zum Teufel kommt das her? Als ich die Tür schließe, bricht eine Welt in mir zusammen. Ich sacke zusammen und weine.

Es ist ein schreckliches Gefühl, zu wissen, dass ich ihn nicht wiedersehen werde. Der Schmerz geht tief, obwohl ich ihn noch gar nicht so lange kenne.

Ich habe mich verliebt. Vielleicht klingt es ein bisschen zu ernst und übertrieben nach so kurzer Zeit, aber genauso fühlt es sich an. Und bald wird er Vater sein. So hätte ich ihn nie eingeschätzt. War ich so blind? Man kann sich halt nicht aussuchen, in wen man sich verliebt. Ich wusste, dass er wieder in die Staaten gehen würde und habe mich trotzdem in ihn verguckt. Aber dass er eine Freundin hat, die ein Kind von ihm erwartet, das hätte ich nie gedacht. So blöd muss man erst mal sein.

Ich vergrabe mein Gesicht in meinen Händen. Es fühlt sich an, als ob seine Seele mich rufen würde. Ich fühle, dass es ihm nicht gut geht. Bilde ich es mir ein?

Es fühlt sich an, als ob mehrere kleine Messer mein Herz aufschlitzen. Es ist schwer, pocht jedoch stark. Ich versuche, einige klare Gedanken zu fassen. Doch immer wieder erscheint mir das Bild vor Augen. Und dann noch Sandy dazu.

Warum muss mir so etwas immer wieder in meinem Leben passieren? Die Tränen fließen mir haltlos über die Wangen, ich sehe nichts mehr. Alles tut so weh.

-Keno-

Ich sitze in Nicos Werkstatt. Leni schläft etwas. Sie hat die ganze Nacht geweint und sich Vorwürfe gemacht. Ich bin ganz schön fertig. Ich erzähle Nico, was passiert ist. Mein Handy piept. Ich sehe darauf. Es ist eine fremde Nummer, die mir ein Video geschickt hat. Ich öffne es und schließe es gleich wieder, nachdem ich es einige Sekunden angesehen habe. Ich schaue zu Nico.

»Was ist los, Bro?«

Ich halte ihm das Video vor die Augen.

»Igitt, ist sie eine Hure?«

»Scheint so«, sage ich geschockt. »Dieser Evan hat gestern in der Wohnung gesagt, jetzt kannst du den kleinen Pornostar haben oder so ähnlich.«

»Das tut mir echt leid, Bro«, sagt Nico.

»Schon gut, es war eh echt zu schön, um wahr zu sein.« Ich will nicht anfangen, vor ihm zu flennen, auch wenn mir gerade danach zumute ist. Was für eine Horrorgeschichte, die hier abläuft. Dabei bin ich doch hier, um eine Liebesgeschichte zu drehen.

Leni ruft mich an.

»Keno, sie haben die Leiche freigegeben. Könntest du mit zum Beerdigungsinstitut kommen?«

»Ja, klar, kein Thema. Ich hole dich in zehn Minuten ab.«

»Danke!«

Ich verabschiede mich von meinem Freund und fahre zum Hotel, um mit Leni alle Wege für die Beerdigung zu machen.

-Jasmin-

Sandy ist schwanger von ihm. Ich habe ihn verloren. Vielleicht sollte es so sein, da er in den USA wohnt. Ich mache mich auf ins Büro, ich muss mich ablenken.

Als ich am PC sitze, kann ich keinen klaren Gedanken fassen. Evan ist nicht hier, zum Glück. Er hätte nur gesagt, wie recht er hatte. Leni hat die App in den letzten Tagen nicht angesehen. Ich habe beide verloren. Keno und sie. Mir geht durch den Kopf, was sie zu mir gesagt hat. Sie denkt, ich hätte noch nie eine Essstörung gehabt. Sie denkt, ich hätte mir das alles nur ausgedacht. Sie hat recht, man denkt, ich tu nur so. Es ist, weil ich nicht ehrlich bin. Zumindest nicht komplett. Keno wollte ich die Wahrheit sagen, nur dann hat Evan meine Autotür aufgerissen. Ich merke jetzt, wie wichtig es ist, ehrlich zu sein. Wir haben alle eine Vergangenheit, aus der wir lernen müssen. Die Perfekte zu spielen, bringt mir nichts, da es Zweifel schürt und die Leute unsicher macht und denen noch Depressionen verschafft. Niemand ist perfekt, ich war weiter unten als Leni und habe an mir gearbeitet. Ich bin gut, so wie ich bin, aber ich bin nicht perfekt. Es wird Zeit, die Wahrheit ans Licht zu bringen.

Adventskalender in der App:

Reden hilft

Mrs. Claus schlendert gut gelaunt durch die Weihnachtsmannwerkstatt. Sie kommt an der duftenden Küche vorbei, wo sie Shila, die kleine Elfin, weinend vorfindet. »Was ist los, mein Kind?«

»Ach, weißt du. Mrs. Claus, Jovo, mein Geliebter aus der Elektronischen Abteilung, behandelt mich wie Luft. Immer, wenn ich ihn auf die Probleme anspreche, wird er wütend und rennt weg. Ich habe das Gefühl, dass wir uns zwar gegenüberstehen, aber Kilometer zwischen unseren Herzen sind.«

Schluchzend nimmt sie einen Schluck von der Mandelmilch, die sie mit Zimt und Vanille verfeinert hat. Auch Mrs. Claus greift sich einen funkelnden Weihnachtsbecher und lobt Shila für ihren gesunden Drink. »Lass mich mal machen, Kleines. Manchmal hilft es, wenn sich jemand Unbeteiligtes und ebenso Unparteiisches beide Seiten anhört, um die Wogen zu glätten.«

»Danke, Mrs. Claus.« Shila umarmt sie und macht sich wieder fleißig ans Werk.

Mrs. Claus findet Jovo lachend mit den anderen Elfjungs in der Werkstatt. Sie arbeiten und sind dabei fröhlich. »Du, Jovo, hast du mal ’nen Moment für mich?«, fragt Mrs. Claus.

»Ja, natürlich«, sagt er und legt seinen Phasenprüfer beiseite. Er geht mit ihr nach draußen und setzt sich zu ihr auf eine Bank, die im Inneren wie eine Schneekugel aussieht.

»Ich war vorhin in der Küche«, sagt Mrs. Claus. Jovo schluckt und sieht von dem einen auf den anderen Moment sehr betrübt aus. »Ich dachte, du könntest mir sagen, warum Shila so traurig wirkt.«

Jovo sieht betroffen nach unten. Die Elfen wissen, dass Mrs. Claus jeden Elf gleich lieb hat und sich nie auf eine Seite stellen würde. Deswegen sind alle auch immer offen und ehrlich zu ihr. Er seufzt. »Ich weiß nicht, wo Shilas Problem ist, für mich gibt es keins. Ständig nörgelt sie an mir herum und das macht mich wütend.«

»Nun, das kann ich verstehen«, sagt sie und schiebt ihre Brille mit einem Finger weiter in Richtung Nasenwurzel. »Weißt du, warum sie unglücklich ist?«

»Ja, das sagt sie mir offen. Ich verbringe zu wenig Zeit mit ihr, hänge jeden Abend mit den Jungs ab und ich suche wohl nicht oft genug die Nähe zu ihr.«

»Und wie reagierst du, wenn sie das zu dir sagt?«

»Dadurch, dass sie mir das immer aus dem Nichts heraus sagt oder auf unser Elf-Phone schreibt, werde ich dann sauer und schreibe etwas Böses zurück.«

»Sucht sie denn öfter die Nähe zu dir?«

»Ja, schon.«

»Ich verstehe, dass es für dich wie ein plötzlicher Angriff aus dem Nichts ist, aber ich kann mir auch vorstellen, dass das Shila nicht aus dem Nichts einfällt, sondern sie schon tagelang darüber traurig ist. Mädchen fressen öfter etwas über längeren Zeitraum in sich hinein und irgendwann geht es nicht mehr anders und es platzt aus ihnen hinaus.«

»Ja, aber sie soll mir einfach sagen, wann sie meine Nähe möchte.« Er überkreuzt seine Beine, verschränkte die Arme ineinander und lehnt sich zurück.

»So etwas kann auch nur von einem Mann kommen.« Mrs. Claus schmunzelt. »Wie wäre es denn für dich, wenn du Shila ständig auf dem Elf-Phone schreiben müsstest: *Hey, kann ich dich heute Abend wiedersehen?* Und das ständig und immer wieder, weil ohne das Fragen Funkstille wäre?«

Er wirkt nachdenklich.

»Käme dir da nicht der Gedanke, dass sie dich nicht mehr möchte oder anziehend findet? Möchtest du sie immer wieder wie einen Hund zu dir rufen müssen, weil sie nicht aus freien Stücken zu dir kommt?«

»Nein, natürlich nicht.«

Jovo verzieht das Gesicht. »Eine Beziehung lebt davon, dass einmal die eine Person ankommt und etwas zeigt und einmal die andere. Alles andere schürt sonst auf einer Seite Zweifel, Abwendung und Unglück. Für dich ist es vielleicht

Oldschool, so wie ich es bin.« Mrs. Claus lacht. »Aber wir Frauen lieben Gentleman-Eigenschaften. Kleine Gesten, die zeigen, dass um uns geworben wird. Dinge, wie uns beschützen. Die Tür aufhalten und etwas für uns tragen. Jeder mag es, zu spüren, dass man für die Person, die man liebt, etwas Besonderes ist. Stimmts, mein Lieber?«

Jovo nickt.

»Und wenn man Mist gebaut hat, dann geht man zu dieser Person, spricht ein paar nette Worte und entschuldigt sich. Verstehst du, was ich dir sagen möchte?«

»Ja, Mrs. Claus. Ich wollte Shila nicht verletzen.«

»Das weiß ich doch.«

»Was sagst du denn zu ihr, wenn sie zu dir kommt, weil sie überfordert ist und Hilfe braucht?«

»Ich werde wütend«, sagt er gesenkten Hauptes und sieht verlegen nach unten.

»Nur, weil du keine Gefühle und Emotionen zeigen kannst und das in Elfbier oder Elfaretten steckst, kannst du so eine Blockade nicht auch von ihr in dieser Art erwarten. Du machst sie dadurch krank. Über Gefühle zu sprechen und Emotionen zu zeigen, erfordert Größe.« Wieder macht Mrs. Claus eine bedeutungsvolle Pause.

»Ich denke, bis Shila etwas sagt, staut es sich schon sehr auf, aber das ist der falsche Weg. Ihr müsst mehr miteinander reden und euch Gefühle anvertrauen.«

»Ich habe aber Angst, dass sie es dann den anderen Elfen erzählt.«

»Das kann ich mir nicht vorstellen, sie redet wirklich erst dann, wenn sie voller Zweifel ist und sich bei jemand anderem aussprechen möchte, da es bei dir nicht geht.«

Jovo zündete sich eine Elfarette an.

»Du wirkst nach außen total glatt, das ist dementsprechend auch langweilig, emotionslos und schürt in ihr Zweifel.«

»Aber ich mache doch nichts.«

»Ja, aber Leute, die nicht ehrlich und offen ihrem Partner gegenüber sind, schüren unbewusst Zweifel. Sie weiß nie, was du denkst und was du tust, oder ob du dich gerade in eine andere verliebst, denn ihr zeigst du ja keine Gefühle. Irgendwann platzt du und fauchst rum und niemand weiß, warum es so ist. Du musst an dir arbeiten, Junge. Ehrlich währt am längsten und schweigen ist tief und dreckig.«

Jetzt muss Jovo lachen.

»Ich hatte mal eine Elfe hier sitzen, die hatte das gleiche Problem. Sie konnte wie du einfach nicht über Probleme sprechen. Soll ich dir verraten, wie sie es gelöst hat?«

»Ja, gern.«

»Mit der Methode der Gewaltfreien Kommunikation von Marshall Rosenberg. Als Erstes sagst du, was du beobachtet hast. Zum Beispiel: *Shila, wenn ich mit meinen Jungs spiele, stören deine permanenten Nachrichten.*

Dann, welches Gefühl es in dir ausdrückt. *Ich fühle mich dadurch belästigt und vor den Jungs ist es mir peinlich.*

Danach teilst du ihr mit, welches Bedürfnis du hast: *Ich brauche immer mal etwas Freiheit.*

Abschließend zeigst du einen konstruktiven Lösungsweg auf, indem du aus der Ich-Perspektive den Wunsch für die Zukunft möglichst sachlich und präzise formulierst: *Wenn ich dir das nächste Mal schreibe, dass ich etwas zu tun habe, könntest du bitte erst später über Probleme mit mir reden?*

Dies ist der Weg, ohne Streit miteinander zu reden. Merk dir das bitte.«

»Ja, Mrs. Claus«, sagt Jovo respektvoll.

Ohne sich noch mal zu ihm umzudrehen, steht Mrs. Claus auf und geht weg.

»Danke für die Informationen«, ruft er ihr hinterher.

»Ich weiß nicht, ob er mich verstanden hat«, sagt sie später besorgt zu ihrem Mann. »Das Mädchen tut mir leid. Beide fühlen sich allein und unverstanden, doch ändern und aus sich rauskommen, das muss er für sich tun.«

Ich bringe Leni wieder ins Hotel, nachdem wir alles geregelt haben. In drei Tagen ist die Beerdigung. Lenis Opa hat sich eine Erdbestattung gewünscht. Zum Glück gibt sein Konto diesen Preis locker her.

Sandy fängt uns ab. »Keno, mir reichts! Wir müssen arbeiten.«

»Sandy, nimm das Auto und fahr Orte ab, ich muss mich um Leni kümmern.«

»Das ist jetzt nicht dein Ernst!«

»O doch und jetzt Ruhe.« Ich führe Leni an ihr vorbei.

Am Abend laufe ich in die Werkstatt, da Sandy mit dem Auto unterwegs ist. Nico und ich sitzen dort und diskutieren über das Video und die ganze Situation, als ein Prollauto vor uns hält. Ein Zuhältertyp steigt aus. Zumindest scheint er auf den ersten Blick einer zu sein.

»Guten Abend, ich suche Jasmin Becker. Ist sie hier?«

Nico verneint. »Ich bin Jasmins Chef. Wenn sie auftaucht, sagen Sie ihr bitte, dass sie sich bei mir melden soll! Sie hat dringend Aufträge zu erledigen. An ihr Handy geht sie ja nicht.«

Nico nickt stumm. Der Typ dreht sich um und geht zurück zum Auto.

»Alter, was war das nun wieder?«, frage ich bestürzt.

»Eine Bestätigung mehr«, antwortet Nico knapp. »Komm, wir gehen trainieren. Ich zeige dir, wie du deine Wut rausbekommst.«

Ich nehme das Angebot dankend an und lasse mir von Nico beibringen, wie man sinnvoll trainiert.

Adventskalender in der App:

Kreativität liebt Inspiration

Neulich in der Weihnachtsbibliothek:

Jonny, der Elf mit Glitzerbrille und goldenen Handschuhen, kauert unglücklich in der Chill-Ecke auf einem Sitzkissen in der Bibliothek des Weihnachtsmannes. Hier gibt es jedes Buch, das mit Weihnachten zu tun hat. Einige haben verschnörkelt glänzende Verzierungen und einzelne schweben sogar, weil sie voller Magie sind. So eines würde Jonny am liebsten schreiben. Er ist am Verzweifeln, da er für die Weihnachtsbücher der Kinder dieser Erde zuständig ist und neue Kinderbücher erfinden soll. »Wie machst du das?«, fragt er den Oberelf der Bibliothek, der für die Erwachsenen Weihnachtsgeschichten schreibt. Für Jonny schien es so, als hätte der Oberelf Gianni am laufenden Band neue Einfälle.

»Bildung ist das Wertvollste, was du deinem Geist geben kannst«, spricht Gianni und legt behutsam eine Hand auf Jonnys Schulter. »Du kannst dich nur durch Bildung weiterentwickeln. Lies! Lies Bücher, lies informative Seiten im Internet, wissenschaftliche Berichte und lass dich davon inspirieren. Du brauchst kreativen Input. Besuche mit dem Schlitten neue Orte und wandle diese so um, dass sie zu deiner Geschichte passen. Du kannst sonst keine neuen Ziele kreieren und bleibst in der Vergangenheit kleben. Neuer Input ist wichtig. Bilde dich über den Tellerrand hinaus, wag dich an neue Gebiete und bleib nicht nur in deiner Komfortzone. Lerne auch von anderen Elfen, gib dich mit gebildeten Elfen ab und höre ihnen zu. Beobachte dazu in unserer Unsichtbarkeitskapsel die Menschen und nutze so diesen Input. Du musst nicht jede Erfahrung selbst durchleben. Wenn du einen Abend mal keine Lust und Zeit hast, ein paar Seiten zu lesen, dann besorg dir Hörbücher und höre sie vor dem Einschlafen. An sich finde ich es besser, zu lesen, da du so gleichzeitig deine Rechtschreibung verbesserst und dein Hirn aktiver werden muss.

Wichtig ist, dass du jeden Tag schreibst und dich nicht nur mit Ideensammeln beschäftigst. Hast du eine Schreibblockade, begibst du dich wieder auf die Suche und machst dich dann gleich wieder ans Schreiben.«

»Wow, danke, du hast mir sehr geholfen, Gianni!« Freudestrahlend und mit neuen Ideen macht sich Jonny ans Werk.

-Keno-

Ich habe bei Nico übernachtet und vorher Leni Bescheid gesagt. Sie meinte, für sie wäre gerade Ruhe und Alleinsein ganz gut. Gestern das Training war gut, nur innerlich bin ich immer noch verzweifelt.

»Gehen wir nachher ins Fitnessstudio?«, fragt Nico. »Ich würde dir gern noch mehr beibringen.«

»Gute Idee, ich brauche eh Ablenkung. Und weißt du, was ich noch mache?«, frage ich.

»Was denn?«

Ich gebe ihm meine Zigarettenschachtel. »Ich höre ab sofort mit Rauchen und mit Biertrinken auf. Wenn sich meine Welt schon auflöst, dann können die Süchte gleich mitgehen. Mehr wehtun als jetzt kann mir eh nichts mehr.«

»So will ich dich sehen, Bruder! Ich bin froh, dass du das allein für dich machst«, fügt er noch hinzu.

»Ja, für meinen Körper«, versichere ich. Jasmins App lösche ich direkt vom Handy. Diesen verlogenen Scheiß möchte ich nicht mehr sehen.

Kapitel 18

Ehrlich währt am längsten

-Jasmin-

Mein Herz fühlt sich schwer an. Innerlich kämpfe ich mit mir, dass ich mich keinem Fressanfall hingebe. Trainieren. Ich muss jetzt trainieren. Während der Übungen überkommt mich immer wieder ein Heulkrampf. »Ich bin stark!«, sage ich mir. Aber es tötet mich gerade innerlich. Ich würde gern mein gesundes Essen auskotzen, immer wieder hebt sich mein Magen. Es ist wie damals, mein Körper möchte sich befreien. Nein, ich werde nicht kotzen! Der Schmerz zerfetzt mich. Ich trainiere, bis ich zu erschöpft bin, um weiterzumachen. Ich zwinge mich, zu duschen und falle dann ins Bett. Kein Anfall, kein Kotzen, kein Rückfall. Wenigstens etwas. Selbst nach Jahren kann man also in die Gefahr eines Rückfalls geraten. Liebeskummer ist nichts für Weicheier. Meine Mutter sagte immer: Sei ehrlich! Jede kleine Lüge kommt irgendwann ans Licht.

Jetzt wird es Zeit, komplett ehrlich zu sein.

Ich rufe eine befreundete Journalistin an. »Hallo, Emma! Können wir uns treffen? Ich möchte mit einem Coming-out ein Statement setzen.«

»Okay, soll ich zu dir kommen?«

»Ja, bitte!«

»Bis gleich!«

»Hallo, Jasmin«, beginnt das Interview. »Erzähl unserer Leserschaft, was dir auf dem Herzen liegt.«

»Ich möchte heute über ein Tabuthema reden, um vielen jungen Mädchen und Frauen zu zeigen, dass man sich nicht schämen muss, unter dieser Krankheit zu leiden. Ich möchte auch zeigen, dass es Wege aus diesem Gefängnis gibt, zwar steinige, aber schaffbare Wege.«

»Um welche Krankheit handelt es sich?«

»Ich hatte Bulimie.«

»Oh, okay.« Emmas Augen werden groß. Sie ist sichtlich erstaunt und ringt um Worte. »Erzähl uns, warum du damit jetzt an die Öffentlichkeit gehst.«

»Ich habe mich in den letzten Jahren immer mehr wie eine Betrügerin gefühlt.«

»Wieso das?«

»Ich habe Menschen immer wieder erzählt, dass ich auch unter einer Essstörung gelitten hätte und es daraus geschafft habe. Nur, jeder hat gespürt, dass ich nicht die komplette Wahrheit gesagt habe. Ich habe mich nicht getraut, zu sagen, ich hatte Bulimie und habe auch Abführmittelmissbrauch betrieben. Ich hatte Angst, dass die Leute denken, ich sei psychisch gestört, dumm, nicht zurechnungsfähig und hänge womöglich immer noch in der Krankheit fest. Ich war damals in meiner Pubertät psychisch gestört und das zog sich auch, bis ich einundzwanzig Jahre alt war. Aber mit einer Therapie und meiner Ausbildung als Ernährungscoach konnte ich dem Ganzen trotzen. Der Weg war zwar mit vielen Rückschlägen gespickt, aber nun habe ich seit sieben Jahren keinen einzigen Rückfall mehr gehabt. Auch wenn ich manchmal in Stresssituationen denke, jetzt würde ich gern kotzen, weiß ich, wie ich mich anderweitig wieder runterholen kann. Mittlerweile möchte ich nur das Beste für meinen Körper.«

»Und trotzdem hat es so lange gedauert, bis du jetzt bereit bist, darüber zu sprechen?«

»Ja, ich hatte Angst davor, dass, wenn ich mit Leuten am Tisch sitze und esse, sie mich genauestens analysieren, wie ich esse. Und dass sie dann denken, wenn ich mal wirklich aufs Klo muss, ich würde sofort wieder kotzen. Dies wollte ich umgehen, da tatsächlich eine komplette Heilung stattgefunden hat.«

»Hat niemand mitbekommen, dass du so schlimm erkrankt warst?«

»Nein, niemand. Immer, wenn sich mir jemand nähern wollte, habe ich ihn weggestoßen. Allein zu sein, daran hatte ich mich gewöhnt.«

»Was hast du zu deinen Klienten genau gesagt, wenn sie fragten, was für eine Essstörung du hattest? Oder kam die Frage nie?«

»Doch, die Frage kam sogar öfter. Ich habe zwar immer gesagt, dass ich etwas durchgemacht und auch unter dem Binge-Eating gelitten habe. Aber ich habe nie offen und ehrlich gesagt, was es wirklich war. Das war ein Riesenfehler. Andersrum erwarte ich ja auch von meinen Klienten, dass sie mir genau sagen, was sie haben.«

»Was hast du für eine Therapie gemacht?«

»Ich habe damals als allererstes eine Therapieeinrichtung besucht und die Behandlung nach drei Tagen abgebrochen.«

»Was? Wieso das?«

»Die haben mich an einen Tisch mit anderen psychisch Kranken gesetzt. Borderline, Magersüchtige und was weiß ich, was die anderen für eine Störung hatten. Das Problem war, dass du so was nicht machen kannst. Du kannst von einer Bulimiekranken nicht verlangen, alles zu essen. Es ist einfach so, dass wir nicht aus Langeweile kotzen … Das Kotzen kommt daher, dass wir so mit Essen gefüllt sind, um uns a) in Anführungsstrichen zu entstressen und b) um trotzdem schlank zu bleiben. Ergo ist die Intention von einer Bulimiekranken, nicht mehr zu kotzen. Wir wollen lernen, uns gesund zu ernähren, um schlank zu bleiben, uns nicht mehr vollzufressen und nicht mehr zu kotzen. Andere Störungen muss man eben anders therapieren. Die Therapeuten dort waren mir nicht motiviert genug und zu einem Arztgespräch ist es nicht mal gekommen, da ich mich null aufgehoben gefühlt habe.«

»Wie hast du dann weitergemacht?«

Ich zögere etwas, denn was ich jetzt erzähle, ist für mich hart. »Meine Bulimie und der Abführmittelmissbrauch begannen mit vierzehn Jahren. Anfangs besorgte mir meine Oma das Zeug. Ich log sie an, ich hätte Verstopfung. Später, als ich mit sechszehn ein kleines Motorrad hatte, fuhr ich selbst die unterschiedlichsten Apotheken an. Einige der Verkäuferinnen sahen mich skeptisch an, ab und an kam eine mahnende Ansage, wie: *Sie wissen, dass zu viel und zu oft davon sehr schädlich ist!* Aber die Apotheker verkauften mir die Abführmittel jedes Mal, da die eben frei verkäuflich waren und immer noch sind.

Mein Plan ging auf, ich nahm ab. Meine Eltern kauften mir schicke Sachen und ich war in der Klasse angesehen. Die Jungs fuhren auf mich ab. Ich war wie eine Trophäe, die keiner auf Dauer halten konnte. Ich hatte nach ein paar Tagen meist die Nase voll von einem Jungen, wenn er mehr in mein Privatleben eindringen wollte, als mir lieb war.

Meine Sucht dauerte sieben Jahre, bis ich begriff, dass es so nicht weitergehen konnte. Das ich eben nicht von heute auf morgen mit den Fressanfällen und Pillenschlucken aufhören konnte, wie ich es mir jedes Mal eingeredet hatte. Meine Reizdarmproblematik fing ebenfalls an.«

»Wie hast du es daraus geschafft?«

»Ich ging als Erstes zu meiner Hausärztin und öffnete mich ihr. Sie wies mich in eine ambulante Klinik ein, da ich sie gebeten hatte, etwas zu suchen, wo ich nicht dortbleiben muss.«

»Warum wolltest du nicht dort schlafen?«

»Ich war der Meinung, dass ich etwas Vertrautes brauche, um abends runterzukommen, und dass das für mich der beste Test wäre, um abends gleich auszuprobieren, keinen Rückfall zu Hause zu erleiden.«

»Wie ging es weiter?«

»Es dauerte eine Woche, bis ich das Handtuch warf. Ich beschäftigte mich dort mehr mit den Problemen der anderen als mit meinen eigenen. Ein Ergotherapeut behandelte mich, als wäre ich etwas dumm und lachte, als ich erzählte, was meine Ziele wären. Ein weiteres Problem war, dass sie mich dort genau wie in der anderen Klinik an dem ersten Tag an einen Tisch mit Menschen mit den unterschiedlichsten Störungen setzten. Von Magersucht, Bulimie, Depression, Borderline und noch weiteres, über das die Betroffenen nicht mit mir sprechen wollten. Ich war ehrlich und erzählte von meiner Störung. Was furchtbar war! Ich hatte das Gefühl, dass die Augen der anderen Mädchen mich nicht mehr losließen, wenn ich aß.«

»Oh, das klingt echt hart«, sagt Emma nachdenklich.

Ich nicke. »Ohne eine Voruntersuchung auf eine Nahrungsergänzungsmittel-Unverträglichkeit ließen sie zu, dass alle das Gleiche essen mussten. Das war genau eines meiner Probleme, wie sich später herausstellte. Ich hatte eine Laktoseintoleranz, wie ich später testen lassen durfte, da meine Hausärztin sehr gut war.

Weißt du, die haben mir irgendwelchen Fraß vorgeworfen. Kein bulimiekrankes Mädchen wünscht sich so etwas. Wir wollen lernen, uns gesund zu ernähren und ohne diese Erkrankung schlank zu bleiben und eben nicht jeden Scheiß in uns hineinzufressen.«

»Ja, das sagtest du bereits.«

»Die Mädchen kamen reihenweise weinend aus den Psychologengesprächen heraus. Schon im Morgenkreis wartete eine Therapeutin voller Lustlosigkeit auf uns.

Ich bat nach einer Woche, gehen zu dürfen. Der Psychologe warnte mich, dass ich längst nicht so weit wäre.«

»Und, hatte er recht?«

»Ja, hatte er! Ich besorgte mir Bücher und setzte mich allein mit meiner Erkrankung auseinander. Ich kann dir nicht sagen, ob es mir geholfen hätte, wenn ich länger dort geblieben wäre, doch mein Gefühl sagt mir bis heute: Nein, hätte es nicht. Ich möchte nicht so behandelt werden und auch nicht sehen, wie schlecht es den Leuten während einer Therapie geht. Dies entspricht nicht meinen Vorstellungen eines positiven Heilungsweges.«

»Das glaube ich dir und dies zu erleben würde wohl kaum jemand wollen«, bestätigt mich Emma.

»Was brachte dir die endgültige Klarheit und den Durchbruch in die Freiheit ohne Sucht?«, fragt sie weiter.

»Ich habe erst endgültige Klarheit durch meine Ausbildung bekommen, indem ich die Körperfunktionen verstand, was mein Körper und meine Seele brauchen.«

»Okay, danke für diese ehrlichen Worte, Jasmin. Was möchtest du den Frauen da draußen noch sagen?«

»Schämt euch nicht für eine Sucht! Geht, lasst euch helfen und arbeitet an euch!«

-Keno-

Wir sitzen in der Werkstatt und trinken Kaffee, als ich auf Instagram die neuen Beiträge lese. Auf Jasmins Seite erscheint ein Interview. Ich habe sie hier noch nicht blockiert. Meine Neugierde ist zu groß, also lese ich den Beitrag. Ich schlucke, als ich ihn zu Ende gelesen habe und wende mich zu Nico. »Hier, ließ mal den Scheiß!« Ich reiche ihm mein Handy.

Als er fertig ist, sage ich: »Sie ist da angeblich so was von ehrlich, nur leider hat sie auch hier vergessen, ihre

Pornokarriere zu erwähnen. Ich habe es so was von gewusst, dass sie ein Geheimnis hütet, aber dass es gleich mehrere sind, damit habe ich nicht gerechnet.«

»Mmm, ich verstehe das auch alles nicht. Sie ist auf der einen Seite so cool und zieht ihr Ding durch und auf der anderen Seite so …«

»Nuttig«, beende ich den Satz von Nico.

Ein ehemaliger Klassenkamerad taucht auf. »Hey, den kenne ich doch!«, sage ich, als ein dunkelhaariger Mann auf uns zukommt.

»Ja, das ist Jörg, der war damals auch in unserer Klasse. Grüß dich. Jörg ist IT-Profi, der arbeitet für die Besten«, erzählt Nico.

»Okay! Kannst du auch rausbekommen, wie viele Pornos von jemandem im Netz stehen?«, frage ich.

»Ja, das ist schon möglich. Um was geht es denn genau?«

»Ach, hör auf!«, sagt Nico »Du machst dich nur selbst fertig.«

»Noch mehr geht eh nicht«, sage ich.

»Keno hat über eine fremde Nummer einen Porno geschickt bekommen, in dem eine Frau mitspielt, die er gerade erst kennengelernt hat«, erklärt ihm Nico.

»Zeig mal her«, fordert Jörg.

Ich entsperre mein Handy und gebe es ihm.

»Dafür brauche ich nicht großartig zu forschen. Sieht die Frau jetzt noch genauso aus wie auf dem Video?«

»Was ist das denn für eine komische Frage?«

»Na, ja oder nein?«

»Ja, sie sieht immer noch so aus.«

»Dann müsste sie circa zwanzig Jahre nicht gealtert sein oder dieses Video ist 'n Fake, wovon ich stark ausgehe.«

»Wie jetzt, 'n Fake?«, frage ich.

»Der Erotikdarsteller, der in dem Video zu sehen ist, ist ein Bekannter aus Leipzig. Dieser Typ, das ist Enno vom Marylin. Den kenne ich, der ist der Besitzer von dem Club, der hat früher Pornos gedreht.«

»Früher?«

»Na klar, mittlerweile ist der locker zwanzig Jahre älter, als der hier aussieht.«

»Das Video ist alt?«

»Ja, klar. Hat aber eine bemerkenswerte Auflösung. Trotz des alten Films hier wurde auf höchstem Niveau gefakt«, erklärt Jörg.

»Warte mal, ich habe sogar seine Nummer. Ich schreibe ihm, dass er dir erklären soll, dass es 'n Fake ist. Vielleicht möchte er ja dagegen vorgehen. Schick es mir mal.«

Jörg diktiert mir seine Nummer. Das Warten macht mich wahnsinnig. Nach zehn Minuten hat Jörg sogar das Originalvideo geschickt bekommen. Dieses Dreckschwein Evan hat den Scheiß hundert pro inszeniert. Ich bin auf der einen Seite wütend und auf der anderen total glücklich, dass ich mich nicht in Jasmin getäuscht habe. Ich schreibe ihr eine WhatsApp-Nachricht: *Können wir reden?* Die Nachricht geht nicht durch, sie hat mich blockiert. Ich schreibe ihr noch mal den gleichen Text auf Instagram.

Adventskalender in der App:

Arbeit muss Freude bereiten

»Was bedrückt dich, Harti?«, fragt die weise alte Spieluhr DingDong, die auf dem Kaminsims steht und für jeden einen guten Rat hat. Die englische Bulldogge Harti, die die Briefe der Kinder täglich in die Werkstatt bringt, scheint sichtlich gestresst zu sein.

»Ach, ich weiß auch nicht, DingDong. Mein Job stresst mich zurzeit. Es sind so viele Briefe und ich bin nur am Hin- und Herrennen und am Aufpassen, dass mir kein Brief der Kinder in den Schnee fällt.«

»Ist das für dich ein positiver oder negativer Stress?«

»Ich weiß es nicht. Woran weiß ich denn, ob es positiver oder negativer Stress ist?«

»Positiven Stress erkennst du daran, dass du dich trotzdem gut dabei fühlst. Du wirst es kennen, es ist ein Gefühl, wie verliebt zu sein. Dein Herz schlägt schon beim Gedanken an diejenige höher. Unter positiven Stress setzen wir uns, wenn wir eine Sache besonders gut finden und alles daransetzen, es zu bekommen oder zu erreichen. Du bist dann von etwas begeistert und es macht dir trotz der vielen Mühen, die du auf dich nimmst, Spaß, dein Ziel zu verfolgen. Diesen Stress brauchen wir, um unsere Ziele zu erreichen.«

»Und, wie fühlt sich negativer Stress an?«

»Negativer Stress ist Dauerstress. Wir verbrauchen mehr Energie, werden schneller krank und sind ständig reizbar und unentspannt. Deutlich wird es auch, wenn du die Schultern öfter hochgezogen hältst und deinen Kiefer anspannst, indem du die Zähne aufeinanderbeißt.«

»Ja, genauso ist es«, erkennt Harti.

»Dieser Stress wird sich nicht komplett vermeiden lassen, in manchen Situationen wird er einfach auftauchen. Du solltest versuchen, ihn schnellstmöglich loszuwerden. Entweder durch einen Wechsel der jeweiligen Situation, durch Sport oder durch Ablenkung.«

»Aber was kann ich denn machen? Briefe an die Kinder auszuteilen ist nun mal meine Arbeit.«

»Macht sie dir noch genauso viel Spaß wie früher?«

»Nein, leider nicht, es ist mir zu viel geworden.«

»Trau dich und sprich mit dem Weihnachtsmann. Aber überlege dir schon im Vorfeld, was man machen könnte, um die Situation zu verbessern. Welche Voraussetzungen brauchst du, damit dir deine Arbeit wieder Spaß macht und nicht mehr über den Kopf wächst?«

»Meinst du nicht, ich sollte es dem Weihnachtsmann überlassen, sich etwas zu überlegen?«

»Er wird eh das letzte Wort haben, aber wenn du keine Vorschläge bringst, wie wahrscheinlich ist es, dass er genau das findet, was du am meisten in deiner jetzigen Situation brauchst?«

»Du hast recht, DingDong. Vielleicht könnte der Weihnachtsmann noch jemanden einstellen. Und Taschen für den Schlitten wären toll!«

»Würde dir dann deine Arbeit wieder Spaß machen?«

»Ja, das wäre alles, was ich mir zurzeit wünsche!«

»Na, dann, ab dafür!«, ruft DingDong der Bulldogge aufmunternd zu. »Nur dem, der spricht, dem kann auch geholfen werden«, ruft ihm die weise Uhr noch hinterher.

Harti überwindet seine Scheu und spricht sein Problem an. Der Weihnachtsmann erfüllt ihm prompt seinen Wunsch. So bekommt Harti einen jungen Hund an die Seite, der energiegeladen und voller Power ist, sodass Harti wieder motiviert ist und seine Arbeit wie gewohnt erledigen kann. Auch die verschließbaren Taschen sind eine große Hilfe.

Kapitel 19

Sei mutig und du wirst belohnt

-Jasmin-

Mein Instagram-Account platzt aus allen Nähten. Mich schreiben so viele Menschen an, die mir Respekt für meine Offenheit ausdrücken.

Keno hat mir eine Nachricht auf Instagram geschrieben, ich blockiere ihn so, dass er mir keine Nachricht mehr schreiben kann, er jedoch noch sehen kann, was ich so treibe. Eine kleine Genugtuung für mich. Mein Handy klingelt.

»Hallo, Jasmin, hier ist der Talk1-Sender. Wir möchten dich gern morgen zu uns nach Berlin zu einem Fernsehauftritt, der live ist, einladen, um über dein Coming-out zu sprechen. Wäre das für dich in Ordnung?«

»Ja, sehr gern!«

»Gib mir bitte deine E-Mail-Adresse, dann schicke ich dir alle wichtigen Daten.«

»Okay, alles klar.« *Der beliebteste Sender Deutschlands will mich sehen, das ist der Wahnsinn!* poste ich sofort. *Seht mein Liveinterview morgen um 20:15 Uhr.*

Ich bin wahnsinnig aufgeregt, als ich am nächsten Tag in Richtung Berlin starte. Es ist so komisch, dass sich Evan gar nicht mehr meldet und auch nicht im Büro gewesen ist. Das macht mir Sorgen.

In Berlin angekommen, werde ich bestens versorgt, das gesamte Team ist so nett zu mir. Ich werde als Erstes geschminkt und meine Haare werden zurechtgemacht. Selbst an ein gesundes Catering haben die hier gedacht. Wir proben im Studio, wie wir sitzen und über welche Themen wir nachher sprechen, damit ich mich schon mal entsprechend vorbereiten kann. Ich darf mich jetzt eine Weile in einer eigenen Kabine zurückziehen, um mir Gedanken zu machen.

Kurz vor zwanzig Uhr werde ich geholt und ins Studio gebracht. Dort warte ich hinter einem Vorhang. Das Publikum ist schon da.

Die Moderatorin kündigt die Show und mich an. Sie ist eine bekannte Influencerin und hat einen Riesenerfolg als Ernährungs- und Fitnesscoach. »Bitte begrüßen Sie mit mir Jasmin Becker!«

Ich gehe aufrecht und selbstbewusst ins Studio.

»Hallo, Jasmin, setz dich doch bitte.«

»Hallo«, antworte ich recht gelassen. Ich bin selbst überrascht von mir.

»Gestern wurde ein Interview mit dir veröffentlicht, in dem du offen darüber gesprochen hast, dass du früher an Bulimie erkrankt warst. Wie fühlst du dich, diese Erfahrung mit der Welt zu teilen?«

»Es fühlt sich unglaublich stark an und befreit mich. Ich bin schon lange nicht mehr krank, mein Weg war kein leichter. In meinem Leben ist das Kapitel beendet. Umso mehr freue ich mich, dass ich jeder oder jedem Betroffenen da draußen Mut machen kann. Es ist schaffbar, diese Krankheit zu überwinden und es gibt einen Weg da raus.«

»Erzähl uns bitte von deiner damaligen Zeit. Wie ist es, Bulimie zu haben?«

»Früher, während der Bulimie, habe ich meine Freude ins Essen gesteckt. Manchmal habe ich mich auf die geplanten Abende gefreut, an denen ich wieder einen Essanfall bekam.«

»Du hast die Essanfälle geplant?«

»Ja, öfter passierten sie mir auch so, aber tatsächlich waren sie mindestens genauso oft geplant. Ich freute mich regelrecht aufs massige Einkaufen. Da habe ich mich gefreut, alles in den Einkaufswagen zu stecken. Heutzutage nervt es mich, öfter einzukaufen, da ich meine Emotionen nicht mehr ins Essen stecke. Damals hat es mich dann sogar manchmal während des Essens angestrengt und genervt, dass ich noch so viel zu essen vor mir hatte. Es war strange.«

»Hast du eine Ahnung, warum dann dieser Zwiespalt war?«

»Ja, ich habe gegessen, um in dieser Zeit an nichts anderes zu denken, abgeschirmt von der Außenwelt zu sein und mich von der Traurigkeit, Wut und Einsamkeit abzulenken. Kein normaler Mensch würde weiter essen, wenn er satt ist und es ihm schon nicht mehr schmeckt. Ich habe gekotzt und dann ging es weiter mit dem Essen.«

»Es ist krass, wie du dich da selbst beleuchtest und wie offen du darüber reden kannst.«

»Der Weg war, zu dem tiefen Wunsch zu gelangen, suchtfrei zu sein und auch andere Menschen davor zu bewahren, Emotionen in die falschen Dinge zu stecken. Ähnlich ist es bei anderen Suchterkrankungen. Wir machen somit diese Welt nur kälter und glatter, wenn jeder die Emotionen und Bedürfnisse, die er braucht, in eine Sucht steckt. Spaß, Freude und Liebe sind unabdingbar für einen selbst und den Umgang mit anderen Menschen und Tieren.«

»Da du gerade Tiere ansprichst. Lebst du vegan?«

»Nein, ich bewundere Menschen, die so leben können. Ich reduziere gerade mein tierisches Eiweiß und schwenke mehr und mehr zu pflanzlichen Eiweißquellen um.«

»Wie ernährst du dich genau?«

»Ich vertrete die Steinzeiternährung und das Clean Eating, kombiniert mit Sport. Ausdauer, Kraft und Dehnung sind dabei wichtig.«

»Wie hast du es geschafft, aus der Sucht zu kommen?«

»Man muss sich bewusst machen, dass, wenn man täglich kotzt, die Zähne so dermaßen kaputtgehen, obwohl sie die härtesten Knochen in unserem Körper sind. Man kann sich also denken, was mit der Speiseröhre geschieht, wenn immer wieder Magensäure mit hochkommt. Das ist das, was einen kaputtmacht. Der Körper leidet wahnsinnig darunter. Wenn dir das richtig bewusst wird, willst du dich nur noch schützen. Ich habe einen Pakt mit mir selbst angefangen. Ich habe mir geschworen, nur noch Essen zu mir zu nehmen, das mich nährt, keine leere Energie hat und mich nicht zusätzlich belastet. Denn falsches Essen macht träge, müde, schürt Ängste und uns auf lange Sicht krank.«

»Gab es Rückschläge?«

»Natürlich gab es anfangs Rückschläge. Tage, an denen ich zu viel – wenn auch gesundes – Essen in mich reingestopft habe und dann kotzen musste. Daraufhin habe ich wieder einen Pakt mit mir geschlossen. Dieser war, dass ich nicht mehr kotze, egal, wie viel ich bei dem nächsten Anfall esse. Ich habe in Kauf genommen, zuzunehmen. Es waren zehn Kilo, die mich extrem unglücklich gemacht haben. Ich habe dann Diäten ausprobiert, alle auf gesunder Basis, doch es hat mir nichts gebracht. Unter anderem waren Lowcarb, Nocarb, Intervallfasten und Fasten sowie eine Reisdiät dabei. Die Rückfälle kamen. Das hat mich alles nicht befriedigt, ich wollte eine Dauerlösung ohne zu hungern. Die Erlösung kam tatsächlich, als ich die Ausbildung zum Ernährungscoach gemacht und wieder mit Sport angefangen habe. Beides zusammen ist die Lösung. Nur eins von beiden wird nicht den Erfolg und die Befreiung bringen.«

»Erklär doch bitte unseren Zuschauern, wie dein Tagesablauf aussieht.«

»Es gibt eine Tellerregel. Ich erkläre sie meinen Klienten immer anhand eines Bildes, das ich von meinem Essen zum Frühstück, Mittag und Abendessen gemacht habe. Ich erkläre den Mindestabstand von fünf Stunden, in den Essenspausen viel Wasser trinken und was ich täglich an Bauch, Beine, Po, Poledance und Cardio mache. Das ist es, wie ich meine Zufriedenheit und mein Gleichgewicht wieder herstellen kann und so auch nicht mehr abhängig von Essen bin oder sich meine Gedanken den ganzen Tag nur ums Essen drehen.«

»Verurteilst du Menschen mit Süchten?«

»Ich verurteile keine Menschen mit Süchten, ich verurteile nur die, die nichts dagegen tun. Ich habe aufgrund meiner Krankheit lernen müssen, mich aus der Sucht zu kämpfen, habe mich davon befreit. Genauso, wie ich mich von Zucker und Mehl befreit habe, was für mich ebenfalls eine Sucht war. Ich weiß, wie hart es ist, sich davon zu befreien. Du musst eben eine Entscheidung treffen, buttere ich die Liebe, die in mir steckt, ins Essen oder eine andere Sucht? Oder gehe ich offen damit um und zeige meine Gefühle der Welt, wirke eben dadurch emotional angreifbar und nicht kalt und starr wie eine Salzsäule. Ernte ab und zu Blicke, weil ich zu fröhlich, zu wütend oder zu emotionsgeladen ein Gespräch führe oder mich so benehme. Aber ich mache eben alles andere, als Emotionen in mich hineinzufressen.«

»Was ist dein Ziel bei deinen Klienten?«

»Ich möchte sie im Positiven motivieren und ihnen nicht permanent den Spiegel vorhalten, von wegen: Das und das machst du falsch. Ich habe Verständnis für jeden Weg und möchte die Leute an den unterschiedlichen Punkten, an denen sie gerade stehen, abholen. Alles hat seinen Grund, warum es bis jetzt so lief, und das ist auch gut so. Ich komme von ganz unten und habe auch meinen Weg hinter mir.«

»Das zeigt, wie viel Stärke du besitzt und wie viel Mut dahintersteckt, sich so zu befreien. Was ist mit denen, die übergewichtig sind, aber sagen, sie fühlen sich wohl in ihrer Haut?«

»Also, abgesehen davon, dass ich nicht davon überzeugt bin, dass sie sich wirklich wohlfühlen und dass der Körper da auch keine Zeichen von sich geben soll, ist meine Devise: leben und leben lassen. Ich möchte nur die Menschen verändern, die den Willen dazu haben. Ich versuche, aufzuklären. Dass ich nicht jeden dadurch erreiche, zeigt mir, dass ich es noch nicht gut genug rübergebracht habe.«

»Meinst du, dass man jeden überzeugen könnte, wenn man hart daran arbeitet und aufklärt?«

»Wenn jeder Mensch klar wüsste, was dieser Müll in unserem Körper anrichtet? Ja. Dann würde er darauf verzichten. Niemand richtet sich freiwillig zu Grunde. Neuzig Prozent der Lebensmittel im Supermarkt wären besser in einer Mülltonne, als in unserem Körper. Mit ihren bunten Bildern verarscht uns die Lebensmittelindustrie, denn der Großteil ist nicht gesund.«

»Was wünscht du dir für die Zukunft?«

»Ich wünsche mir, dass es Süßigkeiten in einer Mindermenge gibt, genau wie Alkohol und Zigaretten, und dass diese so teuer gemacht werden, dass der Konsum dieser Produkte eine wirkliche Ausnahme bleibt. Ich wünsche mir, dass es reichlich von unverarbeiteten Biolebensmitteln gibt, und dass Bauern wieder die wahren Helden der Versorgung sein werden. Genau wie jeder Maurer, der ein Haus baut, ein wahrer Held ist und eben nicht nur die überbezahlten Angestellten, die in den Büros sitzen.«

»Denkst du, dass wir jetzt schlechter leben als unsere Vorfahren?«

»Ja, schlechter und stressiger.«

»Das ist ein Statement.«

»Ja, ich weiß, ich polarisiere. Aber ich wünsche mir, dass jeder seine Berufung finden und ausüben kann. Schon in der Schule sollte nicht jeder in einen Topf geworfen werden, sondern geschaut werden, wo die Talente von jedem Einzelnen liegen.«

»Meinst du, dass das etwas an der Arbeitslosenquote ändern würde?«

»O ja, dies würde einen wahnsinnigen Fortschritt bedeuten. Es kann nicht sein, dass alles immer höher und unbezahlbarer wird für Leute, die arbeiten, und andere sich die Eier schaukeln lassen und vieles bezahlt bekommen. Letztere sind auch nicht glücklich. Es gibt nur Glück mit einem gesunden Lebensstil, der Ausübung der Berufung des jeweiligen Menschen und eine innere Einstellung, auch mal selbstlos für andere Menschen da zu sein.«

»Meinst du nicht, es ist übertrieben, jeden Tag Sport zu machen?«

»Weißt du, Menschen neigen dazu, zu übertreiben, wenn sie an einer Sache wirklich Gefallen gefunden haben. Bei jedem Kind würde man sagen, lass es sich austoben, der oder die braucht das. Bei jedem Erwachsenen sehen wir sofort eine Störung. Selbst Krafttraining kannst du täglich machen, dann ist es besser, immer eine andere Muskelgruppe zu trainieren. Ganz klar, gibt es da sinnvolle Richtlinien. Es gibt so viel unterschiedliche Sport- und Bewegungsarten, bei denen man sich täglich auspowern kann. Bei Erwachsenen soll alles ja immer im Rahmen gehalten werden, bitte achten Sie auf dies oder jenes … Kein Wunder, dass jeder zweite denkt, er hätte einen Dachschaden. Alle Menschen in ein Raster zu stecken, ist schlichtweg dämlich. Jeder soll und darf seine Berufung mit Spaß auch übertrieben ausleben, so lange sie nicht gesundheitsschädigend oder illegal ist.«

Ein jubelnder Applaus mit Standing Ovations bricht im Publikum aus.

»Ich möchte jetzt den nächsten Gast hereinholen. Er ist in den USA ein gefeierter Filmproduzent und besucht gerade Deutschland, um einige Drehorte für seinen nächsten Film zu finden. Meine Damen und Herren, begrüßen Sie Keno Mex!«

Mir klappt die Kinnlade hinunter. Na ganz toll.

Keno wirkt etwas breiter und gepflegter als zuvor. »Was kannst du zum Thema Süchte sagen?«

»Nun, ich habe erst vor Kurzem angefangen, an meinen Süchten zu arbeiten. Ich war starker Raucher und habe zu oft Bier getrunken. Ich habe jetzt angefangen, zu trainieren und bin dabei, meine Ernährung umzustellen. Ich rauche nicht mehr und lasse die Finger vom Alkohol.«

»Wieso Keno, was waren deine Beweggründe?«

»Nun, mir hat jemand Wundervolles erzählt, wie sinnvoll das für meinen Körper ist und was ich dadurch alles verändern kann. Ich muss wirklich sagen, ich fühle mich jetzt besser und fitter.«

»Machst du es für eine Frau?«

»Nein, ich hab begriffen, wie wichtig es ist, es für sich selbst zu tun. Und ich kann nur jedem raten, es nie als Angriff zu sehen, wenn einem seine Fehler aufgezeigt werden. Diesen Menschen muss man dankbar sein, denn so kann man sich verbessern. Alle, die behaupten, ein guter Ratschlag wäre ein Eingriff in die Persönlichkeit oder Privatsphäre und man soll so bleiben, wie man ist, entgegne ich: Nein, Rauchen und regelmäßig Alkohol trinken ist eine Sucht, das ist nicht mein Charakter. Lernt, so etwas zu unterscheiden und entfernt euch von Leuten, die eine Sucht unterstützen und schönreden!«

»Danke, Keno!«

»Jasmin, wie findest du Kenos Einstellung?«

Ich muss grinsen. Mir ging das Herz auf bei seinen Worten, aber das sage ich nicht. »Am Ende sind wir doch alle gleich. Du hattest die Rauch- und Alkoholsucht und ich die Fress- und Kotzsucht.«

»Und alles nur, weil wir keine Gefühle zulassen wollten in dieser glatten Welt. Wir sind emotionale Menschen und dürfen es auch sein«, ergänzt Keno.

»Ich sehe, ihr zwei seid euch einig! Ich würde gern noch jemanden dazu holen. Sie ist eine Klientin von Jasmin und möchte etwas sagen.«

Jetzt wird mir übel. Das kann doch nicht gut werden.

»Hier ist Leni!«

Sie sieht toll aus! Leni wiegt locker fünfzehn Kilo weniger als zu dem Zeitpunkt, an dem ich sie kennengelernt habe.

»Hallo«, sagt sie schüchtern.

»Leni, erzähle doch bitte, welche Erfahrungen du mit dem Coaching von Jasmin gemacht hast.«

Leni atmet kurz durch. »Es war das Beste, was ich je gemacht habe. Jasmin ist ein Mensch mit großem Herz, das nur das Beste für ihre Klienten möchte. Ich habe noch nie in meinem Leben so viel über Ernährung, Sport und Mindset in so kurzer Zeit gelernt.«

»Würdest du es weiterempfehlen?«

»Ja, natürlich.«

»Super, dann danke ich euch für das tolle Interview und wir verabschieden uns in die Pause. Nach der Werbung geht es dann weiter mit dem Thema Drogenkonsum. Bleiben Sie dran!«

Wir stehen auf. Leni kommt zu mir.

»Jasmin, können wir kurz draußen sprechen?«

»Ja, klar.«

Leni geht voran. Als wir draußen sind, dreht sie sich zu mir um. »Jasmin, ich habe dir unrecht getan. Es tut mir leid! Ich möchte auch nicht, dass du wegen mir deine Liebe zu Keno aufgibst. Keno hat lange mit mir gesprochen und mir versichert, dass er dich von Anfang an wollte und du es wegen mir abgeblockt hast. Es tut mir alles so wahnsinnig leid!«

Sie drückt mich. »Ist vergessen, okay?«

»Ja.«

»Aber eins musst du mir versprechen.«

»Was denn?«, fragt sie und sieht mich mit ihren rehbraunen Augen an.

»Ich möchte dich nie wieder als Freundin verlieren.«

»Nie wieder, versprochen!« Sie drückt mich noch mal und dieses Mal viel fester.

Keno hat unsere Versöhnung von Weitem beobachtet und kommt auf uns zu. Hinter ihm sehe ich Sandy.

»Na super, was wird das jetzt?«, frage ich.

»Jasmin, hör zu!«

»Nein, Keno, *du* hörst jetzt zu! Du wirst Vater und ich möchte deiner Familie nicht im Weg stehen.«

»Ich werde was?«

Mein Blick wandert verdutzt zwischen ihm und Sandy hin und her. Sie schaut plötzlich weg. »Sie hat behauptet, du würdest ein Kind von ihr bekommen und ich soll den Kontakt mit dir meiden …«, sage ich sehr traurig.

»Bitte, was?« Keno dreht sich zu Sandy um.

»Es tut mir leid«, sagt sie scheinheilig. »Du hast unsere Arbeit gestört und so habe ich mir mit Evan diese Story ausgedacht.«

»Mit Evan?«, frage ich schockiert. »Wo ist der eigentlich?«

»Der sitzt in Untersuchungshaft. Es besteht der Verdacht, dass er der Drahtzieher der Bande ist, die die ganzen Handys geklaut hat. Und er hat dich an dem einen Abend unter Drogen gesetzt und wollte dir die Firmenanteile abluchsen. Davor hat dich Keno bewahrt«, klärt mich Leni auf.

»Ist ja krass … «, fällt mir dazu nur noch ein.

Keno wendet sich an Sandy. »Heute hast du so wenig Größe wie noch nie. Verschwinde bloß von hier, hol in Merseburg deine Sachen und flieg zurück. Du bist fristlos entlassen!«

»Aber …«

»Nichts aber, geh!«, sagt Keno streng.

Sandy wendet sich an mich. »Du bist ein Vieh.«

»Danke, das nehme ich als Kompliment. Ich beiß mich eben überall durch.«

»Der Unterschied zwischen mir und dir ist …«, beginnt Sandy.

Ich unterbreche sie, und dieses Mal bin ich dankbar für meinen Fehler. »Der Unterschied ist, ich würde mit ihm im Schlamm ficken, wo du die Angst hättest, dich schmutzig zu machen und es bei dir nur mit Luxus geht.«

»Du bist so widerlich!« Sie dreht sich um und geht.

Leni und ich lachen laut und klatschen ein.

»Keno«, sage ich. »Ich fühl mich schäbig, da ich dir vorgehalten habe, dass du rauchst und trinkst. Dabei war ich genauso in einer Sucht gefangen wie du.«

»Ja, nur du bist eben schon weiter. Auch mein Weg wird kein leichter sein.«

»Ich weiß, es ist aber wichtig, ihn zu gehen. Für dich, um dich weiterzuentwickeln, dich zu stärken.«

»Ich weiß, Kleine. Ich verspreche dir, das werde ich auch.« Er sieht mir tief in die Augen, ein Kribbeln durchfährt mich. »Los, ab nach Merseburg ihr zwei, wir müssen planen!«, sagt Keno.

Adventskalender in der App:

Gesetz der Anziehung

Chiara betrachtet die Mädchen aus ihrer Klasse. Die hocken gerade zu viert an der Schulbank. Ihre Augen sind auf die Puppe in der Mitte gerichtet. Was die alles kann!

»Schau mal, die hat eine richtige Taucherbrille und Schwimmflossen«, bemerkt die kleine Sophie.

»Ja, in der Badewanne und im Pool kann sie richtig schwimmen«, verkündet Liane stolz. Ihr gehört die Puppe.

Wenn ich nur einmal damit spielen dürfte. Glitzernebel taucht neben Chiaras Ohr auf. Verwundert sieht sie, woher dieser kommt. Auf ihrer Schulter erscheint eine winzige Fee mit Weihnachtsmütze und rot-weiß geringelten Strümpfen. Sie sieht wunderschön aus, blond, toll geschminkt, mit viel Glitzer. Verwundert betrachtet Chiara die Fee. Diese lässt ihre Beine von der Schulter baumeln.

»Was ist los, warum spielst du nicht mit ihnen? Blubb.« Sie lässt eine Kaugummiblase platzen, stützt ihre kleinen Ellenbogen nachdenklich auf die Knie, sieht zu den Mädchen und dann wieder zu Chiara.

»Ich kann mit ihnen nicht mithalten, meine Mutti hat nicht viel Geld und so habe ich nicht so cooles Spielzeug wie die anderen. Dabei wünsche ich mir diese Puppe auch zu Weihnachten.«

»Soll ich dir mal ein Geheimnis verraten?«, fragt die Fee.

»Ja, gern!«

»Du kannst solche Dinge durch deine Gedanken anziehen.«

»Das verstehe ich nicht«, sagt Chiara.

»Wenn du an die Puppe denkst, in Gedanken mit ihr spielst, dir vorstellst, sie in den Händen zu halten und sie zu baden, dann wird das Gesetz der Anziehung dafür sorgen, dass du deine Puppe bald bekommen wirst.«

»Echt?«

»Ja, du darfst nur an die guten Dinge denken und sie vom Herzen her fühlen. Unser Denken beeinflusst unser ganzes Leben. Durch positives Denken wirst du dich immer motivieren und weitermachen können. Es eröffnen sich dir neue Möglichkeiten, um deine Ziele und Träume zu erreichen. Wichtig ist, dass du dir diese Dinge wirklich vom Herzen her wünschst.«

»Ist es egal, was ich mir wünsche?«

»Es spielt keine Rolle, welche positiven Dinge du in deinem Leben möchtest. Ob mehr Geld, mehr Liebe, mehr Aufmerksamkeit, mehr Spielzeug, später einen guten Job oder ein schönes Auto. Fühle es, du musst lernen, genau zu visualisieren.«

»Was ist visualisieren?«

»Das ist vorstellen. Stell dir die Dinge oder Ziele, die du dir wünschst, bildlich und detailgetreu vor deinem inneren Auge vor. Lass dein Ziel nie aus dem Sinn, denke immer wieder mit positivem Gefühl daran und gib niemals auf, fest daran zu glauben, dass du es bekommen wirst. Sei fleißig in der Schule und lerne für deine Ziele! Das Gesetz der Anziehung belohnt die fleißigen Menschen.«

»Geht das wirklich?«

»Ganz wichtig, du darfst nie daran zweifeln. Deine Gedanken haben eine wahnsinnige Macht. Die Macht deiner positiven Gedanken und Gefühle ist stärker als die der negativen. Umso mehr positive Gedanken du hast, umso erfolgreicher wirst du und umso schneller kommst du an dein gewünschtes Ziel.«

»Was ist, wenn ich negative Gedanken bekomme?«

»Schieb die negativen Gedanken sofort weg und wandle sie in positive um.«

»Geht davon auch Angst weg?«

»Ängste und Zweifel gehören somit der Vergangenheit an. Diese sind nur in deinem Kopf gewesen. Ängste und Zweifel haben durch deine positiven Gedanken und dein fröhliches Inneres keinen Platz in deinem Kopf. Hol dich immer wieder zurück und es wird von Mal zu Mal leichter. Stell dir alles so vor, wie du es haben möchtest, Kleines.«

Ding, dong. Es klingelt zum Unterrichtsbeginn. Die kleine Fee fliegt nach oben und gibt Chiara einen Kuss auf die Wange.

»Ich glaube fest an dich«, flüstert sie ihr zu.

Am Abend im Bett stellt sich Chiara vor, wie sie mit ihrer neuen Puppe spielt und diese mit zur Schule nimmt. Auch so fängt sie an, fleißig zu lernen, hilft ihrer Mutti, wo sie nur kann und zickt nicht mehr rum. Jeden Tag, immer wenn sie Zeit hat, stellt sie sich vor, wie alles besser wird, freut sich aber genauso über das Hier und Jetzt. Denn durch ihre positiven Gedanken ist das Leben so schon viel schöner und besser als zuvor. Immer wieder denkt sie an ihre neue Puppe und wie es wäre, wenn ihre Mutti mehr Geld zur Verfügung hätte. Sie stellt sich ihr Leben so vor, als wenn gerade jetzt schon alles schön und alle glücklich und voller Liebe sind.

An Heiligabend bringt der Weihnachtsmann dann einen Riesenhaufen voller Geschenke. Ihre Mutti stellt sich an den Baum.

»Ich habe eine tolle Nachricht! Erstmals habe ich dieses Jahr von meinem Chef Weihnachtsgeld bekommen und außerdem die Anfrage, ob ich jetzt Vorarbeiterin werden möchte. Schließlich habe ich schon viele Jahre treue Dienste geleistet. Und was meint ihr? Natürlich habe ich die Beförderung angenommen. Ab sofort haben wir mehr Geld zur Verfügung.«

Jubelnd springt Chiara auf. Sie darf das erste Geschenk aufmachen. Und siehe da, die Badepuppe strahlt sie an.

Kapitel 20

Lifestylebuddies forever

-Keno-

Wir sitzen zu dritt bei mir im Hotelzimmer. »Leni, was ist die verrückteste Idee, die dir zurzeit im Kopf rumschwirrt?«

»Ich würde mir wünschen, eine Rehaklinik aufzumachen, um Binge-Eating- und Bulimiekranken zu helfen.«

»Leni, das wäre so wunderbar, ich würde sofort mitmachen«, sagt Jasmin.

»Na, dann ist das doch die Idee!« Die beiden sehen mich verwirrt an. »Wie wäre es, wenn Leni ihr geerbtes Haus verkauft, du verkaufst deine Eigentumswohnung, nimmst dein Erspartes und von dem Geld eröffnet ihr eine Reha-Einrichtung in den USA?«

»Dein Ernst?«, fragt Jasmin.

»Ja, na sicher.«

»Ich bin dabei«, sagt Leni.

»Ich auch«, stimmt Jasmin ein.

»… und jedes Jahr zu Weihnachten machen wir vor der Reha einen Magic-Weihnachtsmarkt, der nur aus gesunden Sachen besteht«, schwärmt Leni.

»O ja!«, ruft Jasmin ausgelassen lachend. »Das wird alles so toll!«

»Ich kann es kaum fassen!«, freut sich Jasmin. »Wir haben den zweiundzwanzigsten Dezember und wir sitzen im Flugzeug und fliegen in die USA.«

»Ich wünschte, ich hätte auch schon meine große Liebe«, sage ich, als ich aus dem Flieger sehe.

»Ach Leni …«, sagt Jasmin, die neben mir sitzt. »Hab Geduld! Die schönsten Dinge passieren, wenn du nicht damit rechnest. Sieh mich an: Erst jetzt kann ich die Liebe zu einem Menschen bedingungslos zulassen und muss nicht mehr daran denken, dass es irgendwann vorbei sein könnte. Ich fühle es voll und ganz. Jetzt weiß ich, warum wir leben und für was. Das wirst du auch noch erleben.«

»Ja, ich weiß. Das Ganze mit dir und Keno hat mir schon so viel gegeben und jetzt habe ich endlich eine richtige Familie!«

Jasmin drückt mich fest an sich.

Als wir in der Wohnung von Kenos Mutti ankommen, nimmt sie uns alle liebevoll in den Arm und kümmert sich rührend um uns. Kerstin hat schön gepflegtes, blond gefärbtes Haar, für ihr Alter eine sportliche Figur und wirkt auch so noch sehr fit.

Geduldig hört sie sich unsere Geschichte von vorn bis hinten bei einem Weihnachtstee mit dem Geschmack von Bratapfel, Sternanis, Mandeln und Zimtstangen an. Dabei strahlt ihr gutmütiges Gesicht liebevoll.

»Das ist ja der Wahnsinn, was ihr in der kurzen Zeit alles erlebt habt! Aber umso mehr freue ich mich, dass jetzt alles gut ist und dass ihr hierbleibt.«

Wir fühlen uns jetzt schon sehr wohl bei ihr.

»Wir machen uns auf und besorgen einen Weihnachtsbaum und noch ein paar kleine Geschenke«, fordert uns Keno auf. »Den Weihnachtsbaum suchen wir alle zusammen aus und für die Geschenke trennen wir uns!«

Wir drei sind ganz schön müde vom Flug, jedoch zeigt uns Keno noch ein bisschen was von New York. Zum Beispiel den riesigen Tannenbaum am Rockefeller Center und wir laufen durch das Winter Village im Bryant Park. Da die Schneeflocken tanzen, ist es wirklich ein wunderschönes Winter-Wunderland.

»So Mädels«, sagt Keno. »Ich lass euch jetzt allein hier shoppen, weil ich noch ein paar Besorgungen machen muss.«

»Komm lass uns ein paar schöne Kleider für Heiligabend kaufen«, jubelt Jasmin.

Sie zerrt mich in einen Laden. Fix wühlt sie ein paar Ständer durch und zieht letztendlich eins hervor.

»Mit Ständern kommste klar, wa?«, ziehe ich sie auf.

»Ich bin so stolz auf dich! Jetzt haste endlich meinen Humor begriffen.« Jasmin grinst feierlich. »Wie wäre es damit?« Jasmin hält mir diesen Mini-Fetzen von Kleid vors Gesicht.

»Nee, das bin ich nicht«, stottere ich.

»Was ist das denn für ein komischer Satz? Das bin nicht ich«, äfft sie mich in einem hochnäsigen Lehrerton nach.

»Das Kleid ist schön, aber so etwas trage ich nie«, versuche ich es erneut.

»Dann halt ab jetzt!«, kontert sie bestimmt. »Hallo, du tust ja so, als wenn du mit einem anderen Kleid auf die Welt gekommen bist, nur nicht mit so einem. Zeig doch mal eine Veränderung! Trau dich oder stehst du beim Fasching auch so da und sagst: Ja genau, das Bananenkostüm, das bin ich.«

Jasmin hat sich völlig hineingesteigert. »Alter, hast du mich gerade mit einer Banane verglichen?«, frage ich kühl.

Jasmin lacht auf. Ich muss auch lachen und verschlucke mich dabei. Ich schnappe nach Luft und Jasmin klopft mir immer noch lachend auf den Rücken. Dann beugt sie sich zu mir runter und sieht amüsiert in mein Gesicht.

»Okay, ich habs verstanden. Gib mir das Teil!«, lenke ich ein. Sie reicht es mir. Ich schlüpfe in eine Umkleidekabine und betrachte mich skeptisch von allen Seiten.

»Komm schon, zeig dich!«, bettelt Jasmin ungeduldig.

Ich trete hinaus.

»Wow!«, sagt sie knapp und klopft sich dann anerkennend auf die Schulter.

»Meinst du echt?«, frage ich etwas unsicher.

»Gefällt dir das Kleid?«, fragt sie und schlägt ihre Hände wie ein Buch auf.

»Ja, natürlich, aber …«

»Dann nichts aber. Ausreden sind was für freiwillig Arbeitslose«, sagt sie streng. »Trau dich!«

»Ich hab immer noch im Kopf, was könnten die Leute von mir denken?«

»Selbst wenn du immer grau trägst mit Schlabberlock und buckliger Haltung, können die Leute schlecht reden.«

»Mmm, das stimmt«, gebe ich zu.

»Entwickle deinen Stil, aber bleib trotzdem wandlungsfähig. So kannst du dich jedem Anlass entsprechend kleiden, aber bringst bei jedem Outfit deinen eigenen Stil unter. Unterstreiche das, was du in diesem Moment darstellen möchtest.«

Ich betrachte mich weiter im Spiegel.

»Apropos bucklige Haltung …« Jasmin hustet provokant. »Arsch zusammenkneifen!« Sie drückt meine Pohälften zusammen. »Brust raus!« Sie bohrt ihre Finger mitten in meine Brustwirbelsäule und zieht meine Schultern nach hinten unten. Dann schiebt sie mein

Kinn nach unten zum Doppelkinn und meinen Kopf nach hinten. »Nacken lang«, knurrt sie. »Hab ich doch schon mal erklärt, Kleines.«

»Wer hier klein ist«, kontere ich. »Und, dass du ein Doppelkinn auch noch gesund findest«, spotte ich.

»Mach die Tellerregel weiter und es wird nicht mehr da sein«, sagt sie frech.

»Ich mag dich auch«, sage ich.

Sie kommt näher und schlingt ihre Arme um mich und lässt dann plötzlich wieder los. »So, ausziehen und bezahlen! Ich brauche auch noch eins!«, fordert sie.

»Okay, okay.« Ich mache, was sie sagt, und bin innerlich froh darüber, was für ein schönes Kleid ich jetzt habe. Als ich mit Bezahlen fertig bin, zieht sie mich wieder hinter sich her.

»Schau dir mal die geile Deko von dem Gebäude da drüben auf der anderen Straßenseite an«, schwärmt Jasmin und bleibt fasziniert stehen.

Und sie hat recht, es ist wunderschön. Als wäre es komplett mit kleinen Diamanten überzogen, so funkelt und glänzt es. Davor steht ein riesiger Weihnachtsbaum. Beim Anblick des Baumes muss ich an meine Oma denken. Besonders, wenn ich diesen goldgeschmückten Weihnachtsbaum sehe. »Oma war an Weihnachten immer sehr herzlich und alles musste perfekt sein«, erzähle ich.

»Erzähl mir doch etwas mehr über deine Oma«, bittet mich Jasmin.

»Sie war immer sehr liebevoll zu mir und hat alles getan, damit es mir gut ging.«

»Hatte sie auch schlechte Eigenschaften?«

Verwirrt sehe ich Jasmin an. »Mmm, eine ganz besonders«, bejahe ich.

»Und die wäre?«, fordert Jasmin mich auf, es zu erzählen.

»Sie war zu jedem Menschen freundlich, doch über einige hat sie sofort, nachdem sie unser Haus verlassen hatten, hergezogen.«

»Und worüber hat sie dann hergezogen?«

»Ich hatte das Gefühl, dass sie mit dem Erfolg von anderen nicht gut klarkam und es kleinreden wollte. Es gab auch Themen wie: Der säuft total viel. Wobei sie einen Ehemann hatte, der immer wesentlich mehr als alle anderen gesoffen hat.«

»Sie war neidisch«, stellt Jasmin fest. »Neidische Menschen kritisieren oft. Es ist deren Art, jemanden auf ihr Niveau herunterziehen zu wollen.«

»Es ist so, wie du sagst. Sie wollte andere Menschen kleinreden«, bestätige ich.

»Sie denken, dass sie das, was diese Person geschafft hat, nie selbst schaffen werden. So beruhigen sie sich, wenn sie diese Leute schlecht machen.«

»Meine Oma war nie diszipliniert genug, um nach Erfolg zu streben, hatte keine eigenen Ziele und hat nicht an sich gearbeitet«, murmle ich.

»Ja, es klingt so. Trotzdem musst du wissen, dass sie diese Menschen gemocht hat.«

»Sicher?« Ich bin über die Aussage von Jasmin erstaunt.

»Sie war ein Fan, ihr Selbstbewusstsein war nur nicht groß genug, um stolz auf diese Person zu sein und sie vor anderen zu loben. Das hätte ihr Ego nicht fertiggebracht, weil in dem Moment, in dem sie es ausgesprochen hätte, sie zu traurig gewesen wäre, selbst so etwas nicht geschafft zu haben. Innerlich allerdings hat sie die Person höher als sich gesehen. Sie wollte ihr Ansehen nur vor dem Rest schützen. So etwas muss man sportlich nehmen«, erklärt Jasmin gut gelaunt.

»Das ist echt kompliziert und keine schöne Weise«, empöre ich mich.

»Nee, das stimmt.« Jasmin lacht. »Von diesen Menschen gibt es viele. Sie bleiben kleingeistig«, sagt sie zufrieden und fröhlich wie fast immer. Sie dreht sich zu mir um, sieht mir tief in die Augen und fasst mir auf beide Schultern. »Als Erfolgsmensch darf man sich von solchen Menschen, wenn sie ihre Spitzen wie gewohnt bringen, nicht kleinmachen lassen. Man sagt ehrlich und offen, wie viel harte und konsequente Arbeit dahintersteckt. Und bleibt freundlich und höflich. Mehr kann man nicht tun.«

»Danke, mit dieser Gewissheit kann ich innerlich Frieden mit meiner Oma schließen und weiß, dass ich diese Art nicht annehmen werde.«

»Ja!« Jasmin gibt mir einen flinken Kuss auf die Wange und zieht mich weiter.

Der Laden sieht verrückt genug aus, sodass Jasmin hineinsteuert. Hier gibt es Weihnachtsmann- und Elfenkostüme. Jasmin sucht sich ein Outfit aus, das ich nie im Leben meiner Schwiegermutter gezeigt hätte. »Du, Jasmin, was genau willst du damit ausdrücken?«, ziehe ich sie auf.

»Hey, ich bin damit Mrs. Claus und werde darin die Geschenke überbringen.«

»Ah, ja. Ich sehe da eher Puffmama Claus, als so 'ne kleine dicke ältere Frau.«

»Na, dann hab ich doch alles richtig gemacht.« Sie lacht fröhlich.

Manchmal muss ich bei ihr nur den Kopf schütteln, so verrückt wie sie ist. Es ist eher ein sexy Weihnachtsfrau-Kostüm. Dazu hat sie halterlose Strapse in Weiß mit Schneeflocken darauf an, mit einem winzigen Mistelzweig daran. Sie sucht sich farblich passend rote High Heels mit goldenen Absätzen aus.

»Geil, meine Fingernägel und Lippen müssen auch rot werden.«

»Du bist heftig, das vor der Schwiegermutter«, wiederhole ich.

»Klar doch, das ziehe ich zur Bescherung an!«, jubelt Jasmin.

»Aha«, sage ich skeptisch.

Wir trennen uns dann, um die Geschenke zu besorgen.

Zu Hause bei Kenos Mutti kommen wir alle zeitversetzt an. Nach einem kurzen Gespräch mit ihr fallen wir wie Steine in die Betten.

Am nächsten Morgen gehe ich gut gelaunt in die Küche. Dort wartet schon Jasmin auf mich. Sie bereitet mit mir zusammen für alle den Porridge zu. Ich lache. »Wie war das mit einem Hauch von Zimt und Vanille zum Weihnachtsglück?«

»Du hast recht, aber dieses Mal streiten wir uns bitte nicht wieder.«

»Nee, auf gar keinen Fall!«

Als Nächstes schmücken wir alle den Weihnachtsbaum, typisch amerikanisch, funkelnd und vollgepackt. Nebenbei hören wir Weihnachtslieder, umwickeln uns mit Lamettaschlangen und singen fleißig mit.

-Jasmin-

Keno liegt in der Badewanne. Mein Beckenbereich zieht sich bei dem Anblick zusammen. Er sieht nackt umwerfend aus.

»Komm mal her«, sagt er.

Ich setze mich zu ihm an den Wannenrand. Er zieht mich mit Sachen hinein, ich kreische. Er lacht und küsst mich dann fordernd und voller Gier.

»Kommt raus ihr zwei! Den Keks zerbröseln könnt ihr auch später, macht euch fertig zum Essen«, schreit seine Mutti.

»Hat sie das jetzt echt gesagt?«, frage ich.

»Jap. Und du hast ernsthaft gedacht, dass ich mit ihr zusammenwohne?« Er lacht.

Kenos Mutti zaubert am Heiligabend ein wunderbares Weihnachtsessen aus gesunden Zutaten mit Putenbrust, Kartoffeln und selbst gemachtem Rotkraut. Grünen Blattsalat bietet sie uns auch mit an, perfekt zum Ausgleich des Säuren-Basen-Haushaltes. Zum Snacken stellt sie Medjool Datteln, gefüllt mit Walnüssen und Erdnussbutter, hin.

»Wusstet ihr, dass Männer, die sich rein pflanzlich ernähren, sexuell viel potenter und leistungsfähiger sind?«, fragt Kerstin. »Sie bekommen in der Nacht öfter einen Ständer als solche, die ständig Fleisch essen.«

»Mutti, nicht doch!«

»Ehrlich, hab ich in der Doku *Die Game Changers* auf Netflix gesehen«, fährt Kerstin fröhlich fort.

»Danke für die Info beim Weihnachtsessen.«

»Nun, ich möchte auch irgendwann Enkel, ich muss dich doch bilden.«

»Sei froh, dass ich dir keine Videos schicke«, kontert Keno.

Schallendes Gelächter bricht aus.

»Geil, dass hier jeder so offen ist«, prustet Leni heraus.

»Ja, finde ich auch. Wir passen alle ganz gut zusammen«, sagt Keno.

»Deinen Traumprinzen finden wir auch noch, Mäuschen«, sagt Kerstin ganz lieb zu Leni.

»Ach, ich bin erst mal ganz zufrieden damit, wie es ist, und dass ich mich jetzt auf die Karriere konzentrieren kann.«

»Was hast du vor?«

»Ich werde mit Jasmin hier eine Reha-Einrichtung bauen lassen, für essgestörte Menschen.«

»Wir werden die App auch weiterhin aufrecht halten und somit zwei Einkommensquellen haben«, füge ich hinzu.

Nach dem Essen setzen wir uns um den Weihnachtsbaum.

»Schreibt mal bitte die Namen auf eure Geschenke und packt sie dann hier in diesen roten Geschenkesack«, fordere ich alle auf. »Für die Bescherung ziehe ich mich fix um«, erkläre ich danach.

»Ich auch«, sagt Keno.

Komisch, warum will er sich denn umziehen?

Als ich in mein sexy Outfit geschlüpft bin, trete ich hinaus. Keno ist längst fertig und sitzt mit weißem Hemd und Anzughose auf der Couch. Alles sieht sehr glänzend und romantisch aus mit dem Kaminfeuer, das wohl Keno angezündet hat.

What the fuck! Definitiv wirke ich wie fehl am Platz. Ich sehe aus, als wenn ich aus dem Bordell direkt in 'ne Spießergegend importiert worden wäre. Ist ja typisch für mich. Mit Anlauf in das Fettnäpfchen und noch mal richtig darin breit suhlen. Ich werde verlegen und stehe wie angewurzelt da. Doch dann schießt es mir in den Sinn: Alles soll genauso sein und hat seinen Grund!

»Hohoho«, sage ich selbstbewusst, richte mich auf und stelle mich neben den Baum. Das Aroma des Weihnachtsbaumes ist unverkennbar, immer wieder mischt sich der Duft der Vanillekerze, die auf dem kleinen Couchtisch steht, dazu. »So, ihr Lieben! Wie ihr seht, passe ich jetzt stilmäßig nicht ganz zu euch.«

»Ach ehrlich?« Leni hustet absichtlich.

»Wäre dir gar nicht aufgefallen, ich weiß«, kontere ich schnippisch.

»Das hier ist die Vorschau auf unsere kommende, kraftvolle und lustige Zeit, die wir miteinander erleben werden. Es muss nicht immer alles angepasst sein, man darf auch mal aus der Reihe tanzen, solange es nichts Verbotenes ist. Mein Outfit würde sonst nie in eurer Erinnerung Platz nehmen, wenn es nicht so schön anders wäre!«

Keno grinst angetörnt.

»Bravo, das hast du toll gesagt!« Kenos Mutti klatscht in die Hände.

Leni ist sichtlich erstaunt, wie cool Kerstin reagiert.

»Ich habe natürlich auch ein paar Geschenke dabei«, fahre ich fort. Nacheinander lasse ich alle vorkommen und jeder muss ein Gedicht oder Lied vortragen. Leni ist als Erste dran und sagt das bekannte Gedicht vom Unbekanntem Verfasser auf:

Lieber guter Weihnachtsmann,
schau mich nicht so böse an,
stecke deine Rute ein,
ich will auch immer artig sein.

Ich überreiche ihr mein Geschenk. Als Keno an der Reihe ist, kommt er auf mich zu. Er strotzt vor Selbstvertrauen:

»Dieses Jahr bekommst du, Mrs. Santa, mein Herz.
Nächstes Jahr ebenso,
genau wie alle folgenden Jahre.«

In mir tobt ein ganzes Konzert.

»Denn meiner Meinung nach sind wir
eins der wenigen Traumpaare.
Von mir bekommst du in naher Zukunft den Klunker.
Du bist mein persönliches Weihnachtswunder.«

Keno nimmt mich in den Arm und küsst mich. Er schiebt seine Zunge in meinen Mund. Er fühlt sich so gut an.

»Respekt, und das vor seiner Mutter«, sagt Leni trocken.

»Ach, ich bin da doch locker, lass se ruhig den Keks zerbröseln«, sagt sie.

»Haha«, mache ich zu ihr und gebe Keno sein Geschenk.

»Dein Outfit ist sehr sexy«, flüstert er mir ins Ohr. »Ich muss mich echt beim Anblick deines kurzen Kleidchens zusammenreißen. O Mann, wie gern würde ich dich schon jetzt auspacken!«

Ich ziehe die Luft scharf ein. Bitte schau mich nicht weiter so verlangend an, flehe ich innerlich.

Nun folgt Kenos Mutter Kerstin. Sie stellt sich vor mich.

»Du kannst mich gern Kerstin nennen und du natürlich auch, Leni«, bietet sie uns das Du an.

»Gern«, sage ich. »Das schützt dich jetzt aber nicht vor einem Gedicht oder Lied.« Ich grinse.

»Das dachte ich mir schon«, sagt Kerstin. Sie stimmt *Twelve days of Christmas* von Bing Crosby an. Kurz danach stimmen wir auch mit ein. Ich zugegeben etwas leiser, meine Stimme ist nach wie vor nicht gut fürs Singen. Aber vielleicht werde ich mal daran üben, sodass es wenigstens für so etwas hier reicht.

Adventskalender in der App:

»Frohes Weihnachtsfest, meine lieben Weihnachtswelt-Bewohner!«, begrüßt Santa alle, die sich auf dem Dorfplatz versammelt haben.

In der Mitte steht ein riesiger Weihnachtsbaum, der in der Mitte einen Freiraum hat und so aussieht, als wenn der obere Teil des Baumes in der Luft schwebt. In dieser Mitte rieseln Glitzerschnee und winzig funkelnde Lamettastreifen. Der Weihnachtsbaum, den Santa jedes Jahr extra für alle Weihnachtswelt-Bewohner zaubert, ist einzigartig. Das ganze Dorf ist noch festlicher als sonst geschmückt. Weihnachtsbänder mit motivierenden Sprüchen schweben durch die Weihnachtswelt und klappen sich immer vor der jeweiligen Person auf und fliegen anmutig, nachdem sie gelesen worden sind, davon.

Auf einem Weihnachtsband für Kurty, den Dezemberkäfer, steht: *Hoch Fliegen und tief Fallen gehört zum Leben. Erfolg bekommt man nicht geschenkt- mach weiter so!*

Auf dem von Milo steht: *Arbeite klug und entspannt.*

Und auf dem von der Elfe Chrissi steht: *Gib niemals deine Träume auf!*

Jeder ist gekommen, außer Mauri, der Kobold der Verdammnis und die Trolle.

»Wie jedes Jahr möchten wir noch eine kleine Ansprache halten. Wir sind zutiefst dankbar, dass wir hier alle so friedlich und glücklich zusammenleben. Mehrfach wurden wir in diesem Jahr nach dem Geheimnis unserer funktionierenden Ehe gefragt. Deswegen möchten wir hier noch mal unsere schönsten Erfahrungen preisgeben«, sagt Santa.

Mrs. Claus lächelt.

»Unser Geheimnis ist etwas, das schon viele Paare vor uns herausfanden. Gut für die Beziehung ist, Verständnis für seinen Partner zu haben, treu zu sein, dem Partner auch seine Freiheit zu gewähren und dabei zu vertrauen.«

Mrs. Claus nickt. »Mein Mann ist mein Seelenverwandter. Merkt euch, ohne Einfühlungsvermögen für euren Partner wird so etwas nicht entstehen können. Wenn ihr Leid und Freude teilen könnt, dann wird eure Beziehung lange bestehen können. Zusammen weinen, zusammen zu Tränen gerührt lachen, zusammenstehen und zusammen fallen. Das zählt. Plant gemeinsame Ziele und arbeitet gemeinsam an der Umsetzung. Nehmt euch Zeit füreinander und hört eurem Partner zu. Streit und Probleme werden auftauchen. Deshalb gilt: Kaputte Beziehungen können immer repariert werden. Baut den Respekt voreinander wieder auf, sprecht und findet gemeinsam Lösungen, mit denen jeder von euch zufrieden ist. Zeigt, dass ihr euch liebt und lebt es.«

»Mrs. Claus hat mir gezeigt, dass ich ihr alles sagen kann, ohne dass sie meine Männlichkeit auch nur einmal infrage stellt«, sagt er, lacht und reibt sich extra über den dicken Bauch. »Jeder sollte an sich arbeiten und die Dinge ernst nehmen, die den Partner bedrücken. Seid stolz, wenn euch Gefühle offen kommuniziert werden«, fügt Santa hinzu.

»Genau!«, bestätigt Mrs. Claus und kuschelt sich an ihren Mann. »Und nun, ihr Lieben, lasst uns singen und tanzen!«

»Hohoho, ein wundervolles Weihnachtsfest euch allen!«, schallt Santas Stimme.

Alle tanzen um den großen Weihnachtsbaum und singen zu dem Lied *Rockin´ Around The Christmas Tree.* Es funkeln Sternchen und Schneeflocken rieseln überall in der Luft. Selbst die geschmückten Weihnachtsbäume und gebauten Schneemänner der kleinen Elfen beginnen, zu schunkeln. Was für ein wundervoller Heiligabend!

-Jasmin-

Ich gehe mich umziehen und schlüpfe in eine Jogginghose und in ein bauchfreies Top. In der Wohnung ist es durch den Kamin sehr warm.

Ich trete hinaus, Keno liegt bereits vor dem Kamin. Leni und Kerstin sitzen in der Küche und reden. Keno trägt eine zerfetzte Jeans, sein männlich markantes Parfum steigt mir schon von Weitem in die Nase. Er sieht umwerfend aus. Als ich näherkomme, sehe ich, dass er ein Buch in der Hand hat. »Was liest du da?«, frage ich neugierig.

»Brian Tracys Buch *Ziele*. Er schreibt, man soll sich drei Hauptziele suchen. Eins beruflich, eins privat und eins gesundheitlich. Jedes Mal, wenn man etwas macht, was nicht zielorientiert ist und von diesen Zielen abweicht, ist dies schlichtweg unintelligent.«

»Ah, verstehe, also quasi immer, wenn du eine rauchst, ist das unintelligent, da du ja das Ziel hast, Nichtraucher zu sein.«

»Richtig, danke für die deutliche Übersetzung …« Keno schmollt.

»Keine Ursache, Bro!«

»Ich werde dir gleich helfen, Bro!«

Keno nimmt mich in die Arme und kitzelt mich durch. Als ich kaum noch Luft vor Lachen bekomme, lässt er mich auf die Seite rollen, sodass ich durchatmen kann.

»Darf ich es lesen, wenn du das Buch durch hast?«

»Ja, na sicher. Übrigens, ich habe eine Idee.«

Keno zieht einen Notizblock hervor, der neben ihm liegt. »Ich möchte die wichtigsten Ziele aufschreiben und das positiv ausgedrückt und so formuliert, als wäre es schon erreicht.«

»Wie jetzt?«

»Damit das Unterbewusstsein denkt, es wäre schon erreicht, so zieht man die Ziele effektiver an. Ich dachte mir, wir könnten das vielleicht zusammen machen und in einem Jahr darauf schauen, was wir davon erreicht haben.« Kenos Blick wird kurz unsicher, doch dann setzt er sein typisch kaltes Pokerface auf.

»Brillante Idee, genau mein Ding«, rufe ich übermütig aus. Wir machen kurz ein Brainstorming und schreiben dann unsere gemeinsamen Ziele sowie die von jedem einzeln auf. Ein paar der Ziele sind:

Jasmin und Leni haben eine gut laufende Reha-Einrichtung.
Keno ist Nichtraucher.
Wir haben ein wunderschönes Haus gekauft.

Keno kniet sich vor mich hin. »Ich möchte dir etwas sagen: Du setzt mein Hirn außer Funktion, sobald du in meiner Nähe bist. Ich brauch meine Freiheit genau wie du. Du faszinierst mich, es gibt keine Frau, die ich so interessant und anziehend finde wie dich. Ich möchte mit dir träumen, gemeinsame Ziele haben und mit Freude alt werden. Ich mag an einer geilen Zukunft mit dir zusammenarbeiten und das mit Platz für Freiraum. Ich bin nicht so und so, ich bin so, so, so, so und so. Du wirst mich nie in irgendeine Schublade stecken können, dazu bin ich zu vielseitig, genau wie du und das ist nur einer der Gründe, warum wir uns so anziehen und das immer wieder tun werden. Ich will nicht ohne dich sein. Ich liebe dich.«

»Ich dich auch, mein Traum!« Ich kann mein Glück nicht fassen. Ich spüre genau, dass dies mein zu mir passender Teil ist.

Liebe Leserin, lieber Leser:
Denk immer daran:
Gefühle müssen gelebt werden. :-)

Ich wünsche dir ein wundervolles
Weihnachtsfest!

Printed in Germany
by Amazon Distribution
GmbH, Leipzig

27856329R00174